大核心优势

树立行业标杆，打造财会精英！

会计学堂APP 会计问小程序

20000+课程
终身更新，无限回放

多终端在线观看
电脑/手机/平板同步学习

6大行业真账实操
20000+实操案例

1000+师资团队
匠心研发

600+答疑老师
实时答疑

1对1
个性化制定学习方案

240+线下机构
现场授课

千人微信学习交流群

学堂简介

　　会计学堂致力于为广大会计人员提供会计实操、税务实操、高端财税、注册会计师、初级会计职称、中级会计职称、税务师、CMA、管理会计师等各类高质量的培训。同时业务涵盖了学历教育、图书出版、产教融合等多领域，为各行业领域的个人和企业提供优质的教育产品和服务。

学堂荣誉

2018
中国网知名在线教育品牌
回响中国年度影响力在线教育品牌
新浪教育年度品牌实力在线教育机构
淘宝教育最受欢迎职业教育品牌
中国网年度品牌影响力在线教育机构

2020
回响中国年度影响力在线教育品牌
中国好教育社会信赖职业教育品牌
金蝶云转型优秀合作伙伴

2017
腾讯教育年度影响力在线教育品牌
新浪教育中国品牌价值在线教育机构
百度教育影响力在线教育品牌
淘宝教育最受欢迎职业教育品牌

2019
淘宝教育年度成交卓越奖
深圳高新技术企业"明日之星"
回响中国年度影响力在线教育品牌
中国好教育社会信赖职业教育品牌

　　会计学堂成立至今，已十余次荣获新浪教育、腾讯教育、中国网、淘宝教育、百度教育等在线教育平台设立的奖项。

15 大实操系统

全方位演绎财务工作实务，助您快速上岗！

提供150+行业真实业务的全盘账务处理练习，包括审核原始凭证、填制记账凭证、核对账簿报表、编制财务报表等做账流程的练习。练习过程中搭配答案解析、视频讲解，包您一学就会。您也可以根据自身需求选择相应的真账实操课程进行学习，熟悉不同行业经济业务的账务流程，避免账务出错，最终能独立进行全盘账务处理。

真账实操	报税实操	成本核算实训	个税实操	审计实务
手工账	出纳实操	全盘账实操	开票系统	网银系统
专票认证	工商年报	微信实操	支付宝实操	汇算清缴

课程体系

零基础入门	会计入门、税法入门、出纳入门、分录入门、财务工作流程、手工装订
常规做账	账务处理、成本核算、薪酬核算、财务报表、代理记账、乱账整理、建账结账、手工做账、会计准则
行业实操	商贸零售、工业制造、建筑业、房地产、服务业、软件技术、餐饮酒店、进出口、物业管理、咨询服务、金融业、传媒影视、农业养殖、事业单位、行政单位、非营利组织、汽车行业、电商行业、保险行业等
税务	税务理论、增值税、企业所得税、个人所得税、消费税、土地增值税、小税种、政策解读、行业报税
其他实务	日常实务、企业注册、工商年报、财务制度、合同管理、财务与报告制作、票据实务、企业注销、社保公积金、税收调查系统
管理会计	内部控制、预算管理、资本运作、分析与对策、成本管理、税务管理
财务及办公软件	财务软件（金蝶社区、用友、速达、管家婆）、办公软件（EXCEL、WORD、PPT）
岗位	就业指导、会计助理、出纳、财务会计、税务专员、审计专员、财务主管、财务经理、财务总监
考证	初级、中级、税务师、CPA、CMA、管会（初级）、管会（中级）

易学易会，手把手教你学做财务分析

财务报表分析从入门到精通

会计实操辅导教材研究院　编著

SPM 南方出版传媒·广东人民出版社

·广州·

图书在版编目（CIP）数据

财务报表分析从入门到精通 / 会计实操辅导教材研究院编著. —广州：广东人民出版社，2021.5

ISBN 978-7-218-14970-7

Ⅰ．①财… Ⅱ．①会… Ⅲ．①会计报表—会计分析—职业培训—教材 Ⅳ．①F231.5

中国版本图书馆CIP数据核字（2021）第041451号

Caiwu Baobiao Fenxi Cong Rumen Dao Jingtong

财 务 报 表 分 析 从 入 门 到 精 通

会计实操辅导教材研究院　编著

出 版 人：肖风华

责任编辑：陈泽洪
封面设计：范晶晶
内文设计：奔流文化
责任技编：吴彦斌

出版发行：广东人民出版社
地　　址：广州市海珠区新港西路204号2号楼（邮政编码：510300）
电　　话：（020）85716809（总编室）
传　　真：（020）85716872
网　　址：http://www.gdpph.com
印　　刷：东莞市翔盈印务有限公司
开　　本：787毫米×1092毫米　1/16
印　　张：15　　插　　页：1　　字　　数：240千
版　　次：2021年5月第1版
印　　次：2021年5月第1次印刷
定　　价：59.80元

如发现印装质量问题，影响阅读，请与出版社（020-32449105）联系调换。
售书热线：020-32449123

会计实操辅导教材研究院

主　　编：曾招娣

编委会成员：柳　齐　　熊金梅　　齐　红　　刘宏伟

　　　　　　王毓震　　林铅杰　　何东阳　　吴柔璇

　　　　　　黄金凤　　陈素玲

前　言

财务报表是所有企业经营活动最基本、最重要的信息披露方式，其使用者主要包括公司经理人、股东、债权人、投资者、供应商、租赁机构、员工、税务机关等。财务报表与我们每个人息息相关，我们每天都在主动或被动地接收与财务分析相关的信息，所以，了解财务基本知识、看懂财务报表、学会财务报表分析已是生活中必需的技能。

怎样才能够读懂财务报表呢？为什么有的公司资产每年都在增加，利润却逐年下降？为什么有的公司营业收入每年都在增加，利润却持续下降？为什么有的公司利润可观，却陷入财务危机？这些问题该如何去发现，该如何解答呢？

本书系统地阐述了财务报表分析的方方面面，从科目分析到结构分析、指标分析，再从定量分析到定性分析，一应俱全。书中还结合丰富的案例，帮助读者迅速掌握财务报表分析的技巧。本书一共七章，每章都配备二维码，扫码即可按照流程激活在线课程。

本书适合企业财务人员、企业管理者和刚进入财务领域的新人等读者阅读。虽然我们力求完美，但由于会计准则、税务政策等会随时调整，本书难免存在不足之处，恳请各位读者在使用过程中给予谅解和支持，并将建议及时反馈给我们。联系邮箱为：kefu@acc5.com。

编者
2021年4月

目 录
Contents

第一章　财务报表分析入门

扫一扫　码上有课

▪ 第一节 ▪　不同财务报表使用者的偏好

财务报表是综合反映企业财务状况、经营成果和现金流量的书面文件。财务报表是会计人员根据日常会计核算资料归集、加工、汇总而形成的结果，是会计核算的最终产品。

随着企业经营活动的扩展，财务报表的使用者对会计信息的需求在不断增加，仅仅依靠几张财务报表提供的信息已经不能满足或不能直接满足他们的需求，因此需要通过报表以外的附注和说明提供更多的信息。我们一般将这些附有详细附注和财务状况说明书的财务报表称为财务会计报告。在实际工作中，由于需要报告的表外信息越来越多，附注的篇幅就越来越大，导致财务报表仅仅成为财务会计报告中的一小部分，但它仍然是最重要、最核心的组成部分。

小小的报表和数据记录了一家企业的经营成果，与很多人密切相关。财务报表可以帮助我们迅速了解一家企业非常重要的信息。然而，你是否真的了解与你密切相关的这些企业，能否快速地从财务报表中获取你想要的信息，同时在了解这些信息的基础上辨别这些信息的真实性呢？

财务数据失真，最终导致严重后果的案例比比皆是。旁人会把它们当作茶余饭后的谈资，或者作为课堂的案例警醒他人，但身陷其中之人恐怕无法对此云淡风轻、一笑而过。

世通公司：将收益性支出列为资本性支出，虚增盈余38亿美元，事发后申请破产保护。

安然公司：5年内靠做假账、虚报盈利5.86亿美元，财务欺诈事发后申请破产保护。

施乐公司：将未来预期收入计列当期收入，5年虚增收入60多亿美元、利润14亿美元。

默克公司：把消费者药房预存款计入当期收入，误导投资者错估股价。

银广厦：4年内虚构销售收入10亿元，虚增利润7.7亿元，股票停止交易，投资者欲哭无泪。

对面街的"胖子包子铺"：因为老板从他兄弟的面粉厂高价购买面粉，导致店铺的毛利率远低于其他包子铺。

……

前文提到的大部分人都与报表有着这样或者那样的密切关系，那究竟有哪些人关心财务报表？他们关注的点分别又有哪些呢？

一、投资者

投资者在投资一家企业后，最为关心的必定是自己所投入的资金能否保值增值。另外投资者还会关心，或者说应该关心企业的投资回报率、企业的成本管控等情况。

那么投资者如何能够快速地判断自己投入的资金是否保值增值？看财务报表可谓是不二之选。如何看呢？投资者看所有者权益相关项目，就可以知道自己所投入的资金是增值还是缩水；投资者看利润表，就可以知道企业是盈利还是亏损，也可以计算出回报率是多少。投资者拿到报表时，如果知道第一时间看所有者权益相关项目和利润表相关数据，只能算是会读报表。而投资者看到的这些数据是否真实可靠、哪些数据可能存在虚报，就属于财务报表分析的范畴了。如表1-1所示，我们接下来通过A公司近几年的部分财务报表数据来分析企业的盈利能力的真实性。

表1-1　A公司近几年的部分财务报表数据（单位：万元）

项目	2017 年	2018 年	2019 年	2020 年
净利润	4 000	4 800	5 760	6 912
所有者权益合计	12 000	12 800	13 760	14 912
经营活动现金流量净额	3 680	3 640	3 642	3 326
应收账款	16 000	20 000	24 800	34 360

上面的数据显示，A公司近几年的净利润每年增长20%，所有者权益逐年增加。从这两项数据可以看出，A公司投资者的资金投入得到了很好的增值。但是，我们又看到，近几年经营活动现金净流量呈现下降趋势。一般而言，企业的经营活动现金净流量会与净利润保持一个比较稳定的比例，这个比例越接近1，说明企业的盈利质量越高，因为比例高意味着企业的业务优质，收款情况良好。

A公司2017—2020年经营活动现金流量净额与净利润的比率分别是0.92、0.76、0.63、0.48，逐年下降，说明A公司的收款情况不容乐观。另外，应收账款的增长速度也从侧面印证了A公司收款情况不乐观的现象。

综合以上数据的分析，可以得出A公司可能存在盲目扩张的情况，新增加的客户信用度不容乐观，导致企业整体收款情况日渐恶化。

对此我们可否大胆假设：A公司可能存在通过"应收账款"科目虚构收入的情况。也就是说，收入实际并未发生，而是通过"借记'应收账款'，贷记'营业收入'"的方式虚构了收入。这样做的后果就是账面盈利很大，但是"应收账款"科目也会长期挂账，最终导致坏账损失。

二、经营者

经营者即企业的管理者。管理者往往是受投资者的委托对企业进行管理，对投资者投入企业的资本保值增值给予保障，作为回报，经营者可以获得相应的薪资。那么，经营者如何知道自己是否达成管理目标？这往往需要通过财务报表上面的数据来衡量，财务报表一定程度上也可以说是经营者交给投资者的"成绩单"。相较于投资者，经营者对企业有更多的了解。

那么经营者会关心企业的什么数据和指标呢？经营者会关心企业运营能力、偿债能力、盈利能力及发展能力等全部经营信息。

经营者的管理结果最终要以数字的形式反映在报表中。经营者通过阅读与分析报表，可以发现自己在管理上的优势与劣势，以及企业的发展现状等，适时发现管理中存在的漏洞，及时修正，有利于管理质量和企业效益的持续提升。

另外，经营者还会特别关注与考核相关的指标，比如收入增长情况、利润率、现金流情况等，因为考核指标达成与否，关系到经营者的薪资水平。在实践过程中，有些经营者为了向投资者交出满意的"答卷"，不惜虚构财务报表数据。作为投资者，如果能清楚了解经营者所"在意"的内容，并且知道这些内容在报表中的具体体现，便可有针对性地去识别是否存在这些方面的造假行为，尽早发现企业经营管理中可能存在的问题。

三、财务人员

每个企业尤其是大型企业，都会有很多财务人员，他们中的大多数人都只负责简单、重复的账务处理工作，懂得编制财务报表的只有极少数人，既懂得编制财务报表又会深入分析财务报表的财务人员更是少之又少。能够分析出财务报表中隐含的深层次信息对于财务人员来说有以下作用：一方面，能够帮助企业管理者对企业的发展现状和趋势作出理性判断；另一方面，有利于自身的职业发展。我们以B公司2017-2020年净利润情况为例进行说明，如图1-1所示。

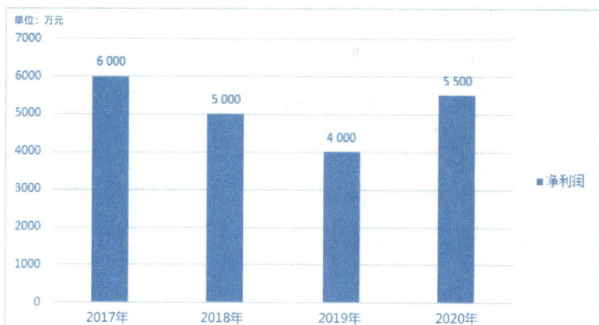

图1-1　B公司2017—2020年净利润情况

从图1-1可知，B公司净利润从2017年到2019年呈下降趋势，这种发展状况对B公司的持续发展来说是极其艰难的；2020年净利润比2019年增长了37.5%，净利润发展趋势出现扭转，并且增长的幅度非常大，这对于B公司来说是一件非常值得庆祝的事情。

但是，B公司的财务人员林某对净利润的构成进一步分析后发现，2020年利润中有2 000万元是由当年变卖闲置的厂房产生的，即我们通常所说的非经常性损益。这项业务是无法持续为B公司创造利润的，也就是说B公司不可能一直通过出售厂房来保持利润增长，所以在分析利润发展趋势的时候，需要剔除这部分非经常性损益，剔除之后2020年的利润变成了3 500万元，相比于2019年依然是呈下降趋势。如果不是林某懂得财务报表分析，B公司从上至下可能会因2020年的利润增长而盲目乐观，无法及时剖析经营中存在的问题或者寻求新的发展方向。

四、债权人

这里的债权人包括企业的供应商以及银行等金融机构。

供应商将货物赊销给企业，就成了企业的债权人。对供应商而言，他们肯定希望能尽快地回笼资金，以减少坏账、降低资金成本。

企业在经营过程中，会经常面临资金方面的需求，而且往往会选择向银行等金融机构贷款，或者发行企业债券，向企业贷款的银行及那些购买企业债券的单位或个人就成为了企业的债权人。

不同的利益主体，对企业的关注点会有所不同。债权人最为关注的是企业的偿债能力。供应商也好，银行也好，都更愿意给那些偿债能力强、资信程度高的企业供应货物或者贷款。另外，债权人还会关注企业的盈利能力，但是他们的目的并不是关注企业是否盈利或者盈利多少，而是通过对企业盈利能力的判断，来印证企业的偿债能力。

债权人如何获取与企业偿债能力相关的信息呢？自然是通过企业的财务报表。因此，如果债权人能读懂财务报表，从中分析出所合作企业的偿债能力、盈利能力等财务状况，会对资金回收起到积极的作用。

五、企业员工

企业员工最为关心的是工资水平、增长预期和发放速度，那他们最为关注的报表指标自然是企业的盈利能力及现金流状况了。假如企业盈利状况良好，资金也充足，那么员工的薪酬待遇、福利等必然会向好的方面发展，同时随着企业的发展，员工的发展机遇也会增加。所以，一个对自己职业生涯有期望的员工通常会高度关注企业的经营状况。

▪ 第二节 ▪ 财务报表分析的基本方法

财务报表分析，是以财务报表和其他资料为依据和起点，采用专门的方法，系统分析和评价企业过去和现在的财务状况、经营成果、现金流量及其变动，从而了解过去、评价现在和预测将来，帮助利益关系主体发现问题、改善决策。财务报表分析的最基本功能是将大量的报表数据转换成对特定决策有用的信息，减少决策的不确定性。

财务报表分析的基本方法主要包括对财务报表的整体感知、单个报表项目分析、财务指标分析、财务报表项目之间的勾稽判断、财务报表数据以外信息的运用、比较分析等。

一、对财务报表的整体感知

对财务报表的整体感知，是指分析者在了解企业基本情况的基础上，通过对财务报表整体数据的阅读，对企业财务状况有一个初步判断的过程。具体过程通过甲公司2020年度财务报表部分数据来说明，如表1-2所示。

表 1-2　甲公司 2020 年度财务报表部分数据（单位：万元）

项目	2020 年	2019 年
资产合计	164 000	150 000
负债合计	108 800	94 000
营业收入	60 000	46 000
净利润	15 000	9 200
经营活动现金流量净额	13 000	8 000
投资活动现金流量净额	-12 000	-500

从甲公司2020年年报的一些总体的财务报表数据中，我们可以得到以下的总体信息：

利润表方面，2020年甲公司营业收入大幅增长，同样，净利润也大幅增长，增长的幅度大于营业收入，说明甲公司业务良性扩张；利润的增长幅度大于收入的增长幅度，说明甲公司当年可能进入了新的领域，拓展了新业务，寻得了高效率的收入增长点，这一点可以通过阅读财务报表附注中的相关信息得以验证。

现金流量表方面，经营活动现金净流量与净利润的变化方向基本一致，说明甲公司收款状况保持良好，新增加的客户均是偿债能力强、资信程度高的企业。另外，我们可以看到投资活动现金流量净额本年大幅增加，发生金额达到1.2亿元，说明甲公司2020年进行了大规模的扩张。甲公司加大投资规模，势必是拓展了新业务或者是加大了市场占有率，这是一个非常好的信息。当然分析者需要进一步对该项投资进行评估，综合评估其对甲公司长期发展的影响。

对于甲公司2020年加大了投资规模这一点，我们也可以从资产负债表和利润表里得到印证：第一，2020年甲公司资产（具体分析的时候可看"固定资产"项目）增加，增加的规模与投资规模基本吻合，负债（具体分析的时候可以看"短期借款"和"长期借款"项目）也相应增加，说明甲公司是通过外部筹资的方式加大投资。通过外部筹资的方式加大投资，增加了企业的偿债压力，更需谨慎评估投资项目的效益和回收周期。第二，2020年的营业收入大幅增长，说明当年的投入已经有一定的产出，这也从另一个侧面印证了投资的真实性。

二、单个报表项目分析

单个报表项目分析，是指对财务报表的单个项目进行分析，从而得出分析者想要的结论的分析方法，具体又包括变化趋势分析和单个项目内涵分析。我们以乙公司2020年应收账款相关项目数据为例进行说明，如表1-3所示。

表1-3　乙公司2020年应收账款相关项目数据（单位：万元）

项目	2020年	2019年
应收账款原值	20 000	10 000
坏账准备	2 000	500
资产减值损失——坏账准备	1 500	100

说明：表外信息，乙公司2019年坏账准备计提政策，按照应收账款余额的5%进行综合计提，2020年坏账准备计提政策，按照应收账款余额的10%进行综合计提。

从以上信息我们可以知道，乙公司2020年坏账准备计提政策相比2019年发生了变化。很多报表阅读者可能从未关注过坏账计提政策这个信息。实际上，坏账计提政策在很大程度上会被很多企业用来调节利润，所以政策变化方向中往往隐含着企业的经营现状和经营决策者的一些决策导向。

我们看回上面的信息，在2020年计提政策发生变化的情况下，当年计提的坏账准备（即计入利润表"资产减值损失"科目）金额为1 500（20 000×10%－500）万元。这里我们假设，2020年坏账计提政策没有变化，延续2019年的5%的计提比例，那么2020年应计提的坏账准备金额为500（20 000×5%－500）万元。也就是说，乙公司其他任何情况都保持不变，只是将坏账计提比例从5%提高到10%，对当年利润的影响就达到了1 000（1 500－500）万元。

当年计提的坏账准备是要从当年利润中减去的，计提越少就意味着企业当年会产生更多的利润。如果公司的坏账计提标准一贯宽松，突然变得严格，做低当年利润的意图就很明显，可能是为了降低增长基数，让明年压力没那么大，或者是为了次年转回坏账准备、美化利润表做打算；同样，坏账计提政策一贯严格，突然变得宽松，美化当年利润的意图也很明显。

所以，改变坏账准备计提政策是大事，报表分析者一旦发现企业当年的坏账准备计提政策发生变化，一定要评估这种变化的合理性，以及变化后对当年利润的影响程度，为综合评价当年的盈利情况、企业的盈利能力提供依据。

三、财务指标分析

财务指标分析，是通过计算不同报表项目之间的相对数，总结和评价企业财务状况与经营成果，主要分析指标包括偿债能力指标、营运能力指标、盈利能力指标和发展能力指标。具体的指标计算方法和运用，在后面的章节会进行详细讲述，这里我们以丙公司2020年利润表部分数据为例来说明什么是财务指标分析，如表1-4所示。

表1-4 丙公司2020年利润表部分数据（单位：万元）

项目	2020 年	2019 年
报表数据		
营业收入	184 000	160 000
营业成本	126 960	112 000
净利润	33 120	32 000
指标计算		
毛利率	31%	30%
净利率	18%	20%

说明：

1. 毛利率=（营业收入-营业成本）÷营业收入×100%
2. 净利率=净利润÷营业收入×100%
3. 假设丙公司2019年和2020年非经常性损益对利润的影响非常小，财务费用金额也未发生较大变化。

从上面的利润表数据计算出的毛利率和净利率来看，2020年丙公司毛利率有所提升，净利率却出现下降，而丙公司2019年和2020年非经常性损益对利润的影响非常小，财务费用金额也未发生较大变化，由此可见，2020年期间费用（销售费用、管理费用）占收入的比例上升了，管理效率下降。

四、财务报表项目之间的勾稽判断

财务报表项目之间的勾稽判断，是指通过报告数据、非数据信息之间的对比分析，判断财务报表的合理性。财务报表项目之间的勾稽判断与财务指标分析的主要区别在于：财务指标有具体的计算公式，通常也有专有的名称，比如毛利率、资产负债率，也有一定的经验参考值可衡量；而财务报表项目之间的勾稽关系判断，更多地依赖分析者的经验水平及对企业的了解程度。我们以丁公司2020年财务报表部分数据为例进行说明，如表1-5所示。

表 1-5 丁公司 2020 年财务报表部分数据（单位：万元）

项目	2020 年	2019 年
固定资产、无形资产和其他长期资产合计	53 000	52 000
购建固定资产、无形资产和其他长期资产支付的现金	-28 000	
销售商品、提供劳务收到的现金	42 000	

通过上表可知，丁公司2020年现金流量表中购建固定资产、无形资产和其他长期资产支付的现金金额为2.8亿元，2020年长期资产合计5.3亿元，比2019年增加了0.1亿元。由此，我们就会产生疑虑，购建的长期资产到哪里去了呢？是现金流量表中"购建固定资产、无形资产和其他长期资产支付的现金"项目数据不实，还是长期资产记账金额错误呢？如果是现金流量表中"购建固定资产、无形资产和其他长期资产支付的现金"项目数据不实，丁公司此举的目的何在呢？是否丁公司因为经营活动现金流不乐观，销售商品、提供劳务收到的现金可能实际只有1.4（4.2−2.8）亿元，所以故意将投资活动现金流做成负数，从而虚构了2.8亿元正数的销售商品、提供劳务收到的现金，以掩盖当年收款不利的事实？

五、财务报表数据以外信息的运用

随着企业经营活动的扩展，财务报告包含的信息越来越多，除了几大财务报表外，还附有详细附注和财务状况说明书，而且附注和说明的信息越来越多，财务报表分析者可以从这些信息中获取非常多的有用信息。比如，可以从附注中了解到公司可动用的银行信用额度、企业长期以来的信用情况、或有负债的金额、对外担保等信息，进一步判断企业的偿债能力。对外担保是指本公司为他人的借款担保，一旦被担保的对象不能偿还债务，银行或者其他债权人会要求本公司偿还借款，这样就会影响本公司自身的偿债能力。

六、比较分析

比较分析，是指将同口径的财务数据或指标，与预算数据、历史数据、其他企业数据进行对比。与历史数据进行对比又叫作纵向对比，与其他企业数据进行比对又叫作横向对比。比如，分析者可以计算企业本期的毛利率，与上期进行对比，分析出发展趋势；又可以与行业平均数进行对比，分析出企业在行业中所处的位置。

前文介绍的对财务报表的整体感知、单个报表项目分析、财务指标分析、财务报表项目之间的勾稽判断、财务报表数据以外信息的运用、比较分析六种分析方法，是常用又行之有效的财务报表分析方法。分开介绍每一种方法，不表示我们在分析的时候要单独使用这些方法，相反，任何时候做任何分析，往往都需要综合运用多种方法。

▪ 第三节 ▪ 财务报表分析的标准

前文讲述了财务报表分析方法，通过这些方法得出的指标值、发展趋势到底是好还是不好，取决于分析时所选取的参照标准，参照标准不同，得出的结论往往不同。比如刘某身高一米八，他到底是高还是矮呢？如果选择跟南方人的平均身高进行比较，那他算是高的，但是如果与姚明比较，就显得有点矮了。刘某的身高并没有发生变化，只是因为选择的标准不同，结论也完全不一样。

进行财务报表分析时，比较标准的选择会直接影响最终结论，因此标准的确定就显得尤为重要。目前比较通用的财务分析标准有经验标准、历史标准、行业标准和预算标准等，不同的标准各有利弊。

一、经验标准

经验标准，是指在长期的财务报表分析过程中，通过分析大量企业生存和发展的状态后，确定的一些常用财务指标的数值范围。

经验标准的优点：相对稳定，由于是长期积累得出的结论，通常在较长时间内不会改变；同时也比较客观，因为有长期的经验来证明，不是凭空确定的。

经验标准的不足：经验标准并不能适用于所有企业，可能会受行业、企业发展阶段的限制。

20世纪70年代西方国家的财务实践认为，制造业企业流动比率大于2∶1，速动比率大于1∶1，资产负债率控制在30%～70%之间，企业才比较健康。这些经验主要是就制造业企业的平均状况而言的，并不是适用于一切行业的标准。所以，在具体应用经验标准进行财务报表分析时，一定要结合企业具体的财务信息来确认通过经验标准比较得出的结论是否可接受。

案例1-1　A公司的资产负债率是80%，大于经验标准的上限70%，是否就可以认为A公司的偿债能力存在问题？通过A公司财务报表附注信息我们发现，

A公司当期负债的增加主要是因为增加了临时性的大额订单，从而向银行借入了大金额的短期周转资金。资产负债率高于经验标准上限的原因是企业发展了新的业务，这是一个好的现象，所以经验标准并不能帮我们作出正确的评价。

二、历史标准

历史标准，是指本企业过去某一时期（比如上年同期）该指标的实际值。历史标准用于评价企业自身经营成果和财务状况是否得到改善非常有效。因为任何两个企业，即使行业、规模一样，其经营方式、内部管理方式等细节都可能千差万别，而企业的现在是在过去的基础上发展起来的，用企业历史数据作为标准，能很好地评价企业的成长情况。在财务报表分析实践中，企业上年数据作为比较标准被广泛运用。

历史标准的优点：比较可靠和客观，因为上期的数据也来源于本企业，数据准确，口径一致，是对本企业最客观真实的评价。

历史标准的不足：适用范围较窄，只能说明企业自身的发展变化，不能全面评价企业在行业中的竞争地位。

案例1-2　B公司2020年营业收入较2019年增长12%，相比于历史标准2019年的数据，B公司2020年的收入实现了增长，趋势向好，但B公司所处的行业营业收入增长的平均值为20%，如果B公司仅看到自身的增长，忽略了整个市场行情，容易盲目乐观，不思进取，长此以往会被淘汰。

三、行业标准

行业标准，既可以是行业财务状况的平均水平，也可以是同行业中标杆企业的水平。

行业标准的优点：可以判断企业在整个行业中所处的位置，明确自身的发展趋势。

行业标准的不足：不同企业受其内部差异、地域差异、会计计量方法差异等影响，财务数据并不一定完全具有可比性。

四、预算标准

预算标准，是指以实行全面预算管理的企业所制定的预算指标作为评价企业财务状况和经营成果的标准。

预算标准的优点：符合企业战略及目标管理的要求，对各项指标是否达到、如何达到都有规划。

预算标准的不足：预算制定的时候，无法考虑到所有外部因素的影响，所以预算标准本身存在不足。另外，预算编制的时候掺杂了人为的主观因素，不够客观。

案例1-3 C公司2020年预算毛利率15%，实际毛利率16%，预算完成情况良好。但实际情况是，因C公司所处行业的原材料价格大幅下降，同行业公司的毛利率均大幅提高，平均毛利率达到20%。由于预算编制的时候无法预测原材料价格下降的因素，存在不足，如果仅有预算数作为参照标准，并不能帮我们作出正确的评价。

▪ 第四节 ▪ 财务报表分析的基本步骤

任何事情都需要一定的步骤来实施和完成，比如这个脑筋急转弯中所说的：大象放进冰箱要分几步？一共分三步，一是打开冰箱门，二是把大象放进冰箱，三是关上冰箱门。财务报表分析亦是如此。我们在进行财务报表分析时，需要根据分析任务的不同，经过一定的步骤对财务报表进行分析。

一、确定分析的目标

在进行财务报表分析之前，首先要想想你进行财务报表分析的目标是什么，因为财务报表分析的目标决定了财务指标的选用和财务报表分析方法的选择。

财务报表分析的目标依分析类型的不同而不同：信用分析目标，主要是分析企业的偿债能力和支付能力；投资分析目标，主要是分析投资的安全性和盈利性；经营决策分析目标，是为企业产品、生产结构和发展战略方面的重大调整服务；税务分析目标，主要分析企业的收入和支出情况。另外按照分析的性质，财务报表分析还分为日常经营分析、定期财务报表分析（月报、季报、年报等）。

二、确定分析的标准

这一步骤需要我们注意：一是站在什么立场进行分析，二是以什么标准进行分析比较。

财务报表使用者因为立场不同，所以分析目的也各有差异，比如投资者最关心企业有没有投资价值，商业银行最关心企业的信用情况怎么样，经营管理者最关心企业的发展情况怎么样。

没有比较，就不能称其为分析，因此财务报表分析注重比较。对企业财务报表进行比较时，必须有一个客观的标准，并以此来衡量企业财务报表中的有关资料，从而较为客观地确定企业的财务状况和经营成果。目前比较通用的财务报表分析标准有经验标准、历史标准、行业标准和预算标准等，在上一节已有介绍，在此不再赘述。

三、制定分析的方案

分析目标和分析标准确定之后，要根据分析量的大小和分析问题的难易程度制定出合理的分析方案。例如，是全面分析还是专项分析；哪些需要简化分析，哪些需要重点分析；哪些需要协助分析，哪些需要别的部门和人员分工负责等。要列出分析的具体项目，做好工作进度安排表，以便进行分析的进度追踪，顺利完成财务报表分析。

四、收集数据信息

分析方案确定后，需要根据分析任务，收集分析所需的数据资料。企业的各项经济活动都与内外部环境的变化相关联，会计信息只反映经济活动在某一时期的结果，并不能全面揭示形成的原因，因此需要分析者收集相关资料信息。

信息收集内容一般包括宏观经济形势信息、行业情况信息、竞争对手经营状况、产业政策、企业内部数据（如企业产品市场占有率、销售政策、产品品种、有关预测数据等）。

五、撰写分析报告

财务报表分析的最后一步是要形成分析报告，基本方向是根据财务报表分析的目标和内容，按照既定的标准对所收集的资料进行分析评价，逐步揭示企业的经营情况，寻找企业经营过程中可能面临的问题，提出分析的结论，给出下一步的改进措施和意见。总之，财务报表分析报告就是总结过去、评价现状和展望未来。

下面我们将从银行对企业进行信用分析的角度出发，展示财务报表分析的基本步骤。

案例1-4 A公司向甲银行提出贷款需求，甲银行信贷人员小刘根据贷款流程，需要对A公司进行财务报表分析。信贷人员小刘具体的分析步骤如表1-6所示。

表1-6 A公司财务报表分析步骤

具体步骤	内容
确定分析目标	本次分析属于信用情况分析，重点分析 A 公司的偿债能力（短期偿债能力和长期偿债能力），以支撑是否批准 A 公司的贷款申请
评价标准选择	选择 A 公司的历史数据及所处行业的平均水平，作为评价的标准
具体方案编制	1. 分析 A 公司商业环境、业务模式、发展阶段对偿债能力的影响 2. 计算 A 公司短期偿债能力指标、长期偿债能力指标，与历史数据及行业平均数进行对比 3. 评估 A 公司的盈利能力和发展能力，以佐证其偿债能力 4. 了解其他与偿债能力相关的信息，如 A 公司对外抵押担保情况、可动用的银行贷款额度、法律诉讼事项等 5. 与行业内主要竞争对手的偿债能力、发展能力、盈利能力进行对比，评价竞争对手可能对 A 公司带来的不利影响
数据收集	1. A 公司近三年财务报告、发展战略等相关资料 2. A 公司竞争对手相关资料 3. A 公司所处行业数据 4. 其他相关资料
分析报告撰写	对 A 公司信用情况进行总结，总结其优势和劣势，进行综合评估，为最终是否批准 A 公司贷款提供依据

· 会计问 ·

有财会问题，就来会计问！
600＋答疑老师，3分钟极速解答！

资产负债表分析

扫一扫　码上有课

■ 第一节 ■　资产负债表概况

　　资产负债表又称为财务状况表，是指企业在某一特定日期（如12月31日）的财务状况的主要会计报表。这些财务状况主要包括资产、负债和所有者权益。在进行报表制作时，根据会计平衡的原则，它分为"资产"和"负债及所有者权益"两大区块，以特定日期的企业静态情况为基准。注意，这里的所有者权益通常也叫作股东权益。

　　资产负债表是常见的财务报表，也是重要的财务报表之一，它最重要的作用在于表现企业整体的经营状况。只要掌握了资产负债表中每个项目代表的含义，要读懂资产负债表就不是难事。

一、资产负债表的样式

表2-1　资产负债表样式（旧）

资产负债表

编制单位：　　　　　　　　　　　年　月　日　　　　　　　　单位：（如"人民币元"）

资产	期末数	期初数	负债及所有者权益（或股东权益）	期末数	期初数
流动资产：			流动负债：		
货币资金			短期借款		
衍生金融资产			应付票据		
应收票据			应付账款		
应收账款			预收款项		
预付款项			应付职工薪酬		
其他应收款			应交税费		
持有待售资产			应付利息		

（续表）

资产	期末数	期初数	负债及所有者权益（或股东权益）	期末数	期初数
存货			应付股利		
一年内到期的非流动资产			其他应付款		
其他流动资产			一年内到期的非流动负债		
流动资产合计			其他流动负债		
非流动资产：			**流动负债合计**		
可供出售金融资产			**非流动负债：**		
持有至到期投资			长期借款		
长期应收款			应付债券		
长期股权投资			长期应付款		
投资性房地产			长期应付职工薪酬		
固定资产			专项应付款		
在建工程			预计负债		
工程物资			递延收益		
固定资产清理			递延所得税负债		
生产性生物资产			其他非流动负债		
油气资产			**非流动负债合计**		
无形资产			**负债合计**		
开发支出			**所有者权益（或股东权益）：**		
商誉			股本		
长期待摊费用			资本公积		
递延所得税资产			减：库存股		
其他非流动资产			其他综合收益		
非流动资产合计			盈余公积		
			未分配利润		
			归属于母公司所有者权益合计		
			少数股东权益		
			所有者权益（或股东权益）合计		
资产总计			**负债和所有者权益（或股东权益）总计**		

说明：本表为资产负债表模板，具体编制过程中，根据需要在词语描述上可能会有所变动，但其内涵不变。

表 2-2 资产负债表样式（新 1）

资产负债表

（适用于未执行新金融准则、新收入准则和新租赁准则的企业）

编制单位：　　　　　　　　　　年　月　日　　　　　　　　　单位：元

资产	期末余额	上年年末余额	负债和所有者权益（或股东权益）	期末余额	上年年末余额
流动资产：			**流动负债：**		
货币资金			短期借款		
以公允价值计量且其变动计入当期损益的金融资产			以公允价值计量且其变动计入当期损益的金融负债		
衍生金融资产			衍生金融负债		
应收票据			应付票据		
应收账款			应付账款		
预付款项			预收款项		
其他应收款			应付职工薪酬		
存货			应交税费		
持有待售资产			其他应付款		
一年内到期的非流动资产			持有待售负债		
其他流动资产			一年内到期的非流动负债		
流动资产合计			其他流动负债		
非流动资产：			**流动负债合计**		
可供出售金融资产			**非流动负债：**		
持有至到期投资			长期借款		
长期应收款			应付债券		
长期股权投资			其中：优先股		
投资性房地产			永续债		
固定资产			长期应付款		
在建工程			预计负债		
生产性生物资产			递延收益		
油气资产			递延所得税负债		
无形资产			其他非流动负债		
开发支出			**非流动负债合计**		
商誉			**负债合计**		

（续表）

资产	期末余额	上年年末余额	负债和所有者权益（或股东权益）	期末余额	上年年末余额
长期待摊费用			**所有者权益（或股东权益）：**		
递延所得税资产			实收资本（或股本）		
其他非流动资产			其他权益工具		
非流动资产合计			其中：优先股		
			永续债		
			资本公积		
			减：库存股		
			其他综合收益		
			专项储备		
			盈余公积		
			未分配利润		
			所有者权益（或股东权益）合计		
资产总计			**负债和所有者权益（或股东权益）总计**		

有关项目说明：

1."应收票据"项目，反映资产负债表日以摊余成本计量的，企业因销售商品、提供服务等收到的商业汇票，包括银行承兑汇票和商业承兑汇票。该项目应根据"应收票据"科目的期末余额，减去"坏账准备"科目中相关坏账准备期末余额后的金额填列。

2."应收账款"项目，反映资产负债表日以摊余成本计量的，企业因销售商品、提供服务等经营活动应收取的款项。该项目应根据"应收账款"科目的期末余额，减去"坏账准备"科目中相关坏账准备期末余额后的金额填列。

3."其他应收款"项目，应根据"应收利息""应收股利"和"其他应收款"科目的期末余额合计数，减去"坏账准备"科目中相关坏账准备期末余额后的金额填列。

4."持有待售资产"项目，反映资产负债表日划分为持有待售类别的非流动资产及划分为持有待售类别的处置组中的流动资产和非流动资产的期末账面价值。该项目应根据"持有待售资产"科目的期末余额，减去"持有待售资产减值准备"科目的期末余额后的金额填列。

5."固定资产"项目，反映资产负债表日企业固定资产的期末账面价值和企业尚未清理完毕的固定资产清理净损益。该项目应根据"固定资产"科目的期末余额，减去"累计折旧"和"固定资产减值准备"科目的期末余额后的金额，以及"固定资产清理"科目的期末余额填列。

6."在建工程"项目，反映资产负债表日企业尚未达到预定可使用状态的在建工程的期末账面价值和企业为在建工程准备的各种物资的期末账面价值。该项目应根据"在建工程"科目的期末余额，减去"在建工程减值准备"科目的期末余额后的金额，以及"工程物资"科目的期末余额，减去"工程物资减值准备"科目的期末余额后的金额填列。

7."一年内到期的非流动资产"项目，通常反映预计自资产负债表日起一年内变现的非流动资产。对于按照相关会计准则，采用折旧（或摊销、折耗）方法进行后续计量的固定资产、无形资产和长期待摊费用等非流动资产，折旧（或摊销、折耗）年限（或期限）只剩一年或不足一年的，或预计在一年内（含一年）进行折旧（或摊销、折耗）的部分，不得归类为流动资产，仍在各该非流动资产项目中填列，不转入"一年内到期的非流动资产"项目。

8."应付票据"项目，反映资产负债表日以摊余成本计量的、企业因购买材料、商品和接受服务等开出、承兑的商业汇票，包括银行承兑汇票和商业承兑汇票。该项目应根据"应付票据"科目的期末余额填列。

9."应付账款"项目，反映资产负债表日以摊余成本计量的、企业因购买材料、商品和接受服务等经营活动应支付的款项。该项目应根据"应付账款"和"预付账款"科目所属的相关明细科目的期末贷方余额合计数填列。

10."其他应付款"项目，应根据"应付利息""应付股利"和"其他应付款"科目的期末余额合计数填列。

11."持有待售负债"项目，反映资产负债表日处置组中与划分为持有待售类别的资产直接相关的负债的期末账面价值。该项目应根据"持有待售负债"科目的期末余额填列。

12."长期应付款"项目，反映资产负债表日企业除长期借款和应付债券以外的其他各种长期应付款项的期末账面价值。该项目应根据"长期应付款"科目的期末余额，减去相关的"未确认融资费用"科目的期末余额后的金额，以及"专项应付款"科目的期末余额填列。

13."递延收益"项目中摊销期限只剩一年或不足一年的，或预计在一年内（含一年）进行摊销的部分，不得归类为流动负债，仍在该项目中填列，不转入"一年内到期的非流动负债"项目。

14."其他权益工具"项目，反映资产负债表日企业发行在外的除普通股以外分类为权益工具的金融工具的期末账面价值。对于资产负债表日企业发行的金融工具，分类为金融负债的，应在"应付债券"项目填列，对于优先股和永续债，还应在"应付债券"项目下的"优先股"项目和"永续债"项目分别填列；分类为权益工具的，应在"其他权益工具"项目填列，对于优先股和永续债，还应在"其他权益工具"项目下的"优先股"项目和"永续债"项目分别填列。

15."专项储备"项目，反映高危行业企业按国家规定提取的安全生产费的期末账面价值。该项目应根据"专项储备"科目的期末余额填列。

表2-3　资产负债表样式（新2）

资产负债表

（适用于已执行新金融准则、新收入准则和新租赁准则的企业）

编制单位：　　　　　　　　　年　月　日　　　　　　　　　单位：元

资产	期末余额	上年年末余额	负债和所有者权益（或股东权益）	期末余额	上年年末余额
流动资产：			**流动负债：**		
货币资金			短期借款		
交易性金融资产			交易性金融负债		

（续表）

资产	期末余额	上年年末余额	负债和所有者权益（或股东权益）	期末余额	上年年末余额
衍生金融资产			衍生金融负债		
应收票据			应付票据		
应收账款			应付账款		
应收款项融资			预收款项		
预付款项			合同负债		
其他应收款			应付职工薪酬		
存货			应交税费		
合同资产			其他应付款		
持有待售资产			持有待售负债		
一年内到期的非流动资产			一年内到期的非流动负债		
其他流动资产			其他流动负债		
流动资产合计			**流动负债合计**		
非流动资产：			**非流动负债：**		
债权投资			长期借款		
其他债权投资			应付债券		
长期应收款			其中：优先股		
长期股权投资			永续债		
其他权益工具投资			租赁负债		
其他非流动金融资产			长期应付款		
投资性房地产			预计负债		
固定资产			递延收益		
在建工程			递延所得税负债		
生产性生物资产			其他非流动负债		
油气资产			**非流动负债合计**		
使用权资产			**负债合计**		
无形资产			**所有者权益（或股东权益）：**		
开发支出			实收资本（或股本）		
商誉			其他权益工具		

（续表）

资产	期末余额	上年年末余额	负债和所有者权益（或股东权益）	期末余额	上年年末余额
长期待摊费用			其中：优先股		
递延所得税资产			永续债		
其他非流动资产			资本公积		
非流动资产合计			减：库存股		
			其他综合收益		
			专项储备		
			盈余公积		
			未分配利润		
			所有者权益（或股东权益）合计		
资产总计			**负债和所有者权益（或股东权益）总计**		

有关项目说明：

1. "交易性金融资产"项目，反映资产负债表日企业分类为以公允价值计量且其变动计入当期损益的金融资产，以及企业持有的指定为以公允价值计量且其变动计入当期损益的金融资产的期末账面价值。该项目应根据"交易性金融资产"科目的相关明细科目的期末余额分析填列。自资产负债表日起超过一年到期且预期持有超过一年的以公允价值计量且其变动计入当期损益的非流动金融资产的期末账面价值，在"其他非流动金融资产"项目反映。

2. "应收票据"项目，反映资产负债表日以摊余成本计量的，企业因销售商品、提供服务等收到的商业汇票，包括银行承兑汇票和商业承兑汇票。该项目应根据"应收票据"科目的期末余额，减去"坏账准备"科目中相关坏账准备期末余额后的金额分析填列。

3. "应收账款"项目，反映资产负债表日以摊余成本计量的，企业因销售商品、提供服务等经营活动应收取的款项。该项目应根据"应收账款"科目的期末余额，减去"坏账准备"科目中相关坏账准备期末余额后的金额分析填列。

4. "应收款项融资"项目，反映资产负债表日以公允价值计量且其变动计入其他综合收益的应收票据和应收账款等。

5. "其他应收款"项目，应根据"应收利息""应收股利"和"其他应收款"科目的期末余额合计数，减去"坏账准备"科目中相关坏账准备期末余额后的金额填列。其中的"应收利息"仅反映相关金融工具已到期可收取但于资产负债表日尚未收到的利息。基于实际利率法计提的金融工具的利息应包含在相应金融工具的账面余额中。

6. "持有待售资产"项目，反映资产负债表日划分为持有待售类别的非流动资产及划分为持有待售类别的处置组中的流动资产和非流动资产的期末账面价值。该项目应根据"持有待售资产"科目的期末余额，减去"持有待售资产减值准备"科目的期末余额后的金额列示。

7. "债权投资"项目，反映资产负债表日企业以摊余成本计量的长期债权投资的期末账面价值。该项目应根据"债权投资"科目的相关明细科目期末余额，减去"债权投资减值准备"科目中相关减值准备的期末余额后的金额分析填列。自资产负债表日起一年内到期的长期债权投资的期末账面价值，在"一年内到期的非流动资产"项目反映。企业购入的以摊余成本计量的一年内到期的债权投资的期末账面价值，在"其他流动资产"项目反映。

8. "其他债权投资"项目，反映资产负债表日企业分类为以公允价值计量且其变动计入其他综合收益的长期债权投资的期末账面价值。该项目应根据"其他债权投资"科目的相关明细科目的期末余额分析填列。自资产负债表日起一年内到期的长期债权投资的期末账面价值，在"一年内到期的非流动资产"项目反映。企业购入的以公允价值计量且其变动计入其他综合收益的一年内到期的债权投资的期末账面价值，在"其他流动资产"项目反映。

9. "其他权益工具投资"项目，反映资产负债表日企业指定为以公允价值计量且其变动计入其他综合收益的非交易性权益工具投资的期末账面价值。该项目应根据"其他权益工具投资"科目的期末余额填列。

10. "固定资产"项目，反映资产负债表日企业固定资产的期末账面价值和企业尚未清理完毕的固定资产清理净损益。该项目应根据"固定资产"科目的期末余额，减去"累计折旧"和"固定资产减值准备"科目的期末余额后的金额，以及"固定资产清理"科目的期末余额填列。

11. "在建工程"项目，反映资产负债表日企业尚未达到预定可使用状态的在建工程的期末账面价值和企业为在建工程准备的各种物资的期末账面价值。该项目应根据"在建工程"科目的期末余额，减去"在建工程减值准备"科目的期末余额后的金额，以及"工程物资"科目的期末余额，减去"工程物资减值准备"科目的期末余额后的金额填列。

12. "使用权资产"项目，反映资产负债表日承租人企业持有的使用权资产的期末账面价值。该项目应根据"使用权资产"科目的期末余额，减去"使用权资产累计折旧"和"使用权资产减值准备"科目的期末余额后的金额填列。

13. "一年内到期的非流动资产"项目，通常反映预计自资产负债表日起一年内变现的非流动资产。对于按照相关会计准则采用折旧（或摊销、折耗）方法进行后续计量的固定资产、使用权资产、无形资产和长期待摊费用等非流动资产，折旧（或摊销、折耗）年限（或期限）只剩一年或不足一年的，或预计在一年内（含一年）进行折旧（或摊销、折耗）的部分，不得归类为流动资产，仍在各该非流动资产项目中填列，不转入"一年内到期的非流动资产"项目。

14. "交易性金融负债"项目，反映资产负债表日企业承担的交易性金融负债，以及企业持有的指定为以公允价值计量且其变动计入当期损益的金融负债的期末账面价值。该项目应根据"交易性金融负债"科目的相关明细科目的期末余额填列。

15. "应付票据"项目，反映资产负债表日以摊余成本计量的，企业因购买材料、商品和接受服务等开出、承兑的商业汇票，包括银行承兑汇票和商业承兑汇票。该项目应根据"应付票据"科目的期末余额填列。

16. "应付账款"项目，反映资产负债表日以摊余成本计量的，企业因购买材料、商品和接受服务等经营活动应支付的款项。该项目应根据"应付账款"和"预付账款"科目所属的相关明细科目的期末贷方余额合计数填列。

17. "其他应付款"项目，应根据"应付利息""应付股利"和"其他应付款"科目的期末余额合计数填列。其中的"应付利息"仅反映相关金融工具已到期应支付但于资产负债表日尚未支付的利息。基于实际利率法计提的金融工具的利息应包含在相应金融工具的账面余额中。

第二章

18．"持有待售负债"项目，反映资产负债表日处置组中与划分为持有待售类别的资产直接相关的负债的期末账面价值。该项目应根据"持有待售负债"科目的期末余额填列。

19．"租赁负债"项目，反映资产负债表日承租人企业尚未支付的租赁付款额的期末账面价值。该项目应根据"租赁负债"科目的期末余额填列。自资产负债表日起一年内到期应予以清偿的租赁负债的期末账面价值，在"一年内到期的非流动负债"项目反映。

20．"长期应付款"项目，反映资产负债表日企业除长期借款和应付债券以外的其他各种长期应付款项的期末账面价值。该项目应根据"长期应付款"科目的期末余额，减去相关的"未确认融资费用"科目的期末余额后的金额，以及"专项应付款"科目的期末余额填列。

21．"递延收益"项目中摊销期限只剩一年或不足一年的，或预计在一年内（含一年）进行摊销的部分，不得归类为流动负债，仍在该项目中列示，不转入"一年内到期的非流动负债"项目。

22．"合同资产"和"合同负债"项目，企业应按照《企业会计准则第 14 号——收入》（财会〔2017〕22 号）的相关规定根据本企业履行履约义务与客户付款之间的关系在资产负债表中列示合同资产或合同负债。"合同资产"项目、"合同负债"项目，应分别根据"合同资产"科目、"合同负债"科目的相关明细科目的期末余额分析填列，同一合同下的合同资产和合同负债应当以净额列示，其中净额为借方余额的，应当根据其流动性在"合同资产"或"其他非流动资产"项目中填列，已计提减值准备的，还应减去"合同资产减值准备"科目中相关的期末余额后的金额填列；其中净额为贷方余额的，应当根据其流动性在"合同负债"或"其他非流动负债"项目中填列。由于同一合同下的合同资产和合同负债应当以净额列示，企业也可以设置"合同结算"科目（或其他类似科目），以核算同一合同下属于在某一时段内履行履约义务涉及与客户结算对价的合同资产或合同负债，并在此科目下设置"合同结算——价款结算"科目反映定期与客户进行结算的金额，设置"合同结算——收入结转"科目反映按履约进度结转的收入金额。资产负债表日，"合同结算"科目的期末余额在借方的，根据其流动性在"合同资产"或"其他非流动资产"项目中填列；期末余额在贷方的，根据其流动性在"合同负债"或"其他非流动负债"项目中填列。

23．按照《企业会计准则第 14 号——收入》（财会〔2017〕22 号）的相关规定确认为资产的合同取得成本，应当根据"合同取得成本"科目的明细科目初始确认时摊销期限是否超过一年或一个正常营业周期，在"其他流动资产"或"其他非流动资产"项目中填列，已计提减值准备的，还应减去"合同取得成本减值准备"科目中相关的期末余额后的金额填列。

24．按照《企业会计准则第 14 号——收入》（财会〔2017〕22 号）的相关规定确认为资产的合同履约成本，应当根据"合同履约成本"科目的明细科目初始确认时摊销期限是否超过一年或一个正常营业周期，在"存货"或"其他非流动资产"项目中填列，已计提减值准备的，还应减去"合同履约成本减值准备"科目中相关的期末余额后的金额填列。

25．按照《企业会计准则第 14 号——收入》（财会〔2017〕22 号）的相关规定确认为资产的应收退货成本，应当根据"应收退货成本"科目是否在一年或一个正常营业周期内出售，在"其他流动资产"或"其他非流动资产"项目中填列。

26．按照《企业会计准则第 14 号——收入》（财会〔2017〕22 号）的相关规定确认为预计负债的应付退货款，应当根据"预计负债"科目下的"应付退货款"明细科目是否在一年或一个正常营业周期内清偿，在"其他流动负债"或"预计负债"项目中填列。

27．按照《企业会计准则第 22 号——金融工具确认和计量》（财会〔2017〕7 号）的相关规定对贷款承诺、财务担保合同等项目计提的损失准备，应当在"预计负债"项目中填列。

28. "其他权益工具"项目，反映资产负债表日企业发行在外的除普通股以外分类为权益工具的金融工具的期末账面价值。对于资产负债表日企业发行的金融工具，分类为金融负债的，应在"应付债券"项目填列，对于优先股和永续债，还应在"应付债券"项目下的"优先股"项目和"永续债"项目分别填列；分类为权益工具的，应在"其他权益工具"项目填列，对于优先股和永续债，还应在"其他权益工具"项目下的"优先股"项目和"永续债"项目分别填列。

29. "专项储备"项目，反映高危行业企业按国家规定提取的安全生产费的期末账面价值。该项目应根据"专项储备"科目的期末余额填列。

二、资产负债表整体情况

资产负债表反映的是某一个时点的数据，比如企业2020年年报中，资产负债表反映的就是企业2020年12月31日的财务状况，这一点与利润表和现金流量表不同，利润表和现金流量表体现的是一个期间的数据。

通常情况下，资产负债表展现的是两个对比数，分别是期末数和期初数。期末数指的是资产负债表截止日的数据，比如一季度报期末数指的就是3月31日的数据，年报期末数指的就是12月31日的数据。期初数指的是本年年初数，一般也就是上年年末数。

资产负债表分为左右两边，右边代表资金的来源，包括负债和所有者权益；负债是借的或者占用的其他单位的资金，包括流动负债和非流动负债；所有者权益是指股东的投入，包括股东原始的投入以及留存在公司的所有者权益。资产负债表的左边代表资金的用途，即企业筹集到的资金如何用于企业的经营活动，如购买存货、固定资产等；资产包括流动资产和非流动资产。

三、资产负债表中的数据等式

资产负债表的数据等式，是指填列在资产负债表各项目数据之间存在的等式关系。资产负债表反映的是在某个时点企业会计账目中的资产、负债、所有者权益各项目之间的内在联系，因此所有的资产负债表都需满足以下会计恒等式，即：

资产＝负债＋所有者权益

前文我们提到过，负债和所有者权益代表的是资金来源，资产代表的是资金的用途，企业所有的资金来源都将用于企业的生产和经营，这一点刚好说明了"资产＝负债＋所有者权益"这个恒等式的内涵。

资产负债表中还包含其他的一些数据关系，如下：

资产总额＝流动资产＋非流动资产

负债总额＝流动负债＋非流动负债

负债和所有者权益总额＝负债＋所有者权益

这些数据关系如图2-1所示：

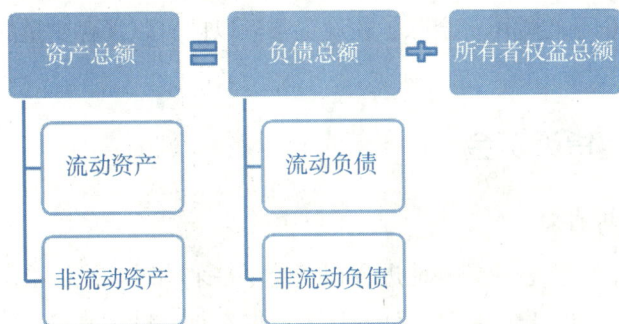

图2-1　资产负债表的数据关系

▪ 第二节 ▪　货币资金分析

知识点一　货币资金概述

货币资金，是指在企业生产经营过程中处于货币形态的那部分资金，包括现金、银行存款和其他货币资金，具有专门用途的货币资金不包括在内。其他货币资金包括外埠存款、银行汇票存款、银行本票存款、信用证保证金存款、信用卡存款、存出投资款等。

资产负债表中"货币资金"项目的金额，等于企业"库存现金""银行存款"和"其他货币资金"三个科目金额的合计数。

一、现金

现金，是指企业的库存现金，包括人民币现金和外币现金。

根据现金管理相关规定，不准用不符合国家统一会计制度的凭证顶替库存现金，即不得"白条顶库"；不准谎报用途套取现金；不准用银行账户代替其他单位和个人存入或支取现金；不准用单位收入的现金以个人名义存入储蓄；不准保留账外公款，即不得"公款私存"，不得设置"小金库"等。

二、银行存款

银行存款，是指储存在银行的款项。它是货币资金的组成部分。根据我国现金管理制度的规定，每一个企业都必须在商业银行开立存款户，办理存款、取款和转账结算；企业的货币资金除了在规定限额以内可以保存少量的现金外，都必须存入银行。

三、其他货币资金

（一）外埠存款

外埠存款，是指企业到外地进行临时或零星采购时，汇往采购地银行开立采购专户的款项。该账户的存款不计利息、只付不收、付完清户，除采购人员差旅费用可以支取少量现金外，其他支出一律转账。

案例2-1　A公司因业务需要，需到外省江苏购置一批电子产品，为此办理了外埠存款300万元用于结算。A公司办理外埠存款的会计处理：借记"其他货币资金——外埠存款"，贷记"银行存款"，即A公司增加了300万元外埠存款。

办理外埠存款的好处：

（1）方便携带。采购人员无须携带大量现金，既方便又不易丢失。

（2）避免损失。外埠存款，除采购人员差旅费用可以支取少量现金外，其他支出一律转账；资金专款专用，可以防止采购人员携款潜逃，导致公司出现大额损失。

（二）银行汇票存款和银行本票存款

银行汇票存款，是指企业为取得银行汇票按规定存入银行的款项。

银行本票存款，是指企业为取得银行本票按规定存入银行的款项。

案例2-2　B公司为采购商品，要求银行办理银行汇票20万元。B公司在向银行开出汇票时，将20万元存入银行，并做会计处理：借记"其他货币资金——银行汇票存款"，贷记"银行存款"，即B公司增加了20万元银行汇票存款。

（三）信用证保证金存款

信用证保证金存款，是指采用信用证结算方式的企业为开具信用证而存入银行信用证保证金专户的款项。

案例2-3　C公司委托银行开出500万美元信用证，开出信用证时，外汇牌价为1美元=6.8元人民币。C公司为开出信用证，需存入3 400（500×6.8）万元人民币到银行信用证保证金专户，会计处理为：借记"其他货币资金——信用证保证金存款"，贷记"银行存款"，即C公司增加了3 400万元的信用证保证金存款。

（四）信用卡存款

信用卡存款，是指企业为取得信用卡按照规定存入银行信用卡专户的款项。凡在中国境内金融机构开立基本存款账户的单位可申领单位卡。持卡人可持信用卡在特约单位购物、消费，但单位卡不得用于10万元以上的商品交易、劳务供应款项的结算，不得支取现金。

信用卡按是否向发卡银行交存备用金分为贷记卡、准贷记卡两类。贷记卡是指发卡银行给以持卡人一定的信用额度，持卡人可在信用额度内先消费、后还款的信用卡。准贷记卡是指持卡人须先按发卡银行要求交存一定金额的备用金，当备用金账户余额不足支付时，可在发卡银行规定的信用额度内透支的信用卡。

案例2-4　D公司在某银行申请领用信用卡，按要求向银行交存备用金10万元。D公司向该银行交存备用金时的会计处理：借记"其他货币资金——信用卡存款"，贷记"银行存款"，即D公司增加了10万元信用卡存款。

（五）存出投资款

存出投资款，是企业已存入证券公司但尚未进行短期投资的资金。注意，尚未进行短期投资的资金才属于存出投资款，虽然这些资金有明确的用途，但是在没有发生投资的情况下，还是属于企业的货币资金。如果已经进行投资，就应该从"其他货币资金"转出，核算到相应的金融资产科目上。

知识点二　货币资金是不是越多越好

货币资金是企业资金运动的起点和终点，是企业生产经营的先决条件。货币资金是唯一能够直接转化为其他任何资产形态的流动性资产，也是唯一能代表企业现实购买力水平的资产。为了确保生产经营活动的正常进行，企业必须拥有一定数量的货币资金，以便购买商品、交纳税金、发放工资、支付利息等。企业所拥有的货币资金量是判断企业偿债能力与支付能力的重要指标。那么一个企业保存多少货币资金是合理的，是不是货币资金越多越好？要解答这个问题，先来看一下货币资金的主要特点：

（1）流动性最强。货币资金可随时用于支付，其他资产则不可以。比如应收账款要收回后才可用于支付；存货需要出售并且收款后才可用于支付。所以，货币资金是企业中最活跃、流动性最强的资产。

（2）收益性最差。货币资金也是企业中收益性最差的资产。试想一下：1 000万元的货币资金和1 000万元的固定资产，哪个可以为企业创造更多的效益？1 000万元的货币资金，如果整个会计年度都存放在银行账户，最多只可获得银行活期存款利息；而1 000万元的固定资产，比如生产设备，在会计年度内，可以不断地生产产品供企业销售，为企业创造利润。

货币资金的数量与企业生产经营密切相关，企业账面保存一定数量的货币资金是必须的，但是鉴于货币资金是收益性最差的资产，货币资金并非越多越好。货币资金拥有量过多或过少对企业生产经营都会产生不利影响。货币资金过少，可能代表偿债能力不足，或者经营中支付能力不足；货币资金过多，可能代表资金运营能力较弱，或者企业资金性质有问题。

知识点三　货币资金分析方法

货币资金是资产负债表中重要的项目之一，在阅读资产负债表的时候，对"货币资金"项目数据进行分析是非常有必要的。下面主要介绍两种有效的货币资金分析方法：一是货币资金变动情况分析，二是货币资金结构分析。

一、货币资金变动情况分析

货币资金变动情况分析，是指将本期货币资金与上期货币资金数据进行对比，分析引起货币资金变化的主要原因及其合理性。

企业经营过程中，引起货币资金发生变动的主要原因有：

（一）企业短期内有大额资金支付

企业在生产经营过程中，可能会发生大笔的现金支出，如准备派发现金股利、偿还将要到期的大额银行借款、季节性采购等，企业必须为此积累足够的货币资金以备支付，这样会使货币资金数量较正常状态多。这种情况看似异常变动，却属于企业正常发展需要的变动，也是合理的变动。一旦这种需要消失，货币资金数量就会回归正常水平。

案例2-5　红火公司2020年全年实现净利润10 800万元，2020年12月经公司董事会提议并经股东会批准，拟向股东宣告分派现金股利4 800万元，于2021年1月5日实际发放。请对红火公司2020年年报货币资金进行分析。红火公司部分年报数据如表2-4、表2-5所示。

表2-4　资产负债表

编制单位：红火公司　　　　　　　　　2020 年 12 月 31 日　　　　　　　　　单位：万元

资产	期末余额	期初余额
货币资金	8 175	2 810
资产总计	58 752	44 960

表2-5　利润表

编制单位：红火公司　　　　　　　　　2020 年　　　　　　　　　单位：万元

资产	2020 年	2019 年
营业收入	56 842	47 368
净利润	10 800	8 526

分析过程：

（1）计算2020年年末货币资金的变化幅度：

（8 175－2 810）÷2 810×100%＝190.92%

通过上面的计算可以看出，2020年年末的货币资金余额比上年末增加了190.92%，增长幅度非常大，属于异常变动。

通过案例中给出的资料我们可以知道，红火公司拟于2021年1月5日支付4 800万元股利，红火公司要在2020年年末储备足够的资金用作支付。货币资金增加是必然的，那么增长多少是合理的呢？这时就需要将用于支付股利的4 800万元剔除出来，再计算货币资金的变化幅度。计算结果如下：

（8 175－4 800－2 810）÷2 810×100%＝20.1%

那么货币资金余额增长20.1%是否合理呢？可以看看营业收入、利润的增长幅度，以及变动方向是否一致。

（2）计算营业收入和净利润的增长幅度：

营业收入增长幅度＝（56 842－47 368）÷47 368×100%＝20%

净利润增长幅度＝（10 800－8 526）÷8 526×100%＝26.7%

通过计算可以看出，2020年营业收入增长20%，净利润增长26.7%，货币资金余额增长20.1%，变化方向和幅度基本一致，故2020年红火公司的货币资金余额变动是合理的。

（二）企业信用政策的变动

企业信用政策，也就是应收账款政策，主要由信用标准、信用条件和收账政策三个方面组成，通俗地讲，就是实现销售时是否允许客户赊销、赊销比率多少、赊销期限多长等。

一个企业的信用政策越宽松，能收到的货币资金就越少；相反，如果企业采取严格的信用政策，能收到的货币资金就越多。

案例2-6 蓝绿公司对符合信用条件的客户一贯采用的赊销比率是50%，赊销天数是45天。因市场竞争日趋激烈，蓝绿公司2020年采取了放宽信用政策条件的方式，吸引更多的客户，信用政策变更为：符合信用条件的客户采用的赊销比率为60%，赊销天数为60天。2020年蓝绿公司营业收入增加了15%，账面货币资金余额却减少了500万元。

二、货币资金结构分析

货币资金项目包括库存现金、银行存款和其他货币资金，在资产负债表中体现的是一个加总数，但企业需要在财务报表附注中披露库存现金、银行存款和其他货币资金各自的金额，以及其他货币资金的具体内容。某上市公司2020年财务报表附注中披露的货币资金的具体情况如表2-6、2-7所示。

表2-6　某上市公司2020年财务报表附注中披露的货币资金（单位：元）

项目	期末余额	期初余额
库存现金	108 756.48	60 959.08
银行存款	331 756 101.46	298 747 852.09
其他货币资金	919 426.11	2 463 143.38
合计	332 784 193.05	301 271 954.55
其中：存放在境外的款项总额	21 952 297.53	32 356 043.73

表2-7　某上市公司2020年财务报表附注中披露的其他货币资金（单位：元）

项目	期末余额	期初余额
其他货币资金		
支付宝余额	848 426.11	2 381 224.82
信用证保证金	71 000.00	81 918.56
合计	919 426.11	2 463 143.38

从表2-6可以看出，该公司2020年年末的货币资金主要是由流动性强的银行存款构成，货币资金的质量比较高，其他货币资金为91.94万元，占货币资金总金额的比例不高。从表2-7也可以看出，其他货币资金主要是支付宝余额和信用证保证金，属于正常生产经营必需的资金。

另外，我们可以看到2020年年末，该公司存放在境外的款项总额为2 195.23万元，需要关注这笔款项是否能顺利流回国内，以及受汇率变动影响的可能性。

在阅读财务报表的时候，一定要关注货币资金的构成，分析可能存在的问题，如果出现以下情况，需予以重视：

（一）货币资金余额比短期负债小很多

如果出现货币资金余额比短期负债小很多的情况，说明企业短期偿债能力低，需要警惕出现资金周转不灵的可能性。一般用于衡量企业短期偿债能力的是流动比率。流动比率中用于对应短期负债的资产包括货币资产、应收账款、存货等其他流动资产，货币资金是其中唯一可以直接用于偿付负债的资产。如果货币资金的余额比短期负债小很多，企业可能出现无法偿还短期债务的情况，需要警惕。

案例2-7　红绿公司流动资产500万元，流动负债250万元，计算可知，流动比率为2，满足正常的短期偿债能力的需求，但细看红绿公司的资产负债表，发现货币资金余额为5万元，比流动负债总金额250万元小很多。这时候除了要看流动比率外，还需特别注意货币资金是否足以支撑企业的正常运营以及是否足够偿还即将到期的短期债务。

（二）货币资金充裕，有息甚至高息负债多

年末货币资金充裕，多于正常需要，为何又要借有息甚至是高息负债？

试想一下，有人会将500万元作为活期存款，无特定用途，然后又按年利率15%向银行借款300万元吗？作为理性的经济体，一般人是不会这样操作的。

案例2-8 绿蓝公司2020年年末货币资金余额7 000万元，长期借款8 000万元，年利率12%，短期借款2 000万元，年利率6%。绿蓝公司短期内无大额资金用途，正常情况下3 000万元货币资金能够支撑其正常运营。分析是否异常。

该从什么角度出发进行分析？货币资金的真实性是什么？有没有可能是年底关联企业转进来的临时资金，用来美化报表，下一年又转出去了？根据案例，可以结合"其他应付款"项目进行综合分析。

（三）定期存款很多，流动资金却严重缺乏

定期存款很多，或者其他货币资金数额巨大，却严重缺乏流动资金。思考一下，为何企业在严重缺乏流动资金的情况下，还要把钱拿去存定期？这有点矛盾。也就相当于，一个人有大量的资金去做投资理财，但是家里却穷到揭不开锅，这是不合情理的。碰到这种情况时需提高警惕，或者进行进一步的分析。

（四）其他货币资金金额巨大，没有合理解释或者披露明细

前面讲过，企业要对其他货币资金的具体明细进行披露，以方便报表使用者知晓其他货币资金的具体内容，其他货币资金金额巨大的情况下，还需对其用途的合理性进行解释。

以前在会计师事务所做审计的时候，我们发现有一家公司账面有一笔其他货币资金，我们想对它函证，然后发现对方是某积金单位。经询问，该资金为企业存入该积金的一笔保证金。这个积金单位不是金融机构，按照会计准则需将这笔款项列到"其他应收款"项目，但是因为存入的时间比久，如列入"往来账款"，账龄会比较长，而那家公司对长账龄往来款有考核，所以就偷偷将其列入"其他货币资金"核算。这种情况下，如果其他货币资金没有披露具体明细，报表使用者根本无法知道具体内容是什么，因此从报表上看这是一笔流动性非常好的货币资金，实际上却有可能是一笔烂账。

（五）有大量使用受到限制的货币资金

货币资金是企业流动性最强的资产，如果使用受到限制的话，其流动性会大打折扣，对企业的偿债能力进行评价的时候需要考虑这部分因素的影响。表2-8是某公司货币资金的期末余额，从表中的数据可以看出，使用受到限制的货币资金达到12.7%，占比和金额都比较大，在整体评价的时候需要考虑这个因素。

表 2-8　某公司货币资金的期末余额（单位：元）

项目	期末余额
货币资金	26 185 448 331.68
使用受到限制的货币资金	
存放中央银行法定存款准备金	1 552 265 083.01
不能随时支取的定期存款	1 772 321 020.12
合计	3 324 586 103.13

▪ 第三节 ▪　应收账款和应收票据分析

知识点一　应收账款和应收票据概述

一、应收账款

应收账款，是指企业在经营过程中销售商品、提供劳务等服务时，应向对方企业收取的款项。应收账款表示企业在销售过程中被购买单位所占用的资金。企业应及时收回应收账款以弥补企业在生产经营过程中的各种耗费，保证企业持续经营；对于被拖欠的应收账款应采取措施，组织催收；对于确实无法收回的应收账款，凡符合坏账条件的，应在取得有关证明并按规定程序报批后，作坏账损失处理。

企业应设置"应收账款"科目进行核算，单独设置"预收账款"科目的企业，预收的账款在"预收账款"科目核算。有些企业因为预收账款不常发生，不单独设置"预收账款"科目，预收的账款也在"应收账款"科目核算，故"应收账款"会出现贷方余额，贷方余额在编制财务报表的时候，需要对其进行重分类，将其重分类到资产负债表"预收账款"项目。

资产负债表"应收账款"项目中，填写的是"应收账款"会计科目的期末余额减去"坏账准备"会计科目中关于应收账款的部分金额，加上重分类到"预收账款"的金额。

案例2-9　2020年年末，A公司账面应收账款余额520万元，具体情况如表2-9所示，预收账款余额为300万元，应收票据金额为20万元，A公司未对应收票据计提坏账。请问A公司2020年度资产负债表中，"应收票据及应收账款"项目和"预收账款"项目金额分别是多少？

表2-9 A公司2020年年末应收账款账面余额（单位：元）

客户	应收余额	坏账准备
客户1	5 000 000	0
客户2	3 000 000	0
客户3	-2 800 000	—
合计	5 200 000	0

表2-9中，客户3的应收账款余额为负数，编制报表的时候需要将其重分类到"预收账款"，相当于做了一笔调整分录，借记"应收票据及应收账款"280万元，贷记"预收账款"280万元，故2020年年末财务报表"应收票据及应收账款"项目金额＝520＋280＋20＝820（万元），"预收账款"项目金额＝300＋280＝580（万元）。

注意：这里说的调整分录（借：应收票据及应收账款，贷：预收账款）只是在编制报表的时候处理，并不需要调整A公司的账面数据。

二、应收票据

应收票据，是指企业持有的未到期或未兑现的商业票据。应收票据是企业因采用商业汇票支付方式进行交易而产生的。商业汇票支付方式与银行存款支付方式的区别在于，商业汇票有一定的到期期限，不能即刻收到款项。应收票据按承兑人不同分为商业承兑汇票和银行承兑汇票。银行承兑汇票经过银行承兑，相当于银行承诺，汇票到期，见票即付款。银行承兑汇票相较于商业承兑汇票而言，可回收性强，风险低，流动性也强。在分析报表的时候，需要关注企业应收票据主要是银行承兑汇票还是商业承兑汇票。

资产负债表中"应收票据"项目，填写的是"应收票据"会计科目的期末余额减去"坏账准备"会计科目中关于应收票据的部分金额。

由于现在业务竞争比较激烈，很多企业没办法直接通过现金支付的方式收到款项，而是通过收取票据的方式。这样支付单位就可以推迟一定的支付时间，减少资金压力。

案例2-10　甲公司与乙公司商谈一笔5 000万元的咨询业务。由于乙公司咨询业务方面刚刚起步，业务量不大，而且接下甲公司这单大业务可以在业内产生一定影响，为了促成该笔咨询业务，乙公司同意甲公司预付款1 500万元，采用汇票的方式支付，而不是直接支付现金，汇票的期限为2个月。假设汇票开出时间是2020年6月1日，到期日是2020年8月1日。

案例中，乙公司在2020年6月1日收到甲公司1 500万元的汇票的时候，也算是甲公司向乙公司进行了支付，但是在汇票到期日之前，乙公司不能实际取得这笔款项；这笔款项实际上还在甲公司，而且甲公司仍然可以动用这笔1 500万元的款项，只需要在2020年8月1日前将其备齐即可。对于甲公司而言，实际上就相当于推迟了2个月支付预付款。

知识点二　应收账款分析方法

应收账款是由于企业向客户提供商业信用而产生的一种短期债券。应收账款存在以下缺点：

（1）增加企业的管理成本。为什么说应收账款会增加企业的管理成本？应收账款一旦形成，企业对应收账款的统计、分析、催收等都需要耗费相应的人力物力。如果应收账款收回出现问题，发生法律纠纷，企业就会耗费更多的成本。

（2）增加资金成本。应收账款就是还没收回来的款项，这些没收回来的款项占用了企业的资金，企业自身有可能需要找银行借款，借款的话需要支付利息，所以说应收账款的存在增加了资金成本。

（3）影响流动性。应收账款对应的是货币资金，如果应收账款收回，就会变成货币资金，货币资金的流动性要远远大于应收账款的流动性，所以说应收账款的存在影响了企业资产的流动性。

应收账款对企业来说有以上诸多缺点，是否企业就不能容许应收账款的存在呢？当然不是，企业允许赊销，会吸引更多的客户，扩大销售量，所以应收账款又是必要的。

如果要保证企业的良性发展，就要容许应收账款，严格管理应收账款的比例和数量，并且要时刻关注应收账款的回收情况，看看应收账款是否都按照规定时间收回，如果没有就需要查明原因，及时处理。企业可以根据每个客户的还款情况来确定其资信额度、欠款时间长短等。

下面介绍几种实用的应收账款分析方法：

一、应收账款占收比分析

应收账款占收比＝应收账款余额÷营业收入

（1）应收账款占收比长期过高，表明企业在经营关系中处于劣势的竞争地位，需要让渡资金的使用权来获得业务，企业可能需要对外筹资来扩大销量，承担较大的资金成本。

（2）应收账款占收比上升，销售收入增长的同时，应收账款占收比上升，表明企业销售收入增长的过程中伴随着应收账款的快速增加，企业经营中蕴含应收账款的回收风险在增加。

案例2-11 结合表2-10和表2-11中的数据，通过分析应收账款占收比，判断青山公司和绿水公司应收账款的管理情况。

表 2-10　青山公司

年度	应收账款（万元）	营业收入（万元）	营业收入增长率	应收账款占收比
2018	6 219.56	8 885.09		70%
2019	8 463.29	11 284.39	27%	75%
2020	11 555.21	14 444.01	28%	80%

表 2-11　绿水公司

年度	应收账款（万元）	营业收入（万元）	营业收入增长率	应收账款占收比
2018	4 255.53	8 511.06		50%
2019	5 004.50	10 213.27	20%	49%
2020	6 354.69	12 460.19	22%	51%

从青山公司与绿水公司的数据对比来看，青山公司的应收账款占收比在70%以上，且呈现上升趋势，绿水公司在50%左右。由此我们可以判断，绿水公司的应收账款管理效率更高。

从2018年到2020年，青山公司和绿水公司营业收入都呈现了较高的增长速度。在应收账款占收比方面：

青山公司应收账款占收比从2018年的70%上升到了2020年的80%，说明收入的增长幅度远低于应收账款的增长幅度，也说明青山公司这几年放宽了信用政策，赊销的比重越来越大，这促进了营业收入的快速增长，但与此同时也导致应收账款大幅增加。从目前的情况看，青山公司的应收账款增幅有失控的风险，营业收入在飞速增加的同时，资产质量在下降，经营风险在快速积累。因此，对于青山公司来说，加强应收账款的管理，适当收紧商品赊销政策，成为当前财务管理的重中之重。

绿水公司应收账款占收比从2018年到2020年都保持在50%上下，比较稳定，由此我们可以判断，绿水公司在营业收入快速增长的同时加强了应收账款的管理，使应收账款占收比保持在一个比较低的水平，流动资产的质量较高，变现能力也较强。

二、应收账款账龄分析

应收账款账龄，是指资产负债表中的应收账款从销售实现、产生应收账款之日起，至资产负债表日止所经历的时间。

应收账款账龄划分是否正确，不仅关系到报表阅读者对应收账款质量的判断，还会影响坏账计提的准确性。大部分企业都是按照账龄法计提坏账，如果要准确计提坏账金额，准确划分账龄是前提。

案例2-12 大风公司2020年年末应收账款余额为150万元，正确的账龄表如表2-12所示，大风公司因划分账龄不准确，将所有应收账款账龄划分到了3年以上。计算2020年年末大风公司按照错误的账龄划分和正确的账龄划分，坏账准备的余额分别应该是多少。大风公司应收账款坏账计提政策如表2-13所示。

表2-12 大风公司2020年年末正确的应收账款账龄表

客户	发生时间	截止时间	金额（元）	1年以内	1～2年	2～3年	3年以上
客户1	2020-3-25	2020-12-31	500 000	√			
客户2	2019-7-28	2020-12-31	600 000		√		
客户3	2015-9-15	2020-12-31	400 000				√

表2-13 大风公司应收账款坏账计提政策

账龄	坏账准备计提比例
1年以内	5%
1～2年	8%
2～3年	40%
3年以上	100%

2020年年末，大风公司将150万元的应收账款账龄都划在了3年以上，按照大风公司应收账款坏账计提政策，3年以上的应收账款坏账计提比例是

100%，所以按照错误的账龄划分方法，2020年坏账准备的余额应该为150万元（150×100%）。

大风公司正确的账龄划分为：1年以内50万元，1～2年60万元，3年以上40万元。按照大风公司应收账款坏账计提政策，2020年坏账准备的余额应该为47.3万元（50×5%＋60×8%＋40×100%）。

两种不同的账龄分析方法，对坏账准备余额的影响因素是102.7万元（150－47.3）。计提坏账准备的多少会影响到利润的多少，所以账龄划分是否准确，最终会影响到利润的准确性。

如何判断企业应收账款账龄划分是否准确呢？主要有以下两种方法：

1．重新计算法

重新计算法，是指通过检查应收账款发生的时间，重新计算应收账款账龄，判断与报表应收账款账龄数据是否一致。这种方法最为准确，当然也最为烦琐，工作量非常大。

2．分析法

分析法，是指通过分析不同报表项目之间的数据、不同年份之间数据的合理性，来判断企业应收账款账龄划分是否准确的方法。分析法是通过数据之间的逻辑关系来分析账龄表中可能存在的错误，效率比较高，但无法完全确保账龄是准确的。

案例2-13 表2-14、表2-15分别是小雨公司2019年年末和2020年年末的应收账款账龄表，分析小雨公司2020年应收账款账龄表可能存在的问题。

表2-14 小雨公司2019年年末应收账款账龄表（单位：元）

客户	应收账款期末余额	1年以内
客户1	5 002 000	5 002 000
客户2	4 987 000	4 987 000

表2-15 小雨公司2020年年末应收账款账龄表（单位：元）

客户	期初余额	本期增加	本期减少	期末余额	1年以内	1～2年
客户1	5 002 000			5 002 000	5 002 000	
客户2	4 987 000	500 000	3 000 000	2 487 000	800 000	1 687 000

我们先来看客户1，2020年本期没有发生金额，2019年年末账龄为1年以内，

所以客户1在2020年年末的账龄应该划分到1～2年，小雨公司将其划分为1年以内，划分不准确。

客户2，本年应收账款增加50万元，所以即便这50万元在年末全部没有收回，那么在2020年年末，1年以内的应收账款最多也是50万元，小雨公司2020年年末应收账款账龄表中1年以内的应收账款为80万元，不合理。

知识点三　利用应收账款操纵利润行为识别

报表的好坏，会影响企业在投资者心中的形象，影响企业获得合作的机会，影响经营者的业绩考核等。很多企业为了让报表数据好看，会不断地用各种方式来调节利润，具体到利用应收账款调节利润，主要有以下两种方式。

一、利用"应收账款"科目虚构收入

当企业的销售收入没有达到预期规模的时候，企业为了使报表数据"漂亮"，可能会通过采用虚假销售的方式来虚构收入，即这些产品并没有销售出去，而只是通过"借记'应收账款'，贷记'营业收入'"的方式，人为地增加了企业的收入。这种做法最开始的时候能蒙混过关，后来监管机构、审计机构对这种现象有所防范，比如通过检查销售合同、出入库记录、发运记录等来验证收入的真实性。但是，企业作假的手段也日趋娴熟和完备，会在通过这种方式虚构收入的同时虚构销售合同、出入库记录等，以逃脱监管。

我们在做财务报表分析的时候，应该如何识别这种造假呢？这里给读者介绍五种方法。

（一）检查销售合同、出库记录、运货记录等

在可以取得内部资料的情况下，可以通过检查销售合同、出库记录、运货记录等资料，判断销售的真实性，如果销售是作假的，就总会出现蛛丝马迹。另外，可以根据取得的资料，按需要向客户进行函证，以取得第三方的回函来佐证判断。

（二）分析"应收账款"余额与其他科目的关系

可以将应收账款与营业收入金额进行对比，计算应收账款占收入的比例是否异常，如果应收账款占收比异常升高，说明很可能是通过"应收账款"科目虚构了收入。

可将"营业收入"金额与现金流量表中"销售商品、提供劳务收到的现金"进行对比，看是否发生异常变动，比如今年营业收入翻一番，但销售商品、提供劳务收到的现金反而减少，或者没有变化，那就非常可疑了。

（三）检查第四季度的应收账款数量

检查第四季度的应收账款数量，看应收账款金额是否在第四季度骤升。一般来说，越接近年底，越能发现本年的销售情况是否符合预期，所以通过"应收账款"科目虚构收入通常会放在第四季度，而且一般会放在特定的明细科目或者特定的客商。通过对比第四季度末和第三季度末的应收账款占收比，可以发现是否存在这种虚构行为。

（四）观察长账龄应收账款金额

通过应收账款虚构的收入肯定是收不回来的，反映在报表上就一直是应收账款，越滚越大，而且账龄会越来越长，所以分析的时候可以观察长账龄的应收账款金额，比如说3年以上的，是否逐年上升，如果是的话，企业很有可能通过这种方式虚构收入。

（五）观察坏账发生比率

通过应收账款虚构的收入肯定是收不回来的，最终都会通过坏账损失的方式消失。可以观察企业的坏账发生比率是否出现不正常的升高，如果是，有可能应收账款本身就是虚假的，无法收回。

> **案例2-14** 某零售企业历年的赊销率在10%左右，即销售现金比率为90%左右，但报表阅读者在做2020年年报分析时发现，该企业的销售现金比率降到了72%。查阅年度公开的财务报告发现，在第四季度时，该企业应收账款急剧上升，在这种情况下，就有理由怀疑企业可能存在虚列收入的行为。

二、通过调节坏账计提来调节利润

企业计提坏账，要计入损益科目，影响当期利润。通过调节坏账计提来调节利润的方式一般有两种：

（1）通过调节计提比例。有的公司为了避免出现亏损，可能会倾向于选择较低的提取比例，有的公司则可能在第一年选择较大比例计提，第二年通过某种方式收回部分应收账款，从而冲回坏账准备，以求利润在年度间转移。比如一家公司应收账款2 000万元，若按比较严格的标准10%计提，需计提200万元，若按比较宽松的标准5%计提，需计提100万元，因此按严格的标准计提坏账则该公司的利润会少100万元。

（2）通过操纵账龄的划分。具体可见本章案例2-12。

▪ 第四节 ▪　预收账款分析

知识点一　预收账款概述

预收账款，是指企业向购货方预收的购货定金或部分货款。企业预收的货款待实际出售商品、产品或者提供劳务时再进行冲减。预收账款是以买卖双方协议或合同为依据，由购货方预先支付一部分（或全部）货款给供应方而发生的一项负债，这项负债要用以后的商品或劳务来偿付。

有些企业账面没有启用"预收账款"科目，但报表上"预收账款"这个项目有余额，这是怎么回事呢？有些企业因为"预收账款"不常发生，所以不启用"预收账款"科目，当收到预收款的时候计入"应收账款"贷方，应收账款就会出现负数，填制报表的时候需要把这个金额重分类到"预收账款"项目，即资产负债表"预收账款"项目数据＝"预收账款"科目余额＋"应收账款"负数重分类。

如果企业提供的产品或服务属于买方市场的产品或服务，即买方可以选择的余地很大，同类型、同档次的产品或服务很多，企业的行业竞争异常激烈，则企业一般不可能在某期间出现大规模的预收账款。一般预收账款普遍存在于垄断行业以及用途特定的定制产品企业。

知识点二　预收账款分析方法

预收账款是客户预计未来需要购买企业的产品，所以先行付一部分钱给企业。一般来说，只有商品需要销售时才会预收款，所以"预收账款"作为一个中转类科目，不应该有长期挂账的情况。若出现长期挂账的预收账款则应该予以关注。一般长期挂账有可能存在以下问题。

一、已出现相关经济纠纷

预收账款长期挂账，此项交易有可能出现无法正常交易或者交易中断、终止等情况，有可能已经进入到司法程序，必须警惕此纠纷可能给企业造成的损失。

二、隐匿收入

预收账款长期挂账，或者是预收账款占收入的比例出现异常上升的现象，有可能是销售已经实现，企业也已经供货，客户也已付款，企业为了少缴税、做小收入基数等原因，未将已经实现的销售收入计入收入，而是计入了"预收账款"科目。

案例2-15 A公司预收账款占收入的比例通常在2%～3%之间，注册会计师在审计A公司2020年报表时发现，预收账款占收入的比例达到10%，而A公司2020年业务类型和业务模式未发生重大变化。经过审计，注册会计师发现，A公司2020年实际业务收入增长率达到20%，而年初制定的收入增长考核指标为12%，A公司管理层为了不把2020年的基数做得太大，以免增加2021年的业务压力，将已经收款的应确认收入的业务列入"预收账款"科目。

三、"预收账款"与其他往来科目同时挂账

往来款项长期挂账，经检查，发现两笔款项属于同一业务事项。比如，业务发生前，甲企业预付了B公司400万元，B公司账务处理：借记"银行存款"400万元，贷记"预收账款"400万元；B公司发货后确认收入时账务处理：借记"应收账款"400万元，贷记"营业收入"400万元。B公司发货确认收入时，应该冲销预收的款项，而非确认一笔应收账款，所以导致两个往来科目长期挂账。

▪ 第五节 ▪ 应付账款分析

应付账款，是指企业在经营过程中购买商品、接受劳务等应向供应商企业支付的款项。这种由于商业信任而产生的应付款项，一般没有利息。在交易关系中处于优势的企业，或者存在资金短缺的企业，往往会争取采用延期付款、月结等方式。

一个企业的应付账款必然是另一个企业的应收账款，在供应商企业不断地催要应收账款的情况下，应付账款不可能成为企业短期融资的主要渠道，也不可能长期延迟不予支付。

"应付账款"作为一个往来科目，不太可能有长期挂账的情况发生。如果发现企业的应付账款存在长期挂账的现象，报表使用者需要充分关注。

如果有一家公司账面有长期都不支付的应付账款，比如3年的，甚至是4～5年的，应该从什么角度来进行分析？下面介绍两个分析角度。

一、应付账款无法支付

如果一个企业账面的应付账款长期不支付，有没有可能是因为没有办法支付呢？比如供应商企业破产倒闭了或者自然人债权人失踪了，导致企业想支付却无法支付。如果是这样，企业应该取得充分的证明材料，将应付账款转到营业外收入，避免应付账款长期挂账。

二、应付账款无须支付

如果一个企业账面的应付账款长期不支付，还有可能是因为并不需要支付。不需要支付也有两种情况。

（一）购货退回不冲应付账款

购销的过程中时常会出现退货的情况，退货之后欠付供应商企业的款项也就应该冲平了，但是有些企业由于账务处理错误或者为了增加成本，将已经退货的存货结转入成本，少缴纳企业所得税，结果是这笔应付账款因不需要支付而一直挂在账上。

案例2-16　青川公司2020年8月购入一批存货，共计500万元，在8月份验收入库并在当月结转了成本，款项未支付。2020年9月份发现这批存货存在质量问题，退回给供应商，退回给供应商后未做任何账务处理。

青川公司2020年8月的账务处理（简化起见，不考虑增值税）：

（1）存货验收入库。

借：库存商品　　　　　　　　　　　　　　　　　　　　5 000 000

　　贷：应付账款　　　　　　　　　　　　　　　　　　　　5 000 000

（2）月末结转成本。

借：营业成本　　　　　　　　　　　　　　　　　　　　5 000 000

　　贷：库存商品　　　　　　　　　　　　　　　　　　　　5 000 000

青川公司2020年9月份退货，应当将以上两笔分录负数冲销，但是青川公司未做任何账务处理，因此2020年青川公司多记成本500万元，同时账面上会有不需要支付的应付账款500万元长期挂账。

（二）虚构成本形成的应付账款

有些企业为了虚构成本，做虚假采购，借记"存货"等，贷记"应付账款"。虚构采购来虚构成本通常有以下两种目的：一是为了少交税；二是为了与虚构的收入匹配。如果企业只是单纯地虚构收入、美化报表，报表使用者通过分析企业毛利率很容易就能发现其中问题，但有些企业为了做得更为"严谨"，在虚构收入的同时也虚构了成本。

案例2-17 洪庆公司一贯的毛利率在25%左右。2020年洪庆公司实际收入400万元，实际成本300万元。2021年，洪庆公司拟向银行贷款拓展新的业务，为美化报表，将2020年的营业收入做成了600万元。如果只虚构收入，毛利率变成50%，这种异常变动就很容易被识别，所以洪庆公司通过虚假采购的方式，虚构了150万元成本，这样2020年毛利率变成25%，就与公司一贯的毛利率保持一致。

对于洪庆公司同时虚构收入和成本的行为，可结合企业的现金流情况、应收账款占收入的比例、应付账款占成本的比例，进行综合分析，予以识别。

▪第六节▪ 预付账款分析

预付账款，是指企业按照购货合同的规定，预先以货币资金或货币等价物支付供应单位的款项。在日常核算中，预付账款按实际付出的金额入账，如预付的材料、商品采购货款。

预付款项情况不多的企业，可以不设置"预付账款"科目，而直接通过"应付账款"科目核算。有些企业账面没有启用"预付账款"科目，但报表上"预付账款"这个项目有余额，这是怎么回事呢？因为这些企业的"预付账款"不常发生，所以不启用"预付账款"科目，当支付预付款的时候计入"应付账款"借方，应付账款就会出现负数，填制报表的时候需要把这个金额重分类到"预付账款"项目，即资产负债表"预付账款"项目数据＝"预付账款"科目余额＋"应付账款"负数重分类。

一般情况下，预付账款不应当计提坏账准备，如果有确凿证据表明预付账款性质已经发生改变，或者因供货单位破产、撤销等原因已经无望再收到所购货物的，确实存在全部无法回收或部分无法回收的风险，应当按照预计无法回收的金额转入其他应收款，并按规定计提坏账准备。

"预付账款"属于企业业务的一个过渡性科目，分析的时候应当重点关注以下几个方面：

一、是否存在利用"预付账款"科目调节成本的情况

"预付账款"科目只能核算按照购货合同规定，在取得合同规定的货物之前预先支付给供货方的定金或部分货款。

有些企业为了隐藏或者推迟确认成本，将已支付并完成交付、应计入当期成本的采购事项，不计入成本进行核算，而是列入预付账款。

二、是否通过"预付账款"科目虚增收入

企业的预付账款数量较大或者突然大幅增加时，特别是预付工程款、预付采购款等大量增加时，很可能是企业通过预付账款将资金流出企业，然后又当作营业收入流进企业，达到虚增业绩的目的。

三、是否存在通过"预付账款"科目"套现"的行为

企业的预付账款必须有合法的业务合同作为基础，但有些企业支付的预付账款并无相关合同作为支撑，而是通过"预付账款"这个科目作为中转，套取公司资金。通过"预付账款"科目套取公司现金，又分几种情况：一种是某个人私自占用企业的资金，比如挪去购房、投资等，过一段时间后还回来；还有一种情况就是通过"预付账款"科目支付出去，这些钱被花掉了或者占有了，这样就会造成预付账款的长期挂账。

预付账款的支付需要有采购合同作为基础，因此有些企业的内部人员利用这一点与供应商串通，签订不谨慎或者不必要的预付款条款，但是款项预付出去之后，不能按期收到货物或者根本收不到货物，这样就导致预付账款长期挂账，给公司带来经济损失。

四、是否存在长期挂账的预付账款

"预付账款"作为一个中转科目，一般是不会出现长期挂账的现象的。如果发现长期挂账的预付账款，应当警惕企业是否存在上述的舞弊行为。作为企业应

当密切关注长期挂账的预付账款，关注合同是否能履行，关注对方公司是否破产、撤销等，如果有确凿的证据表明因供货单位破产、撤销等原因已无法再收到所购货物或追回款项的，应及时将预付账款转到其他应收款，计提相应的坏账准备。

我们在做分析的时候可以用预付账款金额与营业成本金额进行对比，如果比例发生异常变化，突然变得异常大，应该特别关注，警惕是否存在通过预付账款隐藏成本或者虚增收入的行为。

案例2-18　表2-16是甲公司2018—2020年的预付账款科目余额，表2-17是甲公司2018—2020年营业成本的金额，请分析预付账款。

表2-16　甲公司2018—2020年预付账款余额（单位：万元）

项目	2020年年末余额	2019年年末余额	2018年年末余额
预付账款	1 200	300	200

表2-17　甲公司2018—2020年营业成本金额（单位：万元）

项目	2020年	2019年	2018年
营业成本	12 000	15 000	10 000

从表2-16和表2-17可以计算出，甲公司2018—2020年预付账款占营业成本的比例分别是2%、2%、10%，2020年该比例突然增长到10%，属于异常变动，需要重点分析。经了解发现，甲公司为了隐藏当年的成本，与供应商协商，部分当年已经完成的交易暂时先不开发票，留待2021年再开，甲公司将这部分金额列到了"预付账款"科目中，从而导致2020年甲公司预付账款占营业成本的比例突然上升。

案例2-19　乙公司2021年1月18日公布的自查报告中披露，公司对2019年12月31日资产负债表中"其他非流动资产"项目的调整金额竟然高达3.1亿元，这笔3.1亿元的款项是支付给丙公司的预付工程款，但经过自查发现，这笔款项实际并没有支付。丙公司是乙公司一个重要项目的主要承建方，双方签订的合同金额为77 500万元，且约定乙公司需预付40%的工程款，金额为31 000万元。乙公司在没有实际支付这笔款项的情况下，将这笔预付款计入了资产负债表中的"其他非流动资产"项目和现金流量表中的"购建固定资产、无形资产和其他长期资产支付的现金"项目。但是，根据国家企业信用信息公示系统查询到的信息，丙公司在2020年1月5日被吊销了营业执照。与一家经营状况如此差的公司签订预付金额达到3.1亿元的合同，说明乙公司的内部管理存在很大问题。同时，自查报告中调减的营业收入金额达到3 033万元，调减的未分配利润达到3.07亿元。由此可见乙公司的造假手段是将虚增收入、虚增利润所导致的资产窟窿，通过虚构预付账款向外转出，以达到财务报表的平衡。

▪第七节▪　其他应收账款分析

其他应收款，是指企业除应收票据、应收账款、预付账款、应收股利和应收利息以外的其他各种应收及暂付款项。其主要包括以下内容：

（1）应收的各种赔款、罚款，如因企业财产等遭受意外损失而向有关保险公司收取的赔款等。

（2）应收的出租包装物租金。

（3）应向职工收取的各种垫付款项，如为职工垫付的水电费、应由职工负担的医药费、房租费等。

（4）存出保证金，如租入包装物支付的押金。

（5）其他各种应收、暂付款项。

以上是可以完整归类的属于其他应收款的业务，除此之外，常常还会看到各种很奇妙的其他应收款项。说到其他应收款，财务人都知道，就是个"罪恶的万花筒"，是真正的大麻烦所在。常见的异常的其他应收账款有如下几种：

（1）不太好解释的销售回扣返利。销售回扣没有体现在销售发票的减项，但实际已经支付，只能暂且放在其他应收款中，等找到合规的发票来抵销。

（2）没有发票的活动支出。活动办完，钱也花了，但是拿不到发票，然后就放在其他应收款中一直挂着。

（3）特殊的劳务费。比如企业请了一批专家，没签合同，不定期来做培训，费用每个月结算，但也没要求专家开劳务发票，所以就放在其他应收款中一直挂着。

（4）老板挪用的资金。企业的老板挪用企业的资金，不还回来，就会一直挂在其他应收款中。

（5）隐藏收益。有的企业在资金较充裕、预计未来没有大额支出的情况下，往往会利用多余的资金进行短期投资，比如在证券市场上买入股票或债券。

但是有些企业为了逃避税收、截留投资收益，在进行短期投资的时候不是通过"交易性金融资产"来反映，而是虚构往来单位，把它计入"其他应收款"科目。在退出资本市场时用收回来的本金冲销其他应收款，而投资收益进入"小金库"。

（6）私设"小金库"。"其他应收款"科目往往是企业账与账外账的桥梁，企业通过其他应收款为"小金库"源源不断地输入资金，比如通过企业本不存在的员工借款将款项输入到"小金库"。

"其他应收款"项目容易"藏污纳垢"，阅读报表的时候需要特别注意以下事项：

（1）"其他应收款"项目金额是否异常大。其他应收款不是经营活动主要的往来款项，其金额一般不宜过大，如果过大需要特别注意。

（2）关注是否存在关联方往来。可以通过财务报表附注，关注企业是否存在关联方往来，关注是否存在关联方占用企业资金的情况。

（3）关注是否有长期挂账的其他应收款。其他应收款长期挂账，多半是收不回来的，需要评估其他应收款的性质及其收回的可能性。

案例2-20 某审计工作小组在审计的时候发现被审计单位的其他应收款挂账金额400万元是2年前发生的，一直没有变化。对于当年发生的一笔30万元的贷方款项，审计组向对方单位发函询证，看起来没什么问题，但是因为这项其他应收款是关联方的，所以审计组在审计的时候就谨慎了一些。偶然在一张被投资单位的股东会决议上发现利润分配的事情（当年分配30万元）后，审计组才发现这400万元是投资，而不是其他应收款，询问财务经理后也得到了证实。这种做法是很隐秘的，如果不是审计组细心谨慎，是很难发现的。所以在做财务报表分析的时候，一定不能孤立地看某个数据，而应该关联地看、动态地看。

▪ 第八节 ▪ 存货分析

知识点一 存货概述

存货，是指企业在日常活动中持有以备出售的产成品或商品、处在生产过程中的在产品、在生产过程或提供劳务过程中储备的材料或物料等，包括各类原材料、在产品、半成品、产成品或库存商品以及包装物、低值易耗品、委托加工物资等。

一、存货按其经济内容划分

1. 原材料

原材料，是指企业在生产过程中经加工将改变其形态或性质并构成产品主要实体的各种原料及主要材料、辅助材料、燃料、修理用备料、包装材料、外购半成品等。

2. 在产品

在产品，是指在企业尚未加工完成，需要进一步加工且正在加工的在制品。

3. 半成品

半成品，是指企业已完成一定生产过程的加工任务，已验收合格入库，但需要进一步加工的中间产品。

4. 产成品

产成品，是指企业已完成全部生产过程并验收合格入库，可以按照合同规定的条件送交订货单位，或可以作为商品对外销售的产品。

5. 库存商品

库存商品，是指商品流通企业外购或委托加工完成验收入库用于销售的各种商品。

6. 周转材料

周转材料，是指企业能够多次使用、逐渐转移其价值但仍保持原有形态，不确认为固定资产的材料，如包装物和低值易耗品。

7. 委托代销商品

委托代销商品，是指企业委托其他单位代销的商品。

二、存货按其存放地点划分

1. 库存存货

库存存货，是指已验收合格并入库的各种存货。

2. 在途存货

在途存货，是指货款已经支付、正在途中运输的存货，以及已经运达企业但尚未验收入库的存货。

3. 加工中存货

加工中存货，是指企业正在加工的存货和委托其他单位加工的存货。

资产负债表中"存货"项目，按照材料、在产品、半成品、产成品或库存商品以及包装物、低值易耗品、委托代销商品等的期末余额之和减去"存货跌价准备"科目的期末余额填列。

存货的多少对企业而言是很重要的，企业的存货越多，其占用的资金就越多，可以流动的资金就越少，资产的使用效率就越低；当然也不是说存货少了就一定好，因为有时候存货的市场价格可能是呈上升的趋势，存货越多，节约的成本就越多，所以存货的多少和时机也像经营业务一样，需要一点市场眼光。一般而言，企业的存货量应该与企业的生产规模、每个月的销售数量保持一定的比例关系。有人会问这个比例保持多少是合理的。其实并没有一个固定的合理的比例可参考，每家企业都会在自己长期的生产经营过程中形成一个适合自己的比例，这个比例不能太高，并且要保持相对稳定。

总之，存货的持有量应当保持一个适当的水平，过多会降低资金使用效率，增加管理成本；反之，会使企业面临缺货的风险。当然，考虑存货持有量的时候还需考虑存货的未来价格走向。

案例2-21 2020年年末，小金建材批发公司预测建筑行业2021年市场行情向好，囤的钢材比平常多了一倍，约500吨，每吨4 500元，钢材账面余额为225万元。2021年钢材价格果然大幅上涨，上涨到6 000元/吨，小金建材批发公司因加大存货囤积量而节约成本37.5［（6 000－4 500）×250］万元。如果2021年钢材的价格下降到3 000元/吨，除因为囤货而增加资金占用的成本外，小金建材批发公司还要承担因存货跌价而增加的成本37.5万元。

知识点二 存货的分析方法

存货是企业资产的重要组成部分之一，是企业生产经营活动重要的物资基础，而存货具有的种类繁多、存放地点各异、价值难以评估等特点，又让存货成为企业最神秘的资产之一。要如何揭开存货神秘的"面纱"呢？下文将介绍几种财务报表存货阅读和分析的方法。

一、影响存货余额的因素分析

存货余额＝存货数量×存货单价

由以上公式可以看出，影响企业存货期末余额的主要因素有存货的数量和存货的单价。下文分别看看企业不同会计政策的选择，是如何影响存货的数量和存货的单价的。

（一）存货的盘存方法对存货数量的影响

企业存货的盘存方法，即企业存货数量的确定方法，主要有两种：实地盘存制和永续盘存制。

1. 实地盘存制

实地盘存制，又称定期盘存制，是指会计期末通过对存货进行实地盘点确定期末结存数量的方法，也就是以期末具体盘点实物的结果为依据来确定存货的结存数量的方法。该方法是在期末通过盘点实物来确定存货结存数量，并据以倒推出发出数量。本期减少数的计算公式是：

本期减少数＝期初结存数＋本期增加数－期末结存数

实地盘存制，通俗地说，就是期末到存货存放现场点数，点到实际有多少数量，期末就按多少数量确定存货的数量。当企业采用实地盘存制进行存货数量核算时，资产负债表上"存货"项目反映的就是存货的实有数量。但是这种方法平常不核算发出，只按期末余额倒算本期减少数，容易出现盗取存货等舞弊现象。

2. 永续盘存制

永续盘存制，也叫作账面盘存制，就是通过设置存货明细账，对日常发生的存货增加或减少，都必须根据会计凭证在账簿中进行连续登记，并随时在账面上结算各项存货的结存数的一种盘存制度。本期账面期末结存数计算公式是：

账面期末结存数＝账面期初结存数＋本期增加数－本期减少数

采用永续盘存制，除非在编制资产负债表时对存货进行盘点，否则资产负债表上"存货"项目反映的只是存货的账面数量。如果存货有丢失、损害等，就无法及时考虑到。

实地盘存制和永续盘存制这两种不同的存货数量确认方法，会造成资产负债表上"存货"项目的差异，这种差异不是存货数量本身变动引起的，而是选择不同的存货数量会计确认方法造成的。在阅读企业财务报表的时候，需要了解企业是否在年末对存货进行盘点，以确认其存货的真实性。

案例2-22　小银公司2020年年末存货情况如下：A货物账面数量是1 000件，单价是550元，年底盘点，仓库实际有A货物1 080件。计算采用实地盘存制和永续盘存制时A货物的账面余额分别是多少。

实地盘存制A货物账面余额：1 080×550＝594 000（元）

永续盘存制A货物账面余额：1 000×550＝550 000（元）

在其他信息一致的情况下，小银公司只是因选择的存货盘存方法不同，期末存货余额的差异就达到4.4万元，即对成本的影响也是4.4万元，最终影响当期利润。

综上，在阅读和分析企业财务报表的时候，一定要关注企业选择的存货盘存制度是否合理，关注存货盘存制度是否发生变化，如果发生变化，要评价变化的合理性，并计算因存货盘存制度变化而产生的影响金额有多大。

（二）存货计价方法对存货单价的影响

存货计价方法不同，会影响到存货期末的单价，从而影响存货期末余额，同时对企业的成本也有直接的影响。企业可以根据各类存货的性质、企业管理的要求等实际情况，合理选择确定发出存货的计价方法。存货计价方法主要有四种：先进先出法、加权平均法、移动加权平均法和个别计价法。

1. 先进先出法

先进先出法，是指以先购入的存货应先发出（销售或耗用）的一种存货实物流动假设为前提，对发出的存货进行计价的一种方法。采用这种方法，先购入的存货成本在后购入存货成本之前转出，据此确定发出存货和期末存货的成本。

2. 加权平均法

加权平均法，又叫全月一次加权平均法，是指以本月全部进货数量加上月初存货数量作为权数，去除当月全部进货成本加上本月初存货成本，计算出存货的加权平均单位成本，以此为基础计算当月发出存货的成本和期末存货成本的一种方法。计算公式如下：

加权平均成本＝（期初结存存货实际成本＋本期收入存货实际成本）÷（期初结存存货数量＋本期收入存货数量）

本期发出存货实际成本＝本期发出存货数量×加权平均成本

3. 移动加权平均法

移动加权平均法，是指每次收货后，立即根据库存存货数量和总成本，计算出新的平均单价或成本的方法。计算公式为：

移动加权平均成本＝（本次收入前结存存货成本＋本次收入存货成本）÷（本次收入前结存存货数量＋本次收入存货数量）

本次发出存货的成本＝本次发出存货的数量×本次发货前存货的单位成本

采用移动加权平均法能够使企业管理层及时了解存货的结存情况，计算的平均单位成本以及发出和结存的存货成本比较客观。但由于每次收货都要计算一次平均成本，计算工作量较大，对收发货较频繁的企业不适用。

4. 个别计价法

个别计价法，是指每次发出存货的实际成本按其购入时的实际成本分别计价的方法。个别计价法的成本计算准确，符合实际情况，但在存货收发频繁的情况下，其发出成本分辨的工作量较大。

案例2-23 小铜公司的B货物期初数量为1 000件，单价为570元；本期购入存货2 000件，单价为620元；本期发出存货1 500件。请分别计算先进先出法和加权平均法下小铜公司B货物的本期成本。

先进先出法下B货物账面本期成本：

$1\ 000 \times 570 + 500 \times 620 = 880\ 000$（元）

加权平均法下B货物账面本期成本：

$(1\ 000 \times 570 + 2\ 000 \times 620) \div (1\ 000 + 2\ 000) \times 1\ 500 = 603.33 \times 1\ 500 = 904\ 995$（元）

在其他信息一致的情况下，小铜公司只是因选择的存货计价方法不同，本期成本的差异就达到大约2.5万元，最终影响当期利润。

综上，在阅读和分析企业财务报表的时候，一定要关注企业选择的存货计价方法是否合理，关注存货计价方法是否发生变化，如果发生变化，要评价变化的合理性，并计算因存货计价方法变化而产生的影响金额有多大。

二、存货质量分析

在阅读和分析企业财务报表的时候，除了要关注存货的余额以外，还需要特别关注存货的质量。存货的余额体现的仅仅是账面价值，而存货的质量关系到存货的实际价值。

案例2-24 假如某公司经营建材，在建筑材料一直涨价的情况下，分析者可以很快知道该公司的存货的真实价值，甚至物超所值。假如某家餐厅的账面存货金额很大，因为餐厅的存货主要是食品，保质期较短，所以在评价其价值的时候需要非常谨慎，有可能很多食品都已经过期变质了。

对存货的质量分析，应关注以下几点：

（一）存货的可变现净值与账面金额之间的差异

存货的可变现净值，是指在正常生产经营过程中，以预计售价减去进一步加工成本和预计销售费用以及相关税费后的净值。从财务分析的角度，应当关注存货在未来期间能够为企业带来的经济资源流入，所以采用可变现净值评价存货的价值比较妥当。

企业通过出售自身的存货来取得收入和利润。正常情况下，存货的账面价值与可变现净值相比较，大多数存货的可变现净值较高。但对于下列情况的出现，则应当关注是否存在可变现净值低于账面价值的情况：

（1）市价持续下跌，并且在可预见的未来无回升希望的。

（2）企业使用该项原材料生产的产品成本大于产品销售的价格。

（3）因产品更新换代，原有库存存货已不适应新产品的需要，而该项存货的市场价格又低于其账面成本。

（4）企业所提供的商品或劳务过时，或消费者偏好改变使市场需求发生变化，导致产品市场价格逐渐下跌。

存在以上情况时，应关注是否已经计提了相应的存货跌价准备，应遵循谨慎性原则，观察企业的存货跌价准备计提是否充足，计提的标准是否前后一致。

如果企业存货的可变现净值大于存货的账面价值，在有确凿证据的条件下，分析时应当将两者结合使用。例如在分析企业存货周转情况时，使用账面价值数据；在分析发展能力时，使用可变现净值。

（二）存货的构成

企业的存货种类繁多，每种类别的存货对于企业的盈利能力以及自身的周转情况各不相同。对于生产销售多种产品的企业，分析人员应判断每种产品的市场状况和盈利能力，以及对外界环境的敏感程度，明确企业的主要利润来源，关注企业是否将较多的资源配置在日后有发展潜力的产品上。

（三）存货的技术构成

当今技术发展迅速，产品更新换代非常快，不同技术层次的存货价值会有较大的差异，同时在生产成本上也有差异，所以应当仔细分析企业存货的技术竞争力，判断存货的市场寿命和价值。如果企业的产品所采用的技术已经被高端、成本更低的技术所代替，那么企业的存货价值可能会归于零。

案例2-25 A公司是生产电子产品的企业，电子产品期末账面价值为5 000万元。年末时，A公司的主要竞争对手宣布研发出新的核心技术，该技术对产品的使用寿命有非常大的影响，而且该技术的使用不会增加产品的成本。这样的话，A公司的存货价值就会大打折扣。

三、存货变化分析

（一）存货绝对值变化分析

存货与企业运营直接相关，存货的变化在一定程度上也反映了企业的经营效率和经营模式等，因此分析存货余额的变化很有必要。当然，分析存货余额变化情况，要与财务报表的其他项目相结合，比如营业收入等。

案例2-26　根据表2-18可以看出，甲公司2018—2020年营业收入逐年增长，而2020年存货余额却呈现大幅度的负增长。库存量为何在短期内大幅下降？

表2-18　甲公司2018—2020年存货、营业收入数据（单位：万元）

项目	2018 年	2019 年	2020 年
存货余额	8 655	9 678	6 940
存货增长率		11.82%	−28.29%
营业收入	12 460	13 380	14 592
收入增长率		7.38%	9.06%

甲公司营业收入逐年增加，2019年存货余额增长率也与营业收入保持了同方向发展，2020年在收入增长9.06%的情况下，存货余额却下降了28.29%，这个变化可以说是非常惊人的。

原因是否为甲公司存货周转率在2020年大幅上升？当然也有可能。但经过了解，实际情况是甲公司与供应商签订了供应商库存协议：甲公司交纳一定保证金，供应商保证甲公司需要的安全库存；在协议数量内，需要多少随时购买多少，购买时按照当时的市场价格结算。

从这里我们可以看出，从存货余额的变化分析，就可以了解到企业存货管理模式发生了巨大变化，所以分析存货余额变化的意义非常大。

我们进一步来看一看甲公司这种做法的好处和坏处：

好处：在需要的时候随时购买存货，企业账面的存货少，库存减少，可以降低仓库管理的成本，资金占用也少；另外，企业的存货周转率高，财务指标漂亮。

坏处：如果供应商违约不能按时提供货物，就会影响企业正常运营；另外，按照购买的实时价格进行结算，企业的成本不可控。

（二）存货结构变化分析

存货结构，是指企业各类存货，如原材料、在产品、半成品等占存货总数的比例。比如某企业原材料金额50万元，存货总金额200万元，那么原材料占总存货的比例就是25%。同一企业，不同类别存货的占比一般保持相对稳定，如果发生异常变动，就需要予以重点关注。

案例2-27 表2-19和表2-20是乙公司2018—2020年存货的相关数据，分析乙公司的存货结构变化情况以及可能存在的问题。

表2-19 乙公司存货明细表（单位：万元）

项目	2018年	2019年	2020年
原材料	500	575	386
库存商品	542	638	840
低值易耗品	144	167	148
委托加工物资	152	182.4	260
存货总金额	1 338	1 562.4	1 634

表2-20 乙公司存货结构比例表

项目	2018年	2019年	2020年
原材料	37.4%	36.8%	23.6%
库存商品	40.5%	40.8%	51.4%
低值易耗品	10.8%	10.7%	9.1%
委托加工物资	11.3%	11.7%	15.9%
存货总金额	100.0%	100.0%	100.0%

从表2-20可以看出，2020年乙公司存货的结构比例发生了较大变化，原材料占比较2018年和2019年下降幅度较大，相反，库存商品和委托加工物资占比较2018年和2019年大幅提高。

根据调查了解，乙公司所处的行业原材料占比在38%左右才能保证企业的正常运转，而乙公司2020年原材料占比下降至23.6%，远低于平均水平，有可能是乙公司投入不足，或者市场萎缩，没有足够的远期订单，导致开工不足。

2020年库存商品占比急剧上升，可能是企业市场占有率降低，导致库存商品大量积压。

从原材料占比和库存商品占比的分析，都可以得出乙公司未来可能存在业务萎缩的结论，这可以通过营业收入的变化予以佐证。

另外，委托加工物资的占比也有所提升。委托加工物资增加，说明乙公司有更多的加工劳务外包，表明其自身加工能力不足或者萎缩如果这一占比进一步加大的话，可能表明乙公司未掌握核心竞争力的相关技术。

知识点三　通过存货调节利润的手段揭秘

前面我们讲过，报表的好坏会影响企业在投资者心中的形象，影响企业获得合作的机会，影响经营者的业绩考核等。很多企业为了报表好看，不断地用各种方式来调节利润，具体到利用存货调节利润，主要有以下两种方式。

一、不对已贬值的存货计提跌价准备，虚增利润

有些行业的存货风险很高，如新鲜食品和高科技制造业，一旦过了保质期或者行业发生重大改变，存货价值可能会归零，而有些行业的存货基本不存在计提存货跌价准备的问题，如高端白酒。存货跌价的计提，需计入当期损益，影响当期利润。在阅读和分析企业财务报表的时候，需要关注企业所属的行业，分析存货跌价的可能性及跌价的幅度，评价存货的价值，分析企业是否通过不计提跌价准备的方式虚增利润。

二、通过加大生产，降低单位产品的成本

企业加大产品生产，单位可变成本不变，但是大规模生产可以将固定成本分摊到更多的产品上面，降低了单位成本，但是这种影响只是短期的，在以后的期间会陆续返回。

案例2-28　丙公司生产A产品，每件产品的可变成本是500元，固定成本合计为20万元。分别计算生产1 000件A产品和生产2 000件A产品的单位成本。

生产1 000件A产品的单位成本：500＋200 000÷1 000＝700（元）

生产2 000件A产品的单位成本：500＋200 000÷2 000＝600（元）

企业销售规模不变，仅仅是将产量从1 000件增加到2 000件，就使产品的单位成本从700元降到了600元。所以在阅读和分析财务报表的时候，需要关注企业当期的产量是否合理，是否存在通过加大生产降低单位产品的成本，从而欺诈性地提升毛利率，虚增本期利润的现象。

▪第九节▪ 长期资产分析

知识点一 固定资产分析

一、固定资产概述

固定资产，是指企业为生产产品、提供劳务、出租或者经营管理而持有的、使用时间超过12个月的，价值达到一定标准的非货币性资产，包括房屋、建筑物、机器、机械、运输工具，以及其他与生产经营活动有关的设备、器具、工具等。固定资产是企业的劳动手段，也是企业赖以生产经营的主要资产。固定资产有两个显著的特征：一是为支持生产经营活动而持有，二是使用寿命超过一个会计年度。比如，某企业因经营活动的需要，购买了电脑、复印机等办公设备，并作为日常运营使用，这些电脑、复印机就属于固定资产的范畴。

固定资产的价值是根据它本身的磨损程度逐渐转移到新产品中去的，它的磨损分有形磨损和无形磨损两种情况。有形磨损，是设备或固定资产在生产过程中使用或因自然力影响而引起的使用价值和价值上的损失；无形磨损，是设备或固定资产由于科学技术的进步而引起的贬值。

折旧是固定资产在使用过程中因损耗而转移到产品中去的那部分价值的一种补偿方式。计提折旧一方面减少固定资产的账面净值，一方面又计入到企业的成本或者费用中。

固定资产折旧，是指固定资产在使用过程中逐渐损耗而转移到商品或费用中去的那部分价值，也是企业在生产经营过程中由于使用固定资产而在其使用年限内分摊的固定资产耗费。

资产负债表的"固定资产"项目下面总是跟着"累计折旧"，这个累计折旧金额说明了固定资产已经转移到收入中的比例是多少，进而用固定资产原值减去累计折旧后算出的固定资产净值再减去固定资产减值准备，才是目前企业固定资产的账面价值。

案例2-29 柠檬公司于2020年12月购进了一台小轿车作为管理人员公务用车，价格20万元，用银行转账方式支付。小轿车按10年折旧，净残值为0。计算2021年柠檬公司应计提多少折旧，并编制柠檬公司购进小轿车和计提2021年折旧的会计分录。假设不考虑增值税。

（1）2021年应计提折旧金额＝200 000÷10＝20 000（元）

（2）购进小轿车会计分录：

借：固定资产　　　　　　　　　　　　　　　　　　　　200 000

　　贷：银行存款　　　　　　　　　　　　　　　　　　200 000

（3）计提2021年折旧会计分录：

借：管理费用　　　　　　　　　　　　　　　　　　　　20 000

　　贷：累计折旧　　　　　　　　　　　　　　　　　　20 000

柠檬公司购买的小轿车，在购进的时候计入"固定资产"，没有计入到"成本费用"项目，而是在使用的时候按年度计提折旧，每年计入"管理费用"的金额是2万元。截止到2021年年底，小轿车的账面净值就变成了18万元，即用20万元的原值减去当年的折旧2万元。

二、固定资产分析

固定资产作为企业赖以生存的物质基础，是企业生产效益的源泉，关系到企业的运营和发展。在阅读财务报表时，对固定资产进行分析非常有必要。固定资产分析可以从以下几个方面入手：

（一）固定资产价值分析

前面我们有提到，企业固定资产的账面价值是用固定资产原值减去累计折旧、资产减值准备后得出的，但是固定资产的账面价值也不完全体现企业固定资产的实际价值。比如，有些企业的固定资产可能保养得比较好，尚可使用的年限要大于预计使用年限，那么这个固定资产就物超所值；有些企业的固定资产虽然账面价值很高，但是保养得不好，或者是这类型的固定资产早已更新换代，企业的固定资产已经过时，因此这类固定资产的账面价值有名无实，应引起重视，需要综合各种情况重新进行评估和判断。

（二）固定资产变动分析

固定资产对于企业至关重要，它是企业运营和发展的基础，但是企业一旦到达一定的规模后，固定资产就不会频繁地发生大幅度的变动。如果企业固定资产发生大幅变动，就需要予以关注。固定资产的大额变动又分为固定资产大额减少和固定资产大额增加两种情况，下面分别看看，如果发生这两种变化应当注意什么。

1. 固定资产大额减少

一般企业的固定资产都会保持相对稳定的状态，如果发生大额变动，尤其是大额减少，报表阅读者一定要打起精神，看看到底是什么原因导致了这种变动。固定资产账面价值大额减少一般有两个原因：

一是公司业务萎缩。固定资产是支撑企业运营的基础，尤其是作为企业生产资源（比如厂房、机器设备）的时候，固定资产的大额减少意味着生产能力的大幅减弱，有可能是因为企业的业务出现萎缩，市场份额逐渐减小，而且在可以预见的未来，没有转回的可能性。这时候，企业就开始出售固定资产，以减少固定资产闲置所带来更大的伤害。

二是公司资金链出现问题。固定资产是企业运营的根本，一般不会被变卖用于偿还债务，但是如果企业资金链出现重大问题，又无法从外部筹集资金，企业只能变卖固定资产以渡过难关。这种做法虽解决了眼下的困难，却导致企业生产能力下降，无法完成正常的运营，会造成企业资金短缺的恶性循环。

以上两种固定资产大额减少的情况，都不是好的预兆，所以报表使用者如果发现企业的固定资产发生大额减少，一定要重点关注。

2. 固定资产大额增加

固定资产大额增加，一般是企业投资新项目、翻新厂房、扩大生产线等才有可能实现的。如果企业发生了投资新项目、翻新厂房、扩大生产线等事项，势必会引起直接的效应，即企业的产能增加，最终会映射到企业的营业收入上。如果一家企业大量投入固定资产，营业收入却迟迟不见增加，这个时候就需要关注固定资产投入的真实性了。

案例2-30 橙红公司近几年的固定资产及营业收入数据见表2-21，分析橙红公司固定资产的变动情况。

表2-21 橙红公司部分报表数据（单位：万元）

项目	2017 年	2018 年	2019 年	2020 年
固定资产	23 115	33 225	41 762	52 178
营业收入	34 752	34 964	35 152	35 786

从表2-21可以看出，橙红公司2017—2020年固定资产的金额不断大幅增加，2020年比2017年增长了125.73%，营业收入金额却保持相对稳定。试想一下，橙

红公司加大固定资产投入的动力何在？结果何在？若这两方面都没有体现，这个时候报表阅读者就需要考虑橙红公司固定资产投入的真实性了。

（三）累计折旧分析

固定资产在使用过程中因损耗而转移到产品中的价值，在企业账面体现为累计折旧。企业应根据固定资产所含经济利益的预期实现方式选择折旧方法。可供选择的折旧方法主要包括年限平均法、工作量法、双倍余额递减法、年数总和法等，其中的双倍余额递减法、年数总和法属于加速折旧法。折旧方法一经确定，不得随意变更。如需变更，应在财务报表附注中予以说明。不同会计折旧政策的选择和变更对企业固定资产会产生较大的影响。不同折旧计提方法的计算方法如下：

1. 年限平均法

年限平均法，又称直线法，是指将固定资产的应计折旧额（固定资产原值减去预计残值）平均地分摊到固定资产预计使用寿命内的一种方法，采用这种方法计算的每期折旧额均相等。

2. 工作量法

工作量法，是指以固定资产能提供的工作量为单位来计算折旧额的方法。工作量可以是汽车的总行驶里程，也可以是机器设备的总工作台班、总工作小时等。

3. 双倍余额递减法

双倍余额递减法，是在固定资产使用年限最后两年的前面各年，用年限平均法折旧率的两倍（2/折旧年限）作为固定的折旧率乘以逐年递减的固定资产期初净值（固定资产原值减去已累计计提的折旧额），得出各年应提折旧额的方法；在固定资产使用年限的最后两年改用年限平均法，将倒数第二年年初的固定资产账面净值扣除预计净残值后的余额在这两年平均分摊。

4. 年数总和法

年数总和法，是指将固定资产应提折旧的总额乘以固定资产的变动折旧率计算折旧额的一种方法，其计算公式为：

固定资产各年折旧率＝固定资产各年初尚可使用年数÷固定资产预计使用年限各年数之和×100%

固定资产应提折旧的总额＝固定资产原值－预计残值

假设折旧年限是5年，固定资产预计使用年限各年数之和＝1＋2＋3＋4＋5＝15（年）。

案例2-31 　一项固定资产原值为500万元，折旧年限为5年，预计净残值为0，分别采用年限平均法、双倍余额递减法、年数总和法计算每年的折旧金额见表2-22。

表2-22　不同折旧法下的折旧金额（单位：万元）

项目	第一年折旧金额	第二年折旧金额	第三年折旧金额	第四年折旧金额	第五年折旧金额
年限平均法	100	100	100	100	100
双倍余额递减法	200	120	72	54	54
年数总和法	166.67	133.33	100	66.67	33.33

从表2-22中可以看出，三种折旧方法计算出来的每年折旧加总，都等于固定资产应计折旧额，即500万元，但是这500万元在不同年份之间的分布各不相同。年限平均法每年的折旧金额一致，是一种平均的折旧方法；双倍余额递减法和年数总和法都是前面折旧快，后面折旧慢，即加速折旧。在不同年份间分布的折旧金额，也即固定资产进入到成本费用的金额。采用不同的折旧方法，进入成本费用的方式也不同，最终影响了固定资产在不同年份的净值和利润。

所以，在阅读企业财务报表的时候，需要关注企业固定资产折旧政策有没有发生变化，如有，则要判断这种变化的合理性，并关注改变的动机及影响当期利润的金额。有些企业为了调节不同年份间利润的分布，可能会随意调整固定资产折旧政策，这种方式是不可取的。

知识点二　在建工程分析

在建工程，是指正在建设中、尚未竣工投入使用的建设项目，主要指企业固定资产的新建、改建、扩建，或技术改造、设备更新和大修理工程等尚未完工的工程支出。在实际运作中，在建工程包括"自营"和"外包"两种方式。其中，自营在建工程，是企业自行购买工程用料、自行施工并进行管理的工程；出包在建工程，是企业通过签订合同，由其他施工单位承包建造的工程。

在建工程，是一边消耗工程物资，又一边创造固定资产，一旦完工达到预计可使用状态，就应该要转成固定资产。如果在建工程迟迟不转固定资产，就需要重点关注。下面分析在建工程迟迟不转固定资产的两种可能性：

一、避免折旧影响当期利润

如果工程已完工，在建工程应结转为固定资产，并投入使用。如果在建工程结转为固定资产，应按照要求计提折旧，折旧需要计入当期损益，减少当期利润。有些企业为了避免计提折旧影响当期利润，而不将已经完工的在建工程转入固定资产。

案例2-32 大风公司建造一栋厂房，2020年2月已完工，并达到预定可使用状态，并已于2020年2月投入使用。截至2020年年末，该厂房仍未结转固定资产，该厂房账面在建工程金额为570万元。假设该厂房的使用年限为20年，预计残值为0。计算分析大风公司这项资产的处理对报表的影响。

大风公司的厂房在2020年2月已完工，并已投入使用，应当在2020年2月就从在建工程结转到固定资产，从3月份开始计提折旧，当年应计入经营成本的折旧金额为23.75（570÷20÷12×10）万元，当年的利润虚高23.75万元。

二、在建工程不真实

如果企业的在建工程迟迟不转固定资产，是否有可能该在建工程根本不存在，而是虚拟出来的？这种情况，有可能是企业通过在建工程将企业的资金支付给虚构或关联的供应商，这些资金再以采购企业商品或者服务的名义变成收入流回公司；也有可能是这些资产被侵占或者贪污了。这两种情况的在建工程最后都无法投入使用，往往都是通过大比例折旧或者意外毁损等名义计提高额减值损失，从而消失得无影无踪。

案例2-33 小雨公司2016—2020年的在建工程、固定资产原值和货币资金项目数据见下表2-23，分析可能存在的问题。

表2-23 小雨公司部分报表数据（单位：万元）

项目	2016年	2017年	2018年	2019年	2020年
在建工程	37 812	54 345	78 315	82 356	82 356
固定资产原值	42 148	44 225	47 224	47 226	47 226
货币资金	36 421	24 752	5 315	500	12.5

从表2-23可以看出，小雨公司2016年到2019年的在建工程金额一直在增加，固定资产原值金额基本保持不变，说明在建工程一直未转到固定资产。2020年，

在在建工程没有发生变化的情况下，小雨公司依然未将在建工程转入固定资产。有没有可能是小雨公司通过"在建工程"科目将资金套出去？这需要结合"货币资金"项目一起分析。

从表2-23可以看出，从2016年到2020年，货币资金的金额呈直线下降的趋势，到2020年年末，账面货币资金仅有12.5万元，结合在建工程迟迟不转固定资产的情况，有理由怀疑小雨公司通过"在建工程"科目将资金套了出去，账面的在建工程可能根本不存在，是虚拟的。可以追踪查看小雨公司后期的报表，观察其是否通过资产减值的方式将在建工程逐渐淡出公司。

知识点三　无形资产分析

一、无形资产概述

无形资产，是指企业拥有或者控制的没有实物形态的可辨认非货币性资产，主要包括土地使用权、商标权、专利权、非专利技术、著作权等。无形资产有以下特征：

（1）没有实物形态。无形资产通常表现为某种权利、某项技术或是某种获取超额利润的综合能力，不具有实物形态，是通过自身所具有的技术等优势为企业带来未来经济利益。

（2）具有可辨认性。无形资产能够从企业中分离或者划分出来，并能单独或者与相关合同、资产或负债一起，用于出售、转移、授予许可、租赁或交换。如一方通过与另一方签订特许权合同而获得的特许使用权，通过法律程序申请获得的商标权、专利权等。注意：商誉通常是与企业整体价值联系在一起的，其存在无法与企业自身相分离，不具有可辨认性。

（3）属于非货币性资产，能给企业带来经济利益，但是给企业带来的经济利益具有较大的不确定性。非货币性资产是指企业持有的货币资金和将以固定或可确定的金额收取的资产以外的其他资产。无形资产在持有过程中为企业带来未来经济利益的情况不确定，不属于以固定或可确定的金额收取的资产，属于非货币性资产。

另外，与固定资产相同，无形资产也是分期进入损益的。无形资产应当自取得当月起在预计使用年限内分期平均摊销，计入损益。

二、无形资产分析

尽管无形资产没有实物形态，但在知识经济时代，它对企业的生产经营活动的影响也是十分巨大的，所以阅读报表的时候，对无形资产进行分析也是非常有必要的。无形资产分析可以从以下两个方面入手：

（1）关注企业无形资产的价值是否依旧。在阅读企业财务报表时，需关注报表中所载的无形资产是否已经被其他新技术代替，或者无形资产的市价是否在当期大幅下跌，比如专利权等是否已超过法律保护的年限。

（2）关注企业有没有利用无形资产摊销调整本期利润的行为。无形资产应当自取得当月起在预计使用年限内分期平均摊销。在阅读企业财务报表的时候，需要关注企业是否随意变更无形资产的摊销金额，调节当期利润。

■第十节■　借款分析

一、借款概述

借款，是指企业向银行等金融机构以及其他单位借入的资金。借款又包括短期借款和长期借款。

短期借款，是指企业根据生产经营的需要，从银行或其他金融机构借入的偿还期在一年以内的各种借款，包括生产周转借款、临时借款等。

长期借款，是指企业向银行或其他金融机构借入的期限在一年以上（不含一年）或超过一年的一个营业周期以上的各项借款。

借款在企业账面的核算主要包括三个方面的内容：第一，取得借款的核算（企业从银行或其他金融机构借入款项时，应签订借款合同，注明借款金额、借款利率和还款时间等）；第二，借款利息的核算；第三，归还借款的核算。

短期借款利息支出，是企业理财活动中为筹集资金而发生的耗费，应作为一项财务费用计入当期损益。由于利息支付的方式不同，其会计核算也不完全一样。若短期借款的利息按月计收，或还本付息一次进行，但利息数额不大时，利息费用可直接计入当期损益；若短期借款的利息按季（或半年）计收，或还本付息一次进行，但利息数额较大时，则可采用预提的方式按月预提、确认费用。

长期借款利息的核算分两种情况：一种是在发生时直接确认为当期费用（即费用化），另一种则是于发生时直接计入该项资产（即资本化）。具体做法是：

为购建固定资产而发生的长期借款利息，在固定资产达到预定可使用状态之前所发生的，计入所建固定资产价值，予以资本化。为购建固定资产而发生的长期借款利息，在固定资产达到预定可使用状态之后所发生的，直接计入当期损益，予以费用化。

属于流动负债性质的借款利息，或者虽然是长期负债性质但不是用于购建固定资产的借款利息，直接计入当期损益。

案例2-34 甲企业为建造一幢厂房，于2020年1月1日借入期限为两年的长期借款2 000 000元，借款已存入银行。借款利率为10%，每年付息一次，期满后一次还清本金。2020年年初，甲企业以银行存款支付工程价款共计900 000元，2021年年初又以银行存款支付工程费用1 100 000元。该厂房于2021年8月底完工交付使用，并办理了竣工决算手续。分别计算2020年和2021年的借款利息，并编制利息核算的会计分录。

（1）2020年借款利息情况：

2020年借款利息＝2 000 000×10%＝200 000（元）

2020年应资本化利息＝900 000×10%＝90 000（元）

2020年利息核算的会计分录：

借：在建工程   90 000

财务费用   110 000

贷：应付利息   200 000

（2）2021年借款利息情况：

2021年借款利息＝2 000 000×10%＝200 000（元）

2021年应资本化利息＝2 000 000×10%×8/12＝133 333.33（元）

2021年利息核算的会计分录：

借：在建工程   133 333.33

财务费用   66 666.67

贷：应付利息   200 000

二、借款特点

相比于长期借款，短期借款有如下特点：

（1）借款期限比较短。短期借款的期限一般在一年以内，可以根据企业的需要安排，便于灵活使用。

（2）短期借款利率比长期借款低，在短期资金能够满足企业需求的情况下，可以节约企业的资金成本。

（3）短期借款比长期借款更容易申请。因为短期借款的偿还期限比较短，金融机构的审批相对没有那么严格，所以短期借款比较容易取得。

（4）短期借款不及长期借款稳定。如果企业借用短期借款，需要在短期内产生足够的资金来偿还贷款，若不能及时偿还，会给企业带来巨大的影响。如果借用的是长期借款，企业在一定时间内若不需要考虑还债的事情，在借款期限内可以安心地使用。

总而言之，短期借款灵活、便宜，长期借款稳定，若二者能够达到平衡、支撑企业经营发展即可。

三、借款分析

短期借款发生变化的原因主要有生产经营需要和企业负债筹资政策变动两类。具体来说有以下的可能性：

（1）企业有临时资金需求。比如季节性或临时性扩大生产时，企业就可能通过举借短期借款来满足其资金需要。当这种季节性或临时性需要消除时，企业就会偿还这部分短期借款，从而在一定期间内引起短期借款的变动。

（2）企业为了节约利息成本。上文有说过，短期借款的利率低于长期借款的利率，因此举借短期借款相对于长期借款来说可以减少利息支出。企业可能会在某笔长期借款到期偿还后发现仍然有资金缺口，因节约利息成本的需要，不再重新申请长期借款，改为持续多次申请短期借款。

（3）企业调整负债结构。企业增加短期借款，就可以相对减少对长期负债的需求，使企业负债结构发生变化。但相对于长期负债，短期借款具有风险大、利率低、使用灵活等特点，负债结构变化的同时引起负债成本和财务风险发生变化。

长期借款作为企业筹集资金的重要渠道之一，每个期间内发生业务的次数不多，但一旦发生，就会立刻改变企业的资本结构和财务风险水平，所以也需要关注。引起长期借款变动的因素主要有：

（1）长期借款利率降低。如果长期借款的利率降低到企业完全愿意接受的水平，为了避免短期借款的偿还风险性，企业可能会考虑用长期借款替代短期借款，取得稳定的资金使用权。

（2）企业有长期资金需求。如有新的盈利水平较好的项目，企业自由资金又无法满足新项目的需求，企业可能会通过担保、抵押等方式借入长期借款以满足企业的长远发展需求。

（3）企业为了保证权益结构的稳定性。当企业的收益率远远高于资本市场收益率时，企业的股东往往愿意借款扩大经营，因为债权人获取的仅仅是固定的利息，高出固定利息部分的收益全部由股东享有。这样的话，借钱越多，赚得越多，股东分得的超出资本金利息部分的收益就越多。

（4）调整企业负债结构。如果企业的财务风险已经很高了，企业可能会考虑提前归还部分长期借款，以降低企业的负债率。

▪第十一节▪　资产结构分析

资产负债表的资产结构，是指企业的流动资产、长期资产及其他资产占总资产的比例。通过分析不同流动性的资产占总资产的比例，能够了解企业的资产结构是否合理。资产结构分析主要包括流动资产率和流动资产结构分析。

一、流动资产率

流动资产率，是指流动资产总额占资产总额的比例，计算公式如下：

流动资产率＝流动资产总额÷资产总额×100%

流动资产占总资产的比例越高，说明企业的资产流动性较强，应对市场变化、突发事件的能力较强；企业提高发展速度，创造更多利润的机会在增加；企业加快资金周转速度的潜力大；资产的变现能力较强，偿债能力强。

流动资产占总资产的比例低，如果营业收入和利润都有所增加，则表明企业加速了资金周转，创造了更多利润；如果利润没有增加，则表明企业经营不善，财务状况恶化；流动资产比重下降，同时利润下降，表明企业开工率不足，生产量下降，市场销售不畅。

那么流动资产率到底保持多少是合适的呢？这个指标受行业差异的影响较大。不同的行业，该指标有不同的合理区间，比如纺织、化工、冶金、航空、啤酒、建材、重型机械等行业，该指标一般在30%～60%之间，而商业批发、房地产等行业的指标则有可能高达90%以上。

流动资产率的分析方法主要包括横向分析法和纵向分析法。

横向分析法，是指将企业的流动资产率与同行业其他企业的流动资产率进行对比，或者与行业平均的流动资产率进行对比。

纵向分析法，是指将同企业不同时期的流动资产率的数据进行对比，而且至少是将连续两年的数据进行对比分析。

案例2-35　A公司资产负债表资产部分的数据如表2-24所示，假设A公司所处的行业是冶金行业，分析A公司的流动资产率。

表2-24　A公司资产负债表资产部分的数据（单位：元）

资产	期末数	期初数
流动资产：		
货币资金	419 452.12	4 285 115.22
应收票据		
应收股利		
应收利息		
应收账款	198 057 147.83	145 655 840.76
其他应收款	61 776 405.43	64 076 979.33
预付账款	29 958 559.73	31 514 050.08
存货	34 181 881.55	96 223 406.99
其他流动资产		
流动资产合计	**324 393 446.66**	**341 755 392.38**
长期投资：		
长期股权投资		944 001.55
长期债权投资		
长期投资合计		944 001.55
固定资产：		
固定资产原价	475 266 870.72	473 810 600.70
减：累计折旧	126 512 134.81	122 477 202.05
固定资产净值	348 754 735.91	351 333 398.65
减：固定资产减值准备		
固定资产净额	348 754 735.91	351 333 398.65
工程物资		
在建工程	822 137 854.32	823 384 873.95
固定资产清理		
固定资产合计	1 170 892 590.23	1 174 718 272.60
无形资产及其他资产：		
无形资产	16 648 499.37	17 038 080.81

（续表）

资产	期末数	期初数
长期待摊费用		
其他长期资产		
无形资产及其他资产合计	16 648 499.37	17 038 080.81
递延税项：		
递延税款借项		
资产总计	**1 511 934 536.26**	**1 534 455 747.34**

表 2-25　A 公司流动资产率

项目	期末	期初
A 公司流动资产率	21.46%	22.27%

　　经计算，A公司期末和期初的流动资产率见表2-25，A公司期末的流动资产率比期初有所下降，而且低于冶金行业流动资产率30%～60%的合理区间。如果一家企业的流动资产率低于合理区间，并逐年减少，一般说明其业务处于萎缩之中，生产经营亮起了红灯，需及时找出原因并谋求相应的对策，以求尽快脱离险境。

二、资产结构分析

　　资产结构，是指每一项资产占总资产的比例。计算资产结构可以分析出企业资产构成的合理性，也可以知道企业的重要资产有哪些。通过资产结构的变动还可以发现企业是否虚构或者隐藏资产，以及企业的重大战略调整等。

　　案例2-36　B公司资产负债表资产部分的数据如表2-26所示，B公司资产负债表资产结构的数据如表2-27所示，分析B公司的资产结构。

表 2-26　B 公司资产负债表资产部分的数据（单位：元）

资产	期末数	期初数
货币资金	332 784 193.05	301 271 954.55
衍生金融资产		71 440.00
应收票据	60 271 233.93	126 115 351.10
应收账款	462 869 074.78	451 852 347.98
预付款项	139 146 907.38	128 788 737.72

（续表）

资产	期末数	期初数
其他应收款	28 610 643.47	24 305 681.12
存货	1 214 077 802.30	984 769 992.82
其他流动资产	81 888 460.55	71 122 800.21
长期股权投资	26 460 966.11	23 150 859.76
固定资产	3 406 489 031.17	3 608 713 655.00
在建工程	457 469 443.91	79 872 663.39
工程物资	30 935 464.42	309 235.27
固定资产清理		7 562 720.89
无形资产	303 393 826.46	279 750 651.80
商誉	36 262 380.99	36 262 380.99
长期待摊费用	2 528 351.84	5 723 633.30
递延所得税资产	27 049 832.18	23 859 416.48
其他非流动资产	167 506 768.58	43 261 269.34
资产总计	**6 777 744 381.12**	**6 196 764 791.72**

表 2-27　B 公司资产负债表资产结构

资产	期末资产结构	期初资产结构
货币资金	**4.91%**	**4.86%**
衍生金融资产	0.00%	0.00%
应收票据	0.89%	2.04%
应收账款	**6.83%**	**7.29%**
预付款项	2.05%	2.08%
其他应收款	0.42%	0.39%
存货	**17.91%**	**15.89%**
其他流动资产	1.21%	1.15%
长期股权投资	0.39%	0.37%
固定资产	**50.26%**	**58.24%**
在建工程	**6.75%**	**1.29%**
工程物资	0.46%	0.00%
固定资产清理	0.00%	0.12%
无形资产	**4.48%**	**4.51%**
商誉	0.54%	0.59%
长期待摊费用	0.04%	0.09%

（续表）

资产	期末资产结构	期初资产结构
递延所得税资产	0.40%	0.39%
其他非流动资产	2.47%	0.70%
资产总计	**100%**	**100%**

从表2-27可以得出以下三点：

（1）B公司主要资产项目有货币资金、应收账款、存货、固定资产、在建工程、无形资产，在分析的时候，应该重点关注这些资产项目。

（2）B公司固定资产占比超过50%，说明B公司是生产型企业，或者属于重资产行业，固定资产的数量和质量会直接影响企业的经营状况。

（3）期末固定资产占比50.26%，比期初58.24%减少了约8%；期末在建工程占比6.75%，比期初1.29%增加了5.46%。这说明B公司固定资产处于更新换代的状态，或者企业处于产业调整的阶段，可由此入手，进一步进行了解和分析。

三、流动资产结构分析

流动资产结构，是指每一项流动资产占流动资产总和的比例。分析流动资产结构，可以判断企业流动资产结构的合理性、流动资产结构变动情况及其对企业生产经营的影响等。

案例2-37 C公司资产负债表流动资产部分的数据如表2-28所示，C公司流动资产结构的数据如图2-2、图2-3所示，分析C公司的流动资产结构。

表2-28　C公司资产负债表流动资产部分的数据（单位：元）

资产	期末数	期初数
流动资产：		
货币资金	419 452.12	4 285 115.22
应收账款	198 057 147.83	145 655 840.76
其他应收款	61 776 405.43	64 076 979.33
预付账款	29 958 559.73	31 514 050.08
存货	34 181 881.55	96 223 406.99
其他流动资产		
流动资产合计	**324 393 446.66**	**341 755 392.38**

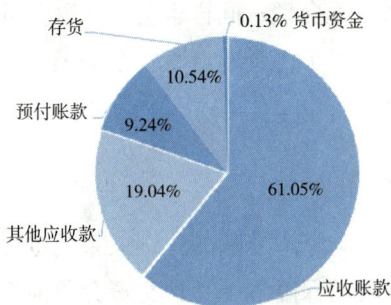

图2-2　期末流动资产结构

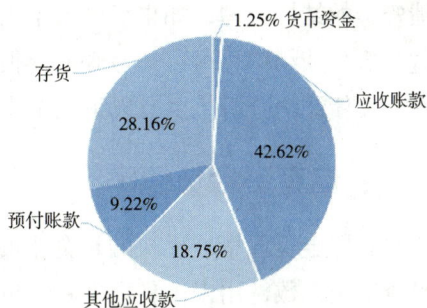

图2-3　期初流动资产结构

从图2-2和图2-3可以得出以下三点：

（1）C公司流动资产中货币资金的占比非常低，由期初的1.25%下降到期末的0.13%。货币资金是支撑企业运营的血液，如果企业的货币资金量过少，很容易出现资金短缺甚至资金链断裂的情况，很多企业破产都是因为资金链出现问题。C公司期末账面资金占比只有0.13%，总金额41.9万元，需要结合公司的营业收入和现金流情况，分析公司的收款是否不乐观，或者是否有将货币资金套现流出公司的情况。

（2）C公司应收账款占比大幅度升，由期初的42.62%上升到期末的61.05%，结合上面货币资金紧缺的状况，可以进一步判断C公司的收款不乐观。另外，应收账款大幅上升，还需关注是否有虚构收入的可能性。

（3）C公司存货占比大幅度下降，由期初的28.16%下降到期末的10.54%，需关注C公司存货政策是否发生变化，并结合收入的变化情况，分析存货变化的合理性。

对企业资产结构进行分析的时候，除了综合分析本企业的数据外，还可对比企业所处行业的平均数，分析企业资产结构是否合理。

■ 第十二节 ■ 　负债结构分析

负债结构，是指权益资金和负债资金的比例，以及负债资金的内部结构等。负债资金的内部结构是负债中长期负债与短期负债的分布情况。很多时候，我们提及资金结构，往往是指在企业全部资金来源中权益资金与负债资金的比例关系。但仅仅关注权益资金和负债资金的比例关系是不够的，因为即使权益资金和负债资金的结构合理，如果负债资金内部结构不合理，同样也会引发财务危机。通过分析负债结构，可以知道企业的债务情况，了解企业自有资金与债务的比例关系。负债结构分析主要有以下三个指标：

一、自有资金负债率

自有资金负债率，反映的是企业负债总额与资本总额的比例关系，也称为企业投资安全系数，用来衡量投资者对负债偿还的保障程度。自有资金负债率的计算公式为：

自有资金负债率＝负债总额÷所有者权益×100%

自有资金负债率越高，债权人能得到的保障就越小，银行等债权人就会持谨慎态度，加紧催促企业还款，甚至中止贷款或停止商品及服务的供应。这样一来，已经负债累累的企业将可能陷入资金困境而举步维艰。

自有资金负债率越低，债权人能得到的保障就越大，债权人对企业的信心就越足，愿意主动借款给企业。当然，这也不是绝对的。如果自有资金负债率过低，说明企业过于保守，对外负债不足，没有充分利用好自有资金的杠杆，通过举债来提高自有资金的使用效率。

二、长期负债比重

长期负债比重，是指长期负债占总负债的比例。计算公式为：

长期负债比重＝长期负债÷负债总额×100%

长期负债比重越高，表明企业对长期负债的依赖程度越高；长期负债比重越低，表明企业对长期负债的依赖程度越低。

三、流动负债比重

流动负债比重，是指流动负债占总负债的比例。计算公式为：

流动负债比重＝流动负债÷负债总额×100%

流动负债比重越高，表明企业对流动负债的依赖程度越高；流动负债比重越低，表明企业对流动负债的依赖程度越低。

当企业资金总额一定、负债与权益的比例关系一定时，短期负债和长期负债的比例就是此消彼长的关系，所以衡量长期负债和短期负债的优缺点非常有必要。两者的优缺点对比如下：

（1）资金成本方面。长期负债的成本比短期负债的成本高。一方面，长期负债的利率要高于短期负债的利率；另一方面，长期负债缺少弹性，企业取得长期负债后，在债务期间内，即使没有资金需求，也不易提前归还，而需要继续支付利息。

（2）财务风险方面。短期负债的财务风险往往比长期负债的财务风险高，因为短期负债到期日近，容易出现不能按时偿还本金的风险。另外，短期负债在利息成本方面也有较大的不确定性。利用短期负债筹集资金，必须不断更新债务，此次借款到期以后，下次借款的利息为多少是不确定的，因为金融市场上短期负债的利率很不稳定。

（3）筹集难度方面。短期负债的取得比较容易、迅速，长期负债的取得却比较难。因为债权人在提供长期资金时，往往承担较大的财务风险，一般都要对借款的企业进行详细的信用评估，有时还要求以一定的资产作抵押。

案例2-38　A公司负债及股东权益的数据如表2-29所示，A公司负债结构指标见表2-30，分析A公司的负债结构。

表2-29　A公司负债及股东权益数据（单位：元）

负债及所有者权益（或股东权益）	期末数	期初数
流动负债：		
短期借款	193 741 000.00	199 800 000.00
应付票据		
应付账款	167 669 065.42	163 277 795.46
预收账款	1 119 943.00	2 828 101.03
应付工资	3 750 101.33	2 312 738.41
应付福利费	5 439 600.08	4 107 867.83
应付股利		
应交税金	15 300 168.28	2 948 843.39
其他应交款	117 058.54	117 058.54
其他应付款	9 347 358.53	16 529 673.72
预提费用	17 478 419.18	8 558 563.79
预计负债		
一年内到期的长期负债		
其他流动负债		
流动负债合计	**413 962 714.36**	**400 480 642.17**

（续表）

负债及所有者权益（或股东权益）	期末数	期初数
长期负债：		
长期借款		
应付债券		
长期应付款		
专项应付款		
其他长期负债		
长期负债合计	0	0
负债合计	413 962 714.36	400 480 642.17
少数股东权益（合并报表填列）		44 842 768.30
所有者权益（或股东权益）：		
实收资本（或股本）	260 000 000.00	200 000 000.00
减：已归还投资		
实收资本（或股本净额）	260 000 000.00	200 000 000.00
资本公积	619 407 223.14	678 412 811.75
盈余公积	46 982 715.92	46 921 593.20
其中：法定公益金	15 660 905.32	15 640 531.08
未分配利润	171 581 882.84	163 797 931.92
所有者权益（或股东权益）合计	1 097 971 821.90	1 089 132 336.87
负债和所有者权益（或股东权益）总计	1 511 934 536.26	1 534 455 747.34

表 2-30　A 公司负债结构指标

项目	期末	期初
自有资金负债率	37.70%	36.77%
长期负债比重	0	0
流动负债比重	100%	100%

从表2-30可以看出，A公司自有资金负债率很低，低于40%，说明企业整体的借债率不高，企业债权人的保障程度高。另外我们可以看到，A公司的所有负债都是流动负债，长期负债为0。这个时候就需要注意了，为什么A公司没有长期负债呢？是企业的自有资金充足，不需要向外筹集长期资金，还是企业的状况很差，筹集不到所需要的资金？这就需要结合企业的货币资金等项目进行综合分析了。

■第十三节■ 资产负债表整体解读

知识点一 资产负债表的基本用途

资产负债表，实际上是将会计期末的相关数据进行整理、分析和计算后，按照约定俗成的格式排列起来的。资产负债表的好处是阅读者通过一张表格就能够了解企业几乎所有会计科目的余额情况，可以随时掌握企业的第一手经营状况，可以有指向性地查看自己需要的企业经济信息，能够通过简单的计算和分析，对企业的相应经济指标得出较准确的判断。所以，无论是投资人，还是企业管理人员，认识和了解资产负债表都是非常重要的。

收入和利润包含的期间数据随着时间的变化而变化，如果要对其进行验证，就需要长时间地跟踪观察。而资产负债表，就像是一张企业资产和负债情况在某一时点的快照，上面的数值是经过长时间沉淀下来的，数据的真实性可以被检验，这就大大降低了资产和负债数据被随意更改的可能性。通常认为，资产负债表具有以下四个基本用途：

（1）资产负债表可以看出企业拥有资源的数量和性质。这些资源是任何有经济活力的企业想要获得收益的基础。在竞争的环境中，没有资源的企业通常无法获得丰厚的利润；如果企业已经奄奄一息，资产负债表可以被用来确定能变卖的资源并计算能获得的现金。

（2）资产负债表上的资源可供分析企业利润来源的性质和稳定性。有相应资产支持的利润更实际、更准确，没有资产支持的利润一般是短期的。

（3）资产负债表的负债部分列出了资金来源，反映了企业的财务状况。高额的短期债务或短期将到期的长期债务，表明企业可能陷入财务困境。

（4）资产负债表在一段时间内的变化可以衡量利润的质量。目前，利润的质量更多地用现金流量表来衡量。虽然资产负债表编制的标准化程度比利润表或现金流量表更高，不会经常引起质疑，但是资产负债表在一段时间内的变动往往可以用来衡量利润的质量，这一点往往不被重视。

案例2-39 2002年夏天，电信巨人世通公司申请破产，这是当时涉及财产额最大的一宗破产案。世通公司的财务报表证明，对资产负债表进行分析，对评价企业的财务状况非常有效，主要集中在以下几个方面：

（1）所有者权益账面价值远低于股票的市值。

1999年年中，世通公司的股票市值为1 250亿美元，而1999年年底其所有者权益账面价值仅为512亿美元，并且这些资本几乎都是通过为并购而增发股票取得的，主要来自1996年以120亿美元收购大都会光纤系统通信公司和1997年以300亿美元收购美国微波通信公司（MCI）。

（2）资产账面价值的85%以上都是商誉等无形资产。

世通公司资产负债表中，资产的账面价值中有85%以上都是商誉等无形资产，即有形资产非常少。这种资产构成何以支撑企业的运营呢？世通公司股票市值与有形资产之比超过15，这一比例因行业不同而有所差异，但世通公司的15倍是高得离谱的。

世通公司的无形资产实际价值如何呢？并不像世通公司所说的那么高，因为世通公司的无形资产中既没有重要的专利，也没有高端通信处理技术，而且世通公司所在的行业竞争激烈，不断有新的进入者。

（3）收入增长缓慢的时候却加大固定资产投资。

从账面数据来看，世通公司1999年固定资产投资约50亿美元，2000年年末，物业、厂房与设备等资产相比于1999年净增加了27%，约80亿美元，而2000年收入仅增长了8%。这就让人生疑了：世通公司在收入增长缓慢的情况下，为何如此大规模地增加投资？实际情况是，世通公司违规将大量营业支出记作固定资产等资本支出账户，以此降低经营费用，调高当期经营利润。

（4）新增大量长期债务。

2001年，世通公司的短期债务从72亿美元缩减至1.72亿美元，而长期债务增加了约125亿美元。世通公司面对收入下降仍决定大量举债，而且所有新增的债务都是长期债务，资产负债表阅读者对此应引起重视。实际情况是，世通公司管理层在2000年失去了对财务的控制，2001年时仓促地进行长期融资，希望用几年时间解决财务困境。

如果投资者、银行等外部报表使用者仔细研究世通公司的资产负债表，也许他们会作出更明智的决定。他们可能不会预见世通公司的欺诈行为和随后的破产，但他们至少能避免失败的投资以及对外借款。

知识点二　资产负债表的匹配性

资产负债表的右边代表的是资金的来源，包括负债和所有者权益；负债又包括长期负债和短期负债，所有者权益代表的是投资者投入的资金。资产负债表的左边代表的是资金的用途，又分为流动资产和非流动资产。资产、负债、所有者权益的数量要达到一定的平衡，才能保障企业的正常运转。下面从几个方面来分析资金来源和资金使用相匹配的重要性。

一、资金来源与资产使用期限结构相匹配的重要性

如果资金来源的期限结构与资产使用期限结构不匹配，会产生很多问题，具体如下：

（一）长期资金来源支持短期流动资产

长期资金来源的特点是可以长时间使用、资金成本高，而短期流动资产的特点则是流动性强。如果用长期资金支持企业短期流动资产，会增加企业的资金成本，降低资金使用效率，还可能导致资金闲置的问题。

（二）短期资金支持长期资产

长期资产周转时间长，如果用短期资金来源支持，可能会出现急迫的短期偿债压力。

二、财务杠杆状况与财务风险、未来融资要求相匹配的重要性

每个企业都需要确定自身能够承受的负债率是多少，这样才能有效控制风险。负债率具体需要结合企业的盈利能力和支付能力来确定。

当企业负债率不高时，可以通过进一步进行负债融资来为企业未来的发展提供资金支持，即利用财务杠杆效应，用别人的钱帮自己赚钱。

当企业亏损的时候，可能会由于所有者权益的比重相对较小而使债权人权益受到侵害，因此从潜在债权人获得资金的难度会大大提高。也就是说，虽然企业破产债权人的受偿权优于股权人，但是如果所有者权益比重太低，还是不能保障债权人的权益，债权人就会比较谨慎，不提供资金，企业因此难以筹集到所需的资金。

知识点三　分析资产负债表应重点关注角度

阅读资产负债表是要重点关注两个方面：一是企业是否虚构资产，二是企业是

否隐瞒债务。下面从几个方面来看看如何识别企业虚构资产和隐瞒债务的行为。

一、关注企业是否虚构资产

（1）为虚增收入而虚增的资产。一些企业在虚构收入的同时没有真实的现金流入，就只能长期挂在"应收账款"科目，这样就导致资产负债表中的资产"虚胖"。如果发现企业财务报表应收账款占收入的比例非正常上升，就要谨慎考虑是否可能存在通过"应收账款"科目虚增收入的情况了。

（2）为套取现金而虚增的资产。有些企业为了套取现金，在将资金转出去的时候，同时增加固定资产、在建工程等资产。如果发现企业财务报表单项资产余额畸高，且货币资金呈非正常流出，这时就要小心是否存在套现的可能。

二、关注企业是否隐瞒债务

（1）通过表外融资的方式隐瞒债务。所谓表外融资，不是指那些在会计上可以不必表内确认的融资，而是指应该表内确认而没有确认，甚至连表外披露都没有的债务。这里的"隐瞒"还包括公司对外担保等或有事项没有披露，形成或有负债甚至预计负债。阅读财务报表的时候需要特别关注三保、污染等潜在的预计负债。实践证明，大部分公司资金链断裂都是因为债务危机，而这种债务危机也往往是表外债务引发的，或者说是因为隐瞒债务而引发的。

（2）通过采购不入账的方式隐瞒债务。企业外部采购不入账会导致营业成本虚减，从而虚增利润，这样的财务造假相对比较难发现。如果在实务中发现应付账款非常低，要合理怀疑该公司是否隐瞒债务。

发现隐瞒债务比发现虚增资产要难得多，因此报表阅读者需要从公司现金流量中寻找表外融资或者隐瞒债务的蛛丝马迹。企业隐瞒债务，比如通过表外融资方式融资，筹集到的资金总归要通过一定方式流入企业，所以只要详细阅读现金流量表，总会发现一些端倪的。

· 会计问 ·

有财会问题，就来会计问！
600＋答疑老师，3分钟极速解答！

第三章 \ 利润表分析

第三章

■ 第一节 ■　利润表概况

利润表是反映企业一定会计期间（如月度、季度、半年度或年度）生产经营成果的会计报表。企业一定会计期间的经营成果既可能表现为盈利，也可能表现为亏损，因此利润表也被称为损益表。它全面揭示了企业在某一特定时期实现的各种收入，发生的各种费用、成本或支出，以及企业实现的利润或发生的亏损情况。

利润表是根据"收入－费用＝利润"的基本关系来编制的，其具体内容取决于收入、费用、利润等会计要素及其内容。利润表项目是收入、费用和利润要素内容的具体体现。从反映企业经营资金运动的角度看，利润表是一种反映企业经营资金动态表现的报表，主要提供有关企业经营成果方面的信息，属于动态会计报表。

一、利润表的样式

表 3-1　利润表样式（旧）

利润表

编制单位：　　　　　　　　　年度　　　　　　　　单位：（如"人民币元"）

项目	本期金额	上年同期金额
一、营业收入		
减：营业成本		
营业税金及附加		
销售费用		
管理费用		
财务费用		

81

（续表）

项目	本期金额	上年同期金额
资产减值损失		
加：公允价值变动收益（损失以"–"号填列）		
投资收益（损失以"–"号填列）		
其中：对联营企业和合营企业的投资收益		
二、营业利润（亏损以"–"号填列）		
加：营业外收入		
减：营业外支出		
三、利润总额（亏损总额以"–"号填列）		
减：所得税费用		
四、净利润（净亏损以"–"号填列）		

　　说明： 本表为利润表模板，具体编制过程中，根据需要在词语描述上可能会有所变动，但其内涵不变。

表 3-2　利润表样式（新 1）

利润表

（适用于未执行新金融准则、新收入准则和新租赁准则的企业）

编制单位：　　　　　　　　　　　　年　月　日　　　　　　　单位：（如"人民币元"）

项目	本期金额	上期金额
一、营业收入		
减：营业成本		
税金及附加		
销售费用		
管理费用		
研发费用		
财务费用		
其中：利息费用		
利息收入		
加：其他收益		
投资收益（损失以"–"号填列）		
其中：对联营企业和合营企业的投资收益		
公允价值变动收益（损失以"–"号填列）		

（续表）

项目	本期金额	上期金额
资产减值损失（损失以"–"号填列）		
资产处置收益（损失以"–"号填列）		
二、营业利润（亏损以"–"号填列）		
加：营业外收入		
减：营业外支出		
三、利润总额（亏损总额以"–"号填列）		
减：所得税费用		
四、净利润（净亏损以"–"号填列）		
（一）持续经营净利润（净亏损以"–"号填列）		
（二）终止经营净利润（净亏损以"–"号填列）		
五、其他综合收益的税后净额		
（一）不能重分类进损益的其他综合收益		
1．重新计量设定受益计划变动额		
2．权益法下不能转损益的其他综合收益		
……		
（二）将重分类进损益的其他综合收益		
1．权益法下可转损益的其他综合收益		
2．可供出售金融资产公允价值变动损益		
3．持有至到期投资重分类为可供出售金融资产损益		
4．现金流量套期损益的有效部分		
5．外币财务报表折算差额		
……		
六、综合收益总额		
七、每股收益		
（一）基本每股收益		
（二）稀释每股收益		

有关项目说明：

1．"研发费用"项目，反映企业进行研究与开发过程中发生的费用化支出以及计入管理费用的自行开发无形资产的摊销。该项目应根据"管理费用"科目下的"研发费用"明细科目的发生额以及"管理费用"科目下的"无形资产摊销"明细科目的发生额分析填列。

2．"财务费用"项目下的"利息费用"项目，反映企业为筹集生产经营所需资金等而发生的应予费用化的利息支出。该项目应根据"财务费用"科目的相关明细科目的发生额分析填列。该项目作为"财务费用"项目的其中项，以正数填列。

3．"财务费用"项目下的"利息收入"项目，反映企业按照相关会计准则确认的应冲减财务费用的利息收入。该项目应根据"财务费用"科目的相关明细科目的发生额分析填列。该项目作为"财务费用"项目的其中项，以正数填列。

4．"其他收益"项目，反映计入其他收益的政府补助，以及其他与日常活动相关且计入其他收益的项目。该项目应根据"其他收益"科目的发生额分析填列。企业作为个人所得税的扣缴义务人，根据《中华人民共和国个人所得税法》收到的扣缴税款手续费，应作为其他与日常活动相关的收益在该项目中填列。

5．"资产处置收益"项目，反映企业出售划分为持有待售的非流动资产（金融工具、长期股权投资和投资性房地产除外）或处置组（子公司和业务除外）时确认的处置利得或损失，以及处置未划分为持有待售的固定资产、在建工程、生产性生物资产及无形资产而产生的处置利得或损失。债务重组中因处置非流动资产（金融工具、长期股权投资和投资性房地产除外）产生的利得或损失和非货币性资产交换中换出非流动资产（金融工具、长期股权投资和投资性房地产除外）产生的利得或损失也包括在本项目内。该项目应根据"资产处置损益"科目的发生额分析填列；如为处置损失，以"-"号填列。

6．"营业外收入"项目，反映企业发生的除营业利润以外的收益，主要包括与企业日常活动无关的政府补助、盘盈利得、捐赠利得（企业接受股东或股东的子公司直接或间接的捐赠，经济实质属于股东对企业的资本性投入的除外）等。该项目应根据"营业外收入"科目的发生额分析填列。

7．"营业外支出"项目，反映企业发生的除营业利润以外的支出，主要包括公益性捐赠支出、非常损失、盘亏损失、非流动资产毁损报废损失等。该项目应根据"营业外支出"科目的发生额分析填列。"非流动资产毁损报废损失"通常包括因自然灾害发生毁损、已丧失使用功能等原因而报废清理产生的损失。企业在不同交易中形成的非流动资产毁损报废利得和损失不得相互抵销，应分别在"营业外收入"项目和"营业外支出"项目进行填列。

8．"（一）持续经营净利润"和"（二）终止经营净利润"项目，分别反映净利润中与持续经营相关的净利润和与终止经营相关的净利润；如为净亏损，以"-"号填列。这两个项目应按照《企业会计准则第42号——持有待售的非流动资产、处置组和终止经营》的相关规定分别列报。

表 3-3　利润表样式（新 2）

利润表

（适用于已执行新金融准则或新收入准则的企业）

编制单位：　　　　　　　　　　年　月　日　　　　　　　　单位：（如"人民币元"）

项目	本期金额	上期金额
一、营业收入		
减：营业成本		
税金及附加		
销售费用		

（续表）

项目	本期金额	上期金额
管理费用		
研发费用		
财务费用		
其中：利息费用		
利息收入		
加：其他收益		
投资收益（损失以"–"号填列）		
其中：对联营企业和合营企业的投资收益		
以摊余成本计量的金融资产终止确认 　　　　收益（损失以"–"号填列）		
净敞口套期收益（损失以"–"号填列）		
公允价值变动收益（损失以"–"号填列）		
信用减值损失（损失以"–"号填列）		
资产减值损失（损失以"–"号填列）		
资产处置收益（损失以"–"号填列）		
二、营业利润（亏损以"–"号填列）		
加：营业外收入		
减：营业外支出		
三、利润总额（亏损总额以"–"号填列）		
减：所得税费用		
四、净利润（净亏损以"–"号填列）		
（一）持续经营净利润（净亏损以"–"号填列）		
（二）终止经营净利润（净亏损以"–"号填列）		
五、其他综合收益的税后净额		
（一）不能重分类进损益的其他综合收益		
1. 重新计量设定受益计划变动额		
2. 权益法下不能转损益的其他综合收益		
3. 其他权益工具投资公允价值变动		
4. 企业自身信用风险公允价值变动		
……		

（续表）

项目	本期金额	上期金额
（二）将重分类进损益的其他综合收益		
1．权益法下可转损益的其他综合收益		
2．其他债权投资公允价值变动		
3．金融资产重分类计入其他综合收益的金额		
4．其他债权投资信用减值准备		
5．现金流量套期储备		
6．外币财务报表折算差额		
……		
六、综合收益总额		
七、每股收益		
（一）基本每股收益		
（二）稀释每股收益		

有关项目说明：

1．"研发费用"项目，反映企业进行研究与开发过程中发生的费用化支出，以及计入管理费用的自行开发无形资产的摊销。该项目应根据"管理费用"科目下的"研究费用"明细科目的发生额，以及"管理费用"科目下的"无形资产摊销"明细科目的发生额分析填列。

2．"财务费用"项目下的"利息费用"项目，反映企业为筹集生产经营所需资金等而发生的应予费用化的利息支出。该项目应根据"财务费用"科目的相关明细科目的发生额分析填列。该项目作为"财务费用"项目的其中项，以正数填列。

3．"财务费用"项目下的"利息收入"项目，反映企业按照相关会计准则确认的应冲减财务费用的利息收入。该项目应根据"财务费用"科目的相关明细科目的发生额分析填列。该项目作为"财务费用"项目的其中项，以正数填列。

4．"其他收益"项目，反映计入其他收益的政府补助，以及其他与日常活动相关且计入其他收益的项目。该项目应根据"其他收益"科目的发生额分析填列。企业作为个人所得税的扣缴义务人，根据《中华人民共和国个人所得税法》收到的扣缴税款手续费，应作为其他与日常活动相关的收益在该项目中填列。

5．"以摊余成本计量的金融资产终止确认收益"项目，反映企业因转让等情形导致终止确认以摊余成本计量的金融资产而产生的利得或损失。该项目应根据"投资收益"科目的相关明细科目的发生额分析填列；如为损失，以"－"号填列。

6．"净敞口套期收益"项目，反映净敞口套期下被套期项目累计公允价值变动转入当期损益的金额或现金流量套期储备转入当期损益的金额。该项目应根据"净敞口套期损益"科目的发生额分析填列；如为套期损失，以"－"号填列。

7．"信用减值损失"项目，反映企业按照《企业会计准则第22号——金融工具确认和计量》（财会〔2017〕7号）的要求计提的各项金融工具信用减值准备所确认的信用损失。该项目应根据

"信用减值损失"科目的发生额分析填列。

8. "资产处置收益"项目，反映企业出售划分为持有待售的非流动资产（金融工具、长期股权投资和投资性房地产除外）或处置组（子公司和业务除外）时确认的处置利得或损失，以及处置未划分为持有待售的固定资产、在建工程、生产性生物资产及无形资产而产生的处置利得或损失。债务重组中因处置非流动资产（金融工具、长期股权投资和投资性房地产除外）产生的利得或损失和非货币性资产交换中换出非流动资产（金融工具、长期股权投资和投资性房地产除外）产生的利得或损失也包括在本项目内。该项目应根据"资产处置损益"科目的发生额分析填列；如为处置损失，以"-"号填列。

9. "营业外收入"项目，反映企业发生的除营业利润以外的收益，主要包括与企业日常活动无关的政府补助、盘盈利得、捐赠利得（企业接受股东或股东的子公司直接或间接的捐赠，经济实质属于股东对企业的资本性投入的除外）等。该项目应根据"营业外收入"科目的发生额分析填列。

10. "营业外支出"项目，反映企业发生的除营业利润以外的支出，主要包括公益性捐赠支出、非常损失、盘亏损失、非流动资产毁损报废损失等。该项目应根据"营业外支出"科目的发生额分析填列。"非流动资产毁损报废损失"通常包括因自然灾害发生毁损、已丧失使用功能等原因而报废清理产生的损失。企业在不同交易中形成的非流动资产毁损报废利得和损失不得相互抵销，应分别在"营业外收入"项目和"营业外支出"项目进行填列。

11. "（一）持续经营净利润"和"（二）终止经营净利润"项目，分别反映净利润中与持续经营相关的净利润和与终止经营相关的净利润；如为净亏损，以"-"号填列。这两个项目应按照《企业会计准则第 42 号——持有待售的非流动资产、处置组和终止经营》的相关规定分别列报。

12. "其他权益工具投资公允价值变动"项目，反映企业指定为以公允价值计量且其变动计入其他综合收益的非交易性权益工具投资发生的公允价值变动。该项目应根据"其他综合收益"科目的相关明细科目的发生额分析填列。

13. "企业自身信用风险公允价值变动"项目，反映企业指定为以公允价值计量且其变动计入当期损益的金融负债，由企业自身信用风险变动引起的公允价值变动而计入其他综合收益的金额。该项目应根据"其他综合收益"科目的相关明细科目的发生额分析填列。

14. "其他债权投资公允价值变动"项目，反映企业分类为以公允价值计量且其变动计入其他综合收益的债权投资发生的公允价值变动。企业将一项以公允价值计量且其变动计入其他综合收益的金融资产重分类为以摊余成本计量的金融资产，或重分类为以公允价值计量且其变动计入当期损益的金融资产时，之前计入其他综合收益的累计利得或损失从其他综合收益中转出的金额作为该项目的减项。该项目应根据"其他综合收益"科目下的相关明细科目的发生额分析填列。

15. "金融资产重分类计入其他综合收益的金额"项目，反映企业将一项以摊余成本计量的金融资产重分类为以公允价值计量且其变动计入其他综合收益的金融资产时，计入其他综合收益的原账面价值与公允价值之间的差额。该项目应根据"其他综合收益"科目下的相关明细科目的发生额分析填列。

16. "其他债权投资信用减值准备"项目，反映企业按照《企业会计准则第 22 号——金融工具确认和计量》（财会〔2017〕7号）第十八条分类为以公允价值计量且其变动计入其他综合收益的金融资产的损失准备。该项目应根据"其他综合收益"科目下的"信用减值准备"明细科目的发生额分析填列。

17．"现金流量套期储备"项目，反映企业套期工具产生的利得或损失中属于套期有效的部分。该项目应根据"其他综合收益"科目下的"套期储备"明细科目的发生额分析填列。

二、利润表的作用

利润表可以反映企业一定会计期间的生产经营活动成果。企业净利润的实现情况，可以据以判断资本保值、增值情况。将利润表与资产负债表进行综合分析的结果，可以作为报表使用者的决策依据或参考。利润表的主要作用有：

（一）评价和预测企业的经营成果和获利能力

通过比较和分析同一企业在不同时期，或不同企业在同一时期的资产收益率、成本收益率等指标，能够揭示企业利用经济资源的效率；通过比较和分析收益信息，可以了解某一企业收益增长的规模和趋势。根据利润表所提供的经营成果信息，股东、债权人等可以评价和预测企业的获利能力，据以对是否投资或追加投资等作出决策。

（二）评价和预测企业的偿债能力

偿债能力是指企业以资产清偿债务的能力。利润表本身并不提供偿债能力的信息，然而企业的偿债能力不仅取决于资产的流动性和资本结构，也取决于获利能力。企业在个别年份获利能力不足，不一定影响偿债能力，但若一家企业长期丧失获利能力，则资产的流动性必然由好转坏，资本结构也将逐渐由优变劣，陷入资不抵债的困境。因此，一家数年收益很少、获利能力不强甚至亏损的企业，通常其偿债能力不会很强。债权人通过分析和比较利润表的有关信息，可以间接地解释、评价和预测企业的偿债能力，尤其是长期偿债能力，并揭示偿债能力的变化趋势，进而作出各种信贷决策和赊销额度的决策。

（三）可据以评价和考核管理人员的绩效

比较前后期利润表上各项收入、费用、成本及收益的增减变动情况，并查考其增减变动的原因，可以较为客观地评价各职能部门、各生产经营单位的绩效，以及这些部门和人员的绩效与整个企业经营成果的关系，以便评判各部门管理人员的功过得失，及时作出采购、生产销售、筹资和人事等方面的调整，使各项活动趋于合理。

三、利润表与资产负债表的勾稽关系

资产负债表是按照"资产＝负债＋所有者权益"编制的，它反映的是某一时点会计主体全部资产的分布状况及其相应来源；而利润表是按照"收入－费用＝利润"编制的，反映的是一个期间内会计主体经营活动成果的变动。

由于等式"收入－费用＝利润"的结果既会在利润表中反映，也会在资产负债表中反映，因此资产负债表和利润表之间的联系可以用等式"资产＝负债＋所有者权益＋收入－费用"来表示。

资产负债表所有者权益部分的"未分配利润"项目的年初数等于利润分配表的"加：年初未分配利润"项目的本年实际数。年度之中，资产负债表所有者权益部分"未分配利润"期末数等于"未分配利润"年初数与本期利润表的净利润之和。

第三章

▪第二节▪　利润高是不是就可以高枕无忧

本章讲述的利润指的是企业的净利润。利润是企业经营成果的综合反映，也是其最终成果的具体体现。利润还是衡量一个企业经营效益的主要指标：利润多，企业的经营效益就好，利润少，企业的经营效益就差。对于企业的投资者来说，利润是获得投资回报大小的基本因素。对于企业管理者而言，利润是进行经营管理决策的基础。同时，利润也是评价企业盈利能力、管理绩效以及偿债能力的一个基本工具，是一个反映和分析企业多方面情况的综合指标。追求利润最大化是企业的本质。

那么，利润高是不是就代表企业可以高枕无忧呢？有时候利润指标会呈现出一些假象，因此报表阅读者需要仔细辨别这些假象，从而发现企业真实的盈利能力及利润的质量。报表阅读者在分析企业利润指标的时候，需要结合其他数据进行综合分析。这里介绍企业利润很高，但通过分析后发现企业实际盈利能力不强或者利润质量不高的几种情况。

一、利润不能转化为现金

追求利润最大化是企业的本质，也是企业经营的重要目标之一。但是，如果利润不能转化成现金，即现金流入，那么利润永远都只是一个账面数据，对企业

和投资者来说意义不大。

案例3-1　A公司2020年利润表见表3-4，A公司2020年年末货币资金情况见表3-5，A公司2020年销售商品、提供劳务收到的现金情况见表3-6，分析A公司的利润。

表3-4　A公司2020年利润表（单位：元）

项目	本期数	上年同期数
一、营业收入	4 790 532 382.65	4 193 360 304.42
二、营业成本	3 322 407 478.92	2 877 545 719.36
销售费用	549 832 705.92	462 167 477.23
管理费用	349 112 963.56	319 248 319.44
财务费用	57 921 315.22	120 587 961.47
资产减值损失	19 120 069.46	18 120 069.46
加：公允价值变动收益（损失以"-"号填列）		71 458.00
投资收益（损失以"-"号填列）	3 414 225.38	22 198 538.65
三、营业利润（亏损以"-"号填列）	495 552 074.95	417 960 754.11
加：营业外收入	52 000 277.90	44 889 210.98
减：营业外支出	4 393 381.78	2 400 769.36
四、利润总额（亏损总额以"-"号填列）	543 158 971.07	460 449 195.73
减：所得税费用	67 934 056.22	57 958 522.39
五、净利润（净亏损以"-"号填列）	475 224 914.85	402 490 673.34

表3-5　A公司2020年年末货币资金情况（单位：元）

项目	期末	期初
货币资金	2 514 235.26	12 665 223.12
货币资金/营业收入	0.05%	0.30%

表3-6　A公司2020年销售商品、提供劳务收到的现金情况（单位：元）

项目	期末	期初
销售商品、提供劳务收到的现金	1 437 159 714.80	1 887 012 136.99
销售商品、提供劳务收到的现金/营业收入	30%	45%

从表3-4可以看出，A公司2020年收入增长14.24%，利润增长18.07%，仅从这两个数据来看，A公司的经营业绩和利润都呈现了比较好的发展趋势，实现了较

高的增长。

　　但是，从表3-5我们可以看出，A公司2019年和2020年货币资金占收入的比例都非常低，而且从2019年0.30%进一步下降到2020年的0.05%。货币资金数量过少会影响企业的资金周转和偿债能力，因此需进一步分析A公司货币资金过少的原因。

　　从表3-6我们可以看出，A公司销售商品、提供劳务收到的现金占营业收入的比例非常低，正常来说，这个比例保持在1是比较优秀的，但是A公司是从2019年的45%下降到2020年的30%，说明A公司的收款不容乐观，并且有进一步恶化的趋势。

　　我们可以进一步思考，A公司收款太差的原因是什么？乐观地看，如果利润是真的，A公司的业务增长可能是因为放宽了信用政策，新的客户信用比较差，导致实现的收入都收不回来，而公司本身运转、采购又需要付现，这样就导致A公司账面的货币资金极少。从悲观的角度看，有可能利润本身就是假的，收入也是虚构的，这些虚构的收入肯定收不到钱，那么A公司的诚信就很有问题，报表阅读者对此需十分谨慎地分析。

二、利润不能扩张甚至不能持续

　　企业在不断发展的过程中，自然是要追求利润的持续增长，或者说我们评价一家企业经营的好坏，利润是否持续增长是一个非常重要的标准。一家企业的利润增长主要来源于销售的扩张及营业收入的增长。如果一家企业的利润在前几年都是上涨的，但是在阅读财务报表的时候，报表阅读者发现它的营业收入有萎缩的现象，那么这个时候就需要提高警惕了。利润上涨是怎么实现的？企业有可能是通过对内部管理成本进行管控，从而使企业利润在收入下降的情况下还能增长。但通过这种方式实现的利润增长能否持续呢？自然是很难的。

　　案例3-2　B公司2020年利润表见表3-7，经计算的B公司2020年指标数见表3-8，分析B公司的利润。

表 3-7　B 公司 2020 年利润表（单位：元）

项目	本期数	上年同期数
一、营业收入	36 867 030.20	41 900 082.98
二、营业成本	25 251 390.55	28 752 455.23

（续表）

项目	本期数	上年同期数
销售费用	3 318 032.72	4 617 980.39
管理费用	2 580 692.11	3 189 931.25
财务费用	1 104 915.68	1 204 915.68
资产减值损失	185 047.86	181 055.85
加：公允价值变动收益（损失以"–"号填列）		
投资收益（损失以"–"号填列）	34 114.96	221 807.94
三、营业利润（亏损以"–"号填列）	4 461 066.24	4 175 552.52
加：营业外收入	419 587.11	448 533.28
减：营业外支出	43 898.70	23 988.50
四、利润总额（亏损总额以"–"号填列）	4 836 754.65	4 600 097.30
减：所得税费用	509 557.60	579 121.93
五、净利润（净亏损以"–"号填列）	4 327 197.06	4 020 975.37

表 3-8　B 公司 2020 年指标数

指标	本期数	上年同期数
营业收入增长幅度	–12.01%	
净利润增长幅度	7.62%	
毛利率	31.51%	31.38%
销售费用/营业收入	9.00%	11.02%
管理费用/营业收入	7.00%	7.61%

从表3-8可以看出，B公司2020年利润增长7.62%，但是营业收入却出现负增长，下降的幅度为12.01%。从表3-7可以看出，B公司2020年利润的增长主要来源于销售费用和管理费用的下降。从表3-8中可以发现，2020年销售费用、管理费用占营业收入的比例均有所下降。

综合来看2020年销售费用和管理费用，除绝对数下降以外，两项费用占营业收入的比例也呈下降趋势，说明B公司对两项费用进行了有效管控。但是，长期来看，销售费用、管理费用占营业收入的比例无法持续下降，即不可能通过内部管理的方式持续降低期间费用的占比和绝对数。因此，在营业收入呈下降趋势的情况下，无法通过控制期间费用实现利润的长期增长。也就是说，B公司的高利润是无法扩张的，甚至是无法持续的。

三、利润过度依赖非经常性损益

非经常性损益，是指与公司正常经营业务无直接关系，以及虽与正常经营业务相关，但由于其性质特殊和偶发性，影响报表使用人对公司经营业绩和盈利能力作出正常判断的各项交易和事项产生的损益。非经常性损益包括处置长期资产产生的损益、各种形式的政府补贴、短期投资损益、因不可抗力因素而计提的各项资产减值准备等。关于非经常性损益的具体内容，在后面的章节会详细介绍。

对于任何一家企业来说，主营业务带来的利润增长才是最重要的、最能够持续的，也是最能反映企业盈利能力强弱的。没有主营业务的利润增长，仅仅靠处置长期资产损益、政府补贴等非经常性损益是难以持续的。因此在分析一家企业的盈利能力时，要剔除非经常性损益才能看到企业的真实盈利能力。也就是说，在阅读财务报表的时候，如果发现企业的利润主要来源于非经常性损益，就需要引起重视了。

案例3-3　C公司2018—2020年的利润表如表3-9所示，分析C公司的利润。

表3-9　C公司2018—2020年利润表（单位：元）

项目	2018年	2019年	2020年
一、营业收入	33 438 798.51	30 094 918.66	25 580 680.86
减：营业成本	23 407 158.96	22 571 188.99	19 441 317.46
税金及附加	1 671 939.93	902 847.56	1 509 260.17
销售费用	3 009 491.86	2 106 644.30	1 739 486.30
管理费用	1 671 939.93	1 504 745.94	3 837 102.13
财务费用	80 000.00	96 000.00	96 000.00
资产减值损失			
加：公允价值变动收益	40 000.00	256 000.00	320 000.00
投资收益	960 000.00	4 552 000.00	7 120 000.00
其中：对联营企业和合营企业的投资收益			
二、营业利润（亏损以"-"号填列）	4 598 267.83	7 721 491.87	6 397 514.82
加：营业外收入	8 000.00	15 360.00	14 144.00
减：营业外支出	9 600.00	10 384.00	12 800.00
其中：非流动资产处置损失			
三、利润总额（亏损总额以"-"号填列）	4 596 667.83	7 726 467.87	6 398 858.82
减：所得税费用	1 149 166.96	1 931 616.97	1 599 714.70
四、净利润（净亏损以"-"号填列）	3 447 500.87	5 794 850.90	4 799 144.11

从表3-9可以看出，C公司2018—2020年的净利润分别是344.75万元、579.49万元、479.91万元。从数值上看还是非常高的，但是仔细分析利润表的构成，分析者发现连续三年的投资收益金额都很大，而且2020年的投资收益为712万元，大大超过了当年净利润。

经过阅读C公司的财务报告，分析者发现C公司的投资收益主要来源于在证券市场上的短期投资。C公司在证券市场上购买的股票价格近三年不断上涨，给公司带来了大量的股票投资收益。由于国内A股市场仍不成熟，波动性风险很大，因此C公司尽管在最近三年内通过大量投资证券市场获得了较多投资收益，但是这种投资收益具有相当大的不确定性和不稳定性，一旦熊市来临，C公司将无法再获得这部分收益，甚至可能会出现亏损。所以在评价C公司的盈利能力的时候，需要剔除这项投资收益对利润的影响。如果剔除短期投资这项非经常性收益，C公司2018—2020年的净利润分别为248.75万元、124.29万元、−232.09万元。由此可以看出，如果没有短期投资收益，C公司这三年的净利润在不断下滑，而且在2020年已经出现亏损。扣除非经常性损益的盈利能力才是C公司真实的盈利能力。

在评估一家企业的盈利能力的时候，一般会分析企业的净利润。如果净利润为正数，说明企业在盈利；如果为负数，说明企业出现亏损。一般而言，如果企业出现亏损就说明企业的盈利能力弱或者是盈利能力下降。那么，出现亏损的企业的盈利能力是不是就一定很差呢？也不一定。对于一些企业而言，出现亏损不一定是盈利能力差，需要剔除非经常性损益再进行评估。

四、利润造假

正因为追求利润最大化是企业的本质，很多企业为了追求报表利润的"最大化"，往往通过很多手段，把利润"做"得很大。如果利润是"做"出来的，就失去了它本来的意义。

在阅读财务报表的时候，我们可以结合其他指标判断企业的盈利有没有可能是造假的，比如结合现金流指标，可以发现有没有虚构收入、隐藏成本等现象。如果一家公司购买商品、接受劳务支付的现金为1 000万元，本年营业成本却只有100万元，这时就需要考虑有没有可能是当年发生的成本没有在当年及时入账。

五、相对指标不高

利润是一个绝对数，反映的是企业实现了多少利润，但是仅对绝对数进行评估会显得有些片面。如果要更全面地评价一个企业的利润质量，就要了解一些相对数的指标，如净资产收益率、毛利率、净利率等。比如：A公司净资产1 000万元，利润100万元；B公司净资产100万元，利润100万元。哪家公司的盈利能力强呢？显然是B公司。

■ 第三节 ■　会计政策的选择与利润

在分析企业利润表的时候要特别注意固定资产折旧、坏账准备计提及其他类似费用的情况。这些项目与普通成本费用的区别在于，它们在当期并不发生相应的现金支出，但因不同会计政策的选择，也会影响当期利润。这些项目主要包括以下几种：固定资产折旧、无形资产摊销、长期待摊费用摊销、坏账准备计提、存货跌价准备计提。

一、固定资产折旧政策的选择对利润的影响

固定资产折旧，是指固定资产在使用过程中逐渐损耗而转移到商品或费用中去的那部分价值，也是企业在生产经营过程中由于使用固定资产而在其使用年限内分摊的固定资产耗费。

固定资产计提的折旧，是要按年计入当期的成本费用，计提的金额大小会影响当期的利润。通过调整固定资产折旧政策为企业利润增色的"招数"是某些企业惯用的"手段"。固定资产折旧政策对利润的影响主要体现在两个方面：一是固定资产折旧方法的选择；二是固定资产折旧年限及残值的确定。

固定资产折旧方法包括年限平均法、工作量法、双倍余额递减法和年数总和法等。选择不同的折旧方法，会影响到固定资产折旧进入到成本费用的金额在不同年份之间的分布。

尽管固定资产折旧方法相同，但是选择的折旧年限和残值率不同，每年计提的折旧金额也是不同的。

不同的公司，所选的折旧方法一般也不同，如表3-10、表3-11和表3-12分别是3家上市公司的折旧方法。

表 3-10 甲上市公司的折旧方法

类别	折旧方法	折旧年限（年）	残值率（%）	年折旧率（%）
运输设备	年限平均法	5	5	19
电子设备及其他	年限平均法	5	5	19

表 3-11 乙上市公司的折旧方法

类别	折旧方法	折旧年限（年）	残值率（%）	年折旧率（%）
房屋建筑物	年限平均法	20	5	4.75
机器设备	年限平均法	5～10	5	9.5～19
运输工具	年限平均法	5～10	5	9.5～19
办公设备	年限平均法	5	5	19

表 3-12 丙上市公司的折旧方法

类别	折旧方法	折旧年限（年）	残值率（%）	年折旧率（%）
房屋建筑物	年限平均法	12～35	3	2.77～8.08
机器设备	年限平均法	8～21	3	4.62～12.13
电子设备	年限平均法	8～10	3	9.7～12.13
运输设备	年限平均法	2～5	3	19.4～48.5
其他设备	年限平均法	12～35	3	2.77～8.08

案例3-4 一项固定资产的原值为500万元，分别采用表3-13中的两种折旧方法，每年的折旧金额见表3-14。

表 3-13 该固定资产选择的两种折旧方法

项目	折旧方法	折旧年限（年）	残值率（%）
方法一	年限平均法	3	3
方法二	年限平均法	5	5

表 3-14 不同折旧法下每年的折旧金额（单位：万元）

项目	第一年折旧金额	第二年折旧金额	第三年折旧金额	第四年折旧金额	第五年折旧金额
方法一	161.67	161.67	161.67	0	0
方法二	95	95	95	95	95

从表3-14中可以看出，方法一和方法二都是采用年限平均法进行折旧，但因折旧年限和残值率不同，每年的折旧金额也不同。

所以，在阅读企业财务报表的时候，需要关注企业是否有随意调节折旧年限和残值率、调整利润等现象，尤其是重资产企业，如果有的话需特别谨慎分析。

案例3-5　表3-15为甲公司2015—2020年固定资产折旧年限情况，表3-16为甲公司2015—2020年固定资产折旧数额及其他数据情况，分析甲公司固定资产折旧年限调整的合理性。

表 3-15　甲公司 2015—2020 年固定资产折旧年限情况

类别	2015 年	2016 年	2017 年	2018 年	2019 年	2020 年
房屋建筑物	10～20 年	10～20 年	10～20 年	10～30 年	30 年	40 年
机器设备	6～15 年	6～15 年	6～15 年	5～15 年	10～15 年	12～19 年
其他固定资产	2～12 年	2～12 年	2～12 年	3～12 年	5～12 年	5～12 年

表 3-16　甲公司 2015—2020 年固定资产折旧数额及其他数据情况（单位：万元）

项目	2015 年	2016 年	2017 年	2018 年	2019 年	2020 年
固定资产原价	60 498	78 538	87 954	90 221	93 586	90 538
本年折旧额	4 846	6 501	7 021	6 699	5 438	4 012
综合折旧率	8.0%	8.3%	8.0%	7.4%	5.8%	4.4%
营业收入	79 323	69 389	90 021	88 598	76 109	75 564
利润总额	4 019	978	2 236	−2 768	−4 743	121

从表3-15可以看出，甲公司从2018年开始增加了整体固定资产折旧年限。从表3-16可以看出，2015—2017年甲公司的综合折旧率在8%左右，从2018年开始下降，到2020年下降到4.4%。增加固定资产折旧年限会降低年折旧额，进而降低每年进入到成本费用的金额，提高当年利润。假设2018—2020年保持8%的综合折旧率，对当年利润的影响金额分别是518.68万元、2 048.88万元和3 231.04万元。也就是说，2018—2020年保持8%的综合折旧率的情况下，甲公司的利润总额分别

是-3 286.68万元、-6 791.88万元和-3 110.04万元。由此可以看出甲公司2020年扭亏为盈主要是通过调整固定资产折旧年限实现的。

二、无形资产和长期待摊费用摊销政策的选择对利润的影响

无形资产摊销和长期待摊费用摊销是指对无形资产和长期待摊费用在其摊销期限内进行摊销，无形资产和长期待摊费用摊销一般采用直线法。

无形资产和长期待摊费用计提的摊销，是要按年计入当期的成本费用，摊销金额大小会影响当期的利润。无形资产和长期待摊费用摊销对利润的影响主要体现在摊销年限的确定上。如果企业延长无形资产和长期待摊费用摊销时间，每个月摊销的数额就会减少，计入成本费用的数额也会减少，那么企业的利润就会因此而增加；反之，如果企业缩短无形资产和长期待摊费用摊销时间，就会减少企业的利润。这类调整手段是上市公司调整利润、粉饰业绩的一种常见方法。在阅读企业财务报表的时候需要特别注意。

企业持有的无形资产，通常来源于合同性权利或其他法定权利，且合同规定或法律规定有明确的使用年限。来源于合同性权利或其他法定权利的无形资产，其使用寿命不应超过合同性权利或其他法定权利的期限；合同性权利或其他法定权利在到期时因续约等延续、且有证据表明企业续约不需要付出大额成本的，续约期应当计入使用寿命。合同或法律没有规定使用寿命的，企业应当综合各方面因素判断，以确定无形资产能为企业带来经济利益的期限。比如，与同行业的情况进行比较、参考历史经验或聘请相关专家进行论证等。按照上述方法仍无法合理确定无形资产为企业带来经济利益期限的，该项无形资产应作为使用寿命不确定的无形资产，使用寿命不确定的无形资产不予摊销。企业至少应于每年年终时，对无形资产的使用寿命和摊销方法进行复核。

案例3-6 一项无形资产的原值为500万元，计算摊销年限分别为10年和20年时每年的摊销金额。

摊销年限为10年时每年摊销的金额：500÷10＝50（万元）

摊销年限为20年时每年摊销的金额：500÷20＝25（万元）

从以上计算可以看出，仅仅是因为摊销年限的调整，对公司利润总额的影响就达到了25万元。

三、坏账准备计提和存货跌价准备计提方法的选择对利润的影响

（一）坏账准备计提对利润的影响

坏账，是指企业无法收回或收回的可能性极小的应收款项。

坏账准备，是指企业定期或者每年年度终了，对应收款项进行全面检查，预计各项应收款项可能发生的坏账，对于没有把握收回的应收款项计提的准备。

坏账损失，是指由于实际发生坏账而产生的损失。

企业对坏账损失的核算，采用备抵法。备抵法是指采用一定的方法按期（至少每年末）估计坏账损失，提取坏账准备并转作当期费用，在实际发生坏账时，直接冲减已计提坏账准备，同时转销相应的应收账款余额的一种处理方法。在备抵法下，企业每期末要估计坏账损失，设置"坏账准备"账户。

不同的行业，使用的坏账计提比例可能不同，甚至同一个行业不同公司的计提比例也可能不同，如表3-17所示。

表3-17　汽车行业和施工行业部分上市公司坏账计提比例

行业		1年内	1～2年	2～3年	3～4年	4～5年	5年以上
汽车行业	潍柴动力	5%	15%	30%	50%	80%	100%
	宇通客车	5%	10%	20%	40%	60%	100%
	江淮汽车	5%	10%	30%	50%	80%	100%
	江铃汽车	0.5%	0.5%	0.5%	0.5%	0.5%	0.5%
施工行业	中国建筑	5%	10%	20%	50%	50%	100%
	安徽水利	0.5%	8%	10%	50%	50%	50%
	中国化学	1%	3%	10%	20%	50%	80%
	中国电建	3%	2%	10%	20%	20%	80%

对于坏账准备采取何种计提方法和计提比例，企业是有比较大的自主权的，计提方法是否合理，外部人员一般很难作出准确的判断。不排除某些企业会出于利润调控的目的，定出偏低或偏高的计提比例。例如，一些公司为避免出现亏损，可能会倾向于选择较低的计提比例，也有一些公司在上一年选择较大比例计提，第二年通过某种方式收回部分应收账款，从而冲回坏账准备，以求利润在年度间转移。按会计制度的要求，对应收账款坏账的计提政策变更要采取追溯调整，也就是全部重新做账，这样应收账款坏账的计提对利润的影响将分布在各个

会计年度。在追溯调整的背景下，某些企业可能有意把利润在各个会计年度之间进行"按需分配"。

案例3-7 乙公司按照账龄法计提坏账准备，表3-18为乙公司2015—2020年坏账计提比例，表3-19为乙公司2015—2020年计提坏账金额及其他数据情况，分析乙公司坏账准备计提政策调整的合理性。

表3-18 乙公司2015—2020年坏账计提比例

账期	2015年	2016年	2017年	2018年	2019年	2020年
未到合同收款日应收款	2%	2%	2%	1%	1%	1%
1年以内（含1年）	5%	5%	5%	1%	1%	1%
1～2年	10%	10%	10%	6%	6%	6%
2～3年	20%	20%	20%	15%	15%	15%
3～4年	50%	50%	50%	40%	40%	40%
4～5年	50%	50%	50%	40%	40%	40%
5年以上	50%	50%	50%	40%	40%	40%

表3-19 乙公司2015—2020年计提坏账金额及其他数据情况（单位：万元）

项目	2015年	2016年	2017年	2018年	2019年	2020年
应收款项余额	50 491	68 532	77 953	80 224	83 585	88 538
本年坏账计提金额	3 054.71	4 146.19	4 716.16	1 684.70	1 755.29	1 859.30
综合坏账计提率	6.05%	6.05%	6.05%	2.10%	2.10%	2.10%
营业收入	69 323	79 389	70 021	72 598	66 109	65 564
利润总额	3 019	2 512	438	968	832	225

从表3-18可以看出，乙公司在2018年对应收款项坏账准备计提比例进行了调整。从表3-19可以看出，坏账准备计提比例调整后，综合坏账计提率从2015—2017年的6.05%下降到了2018—2020年的2.10%。综合坏账计提率降低，会使得每年计提的坏账准备减少，"信用减值损失"科目金额减少，当年利润提高。假设2018—2020年保持6.05%的综合坏账计提率，对当年利润的影响金额分别是3 168.85万元、3 301.61万元和3 497.25万元。也就是说，在2018—2020

年保持6.05%的综合坏账计提率的情况下，乙公司的利润总额分别是-2 200.85万元、-2 469.61万元和-3 272.25万元。由此可以看出乙公司2018—2020年能保持盈利主要是通过调整坏账计提比例实现的。

（二）存货跌价准备计提对利润的影响

存货跌价准备，是指企业在中期期末或年度终了，如由于存货遭受毁损、全部或部分陈旧过时，或者销售价格低于成本等原因，使存货成本不可以收回，不可以收回的部分应按单个存货项目的成本高于其可变现净值的差额提取，并计入存货跌价损失。简单地说就是由于存货的可变现净值低于原成本，而对降低部分所作的一种稳健处理。

存货跌价准备的计提具有一定的主观性和主动性，是否计提、计提多少，企业有比较大的选择空间，所以利用存货跌价准备计提调节利润的现象也时有发生。

比如，某行业发展不景气，行业中的A公司对账面余额25亿元的巨额存货未计提任何跌价准备，而行业中的其他企业都对存货计提了大比例的存货跌价准备。B公司存货账面余额200亿元，存货跌价准备11亿元；C公司存货账面余额80亿元，存货跌价准备12亿元；D公司存货账面余额19亿元，存货跌价准备1亿元。在行业景气度不断下行的情况下，A公司却不计提任何存货跌价准备，这样的会计处理有些激进，存在虚增利润的嫌疑。

▪第四节▪　收入分析

收入，是指企业在日常活动中形成的、会导致所有者权益增加的、与所有者投入资本无关的经济利益的总流入。收入按企业从事日常活动的性质不同，分为销售商品收入、提供劳务收入和让渡资产使用权收入等。收入按企业经营业务的主次不同，分为主营业务收入和其他业务收入。主营业务收入是指企业为完成其经营目标所从事的经常性活动所实现的收入。其他业务收入是指企业为完成其经营目标所从事的与经常性活动相关的活动实现的收入。

一、收入分析的角度

收入是企业持续经营和获利的前提，还是企业获得发展的资金源泉，关系到企业的发展，所以收入分析至关重要。收入分析可以从以下角度展开：

（一）收入结构分析

收入结构，是指企业收入中主营业务收入与其他业务收入的比率，以及现销收入与赊销收入的比率。通过对收入结构的分析，可以了解企业经营状况和会计政策的选择。例如一个企业的主营业务收入比重不断下降，说明企业的主要经营活动水平下降，其发展前景值得怀疑。现销收入和赊销收入结构受企业的信用政策、竞争环境和会计政策等因素的影响，通过对二者结构及其变动情况进行分析，可以了解企业产品销售情况及其战略选择，分析其合理性。

企业收入结构分析还包括主营业务内部构成情况的分析。对企业的主营业务内部构成进行分析，可以掌握企业经营业务状况及其变动原因。企业要增加业务收入，重点应放在主要经营品种上。企业对营业情况进行分析，如果将连续几年的业务收入构成表进行对比，就可以进一步明确哪一种产品的占比发生了变化，然后结合市场变化情况，及时调整产品结构，扩大销售，以占有更多的市场份额。

案例3-8 甲公司2018—2020年各产品收入结构见表3-20及图3-1、图3-2、图3-3，分析甲公司收入的结构。

表3-20 甲公司2018—2020年各产品收入结构（单位：万元）

产品	2018年		2019年		2020年	
	收入	比例	收入	比例	收入	比例
A产品	5 000	54.8%	4 500	39.2%	4 000	33.3%
B产品	3 000	32.9%	6 000	52.3%	7 000	58.2%
C产品	450	4.9%	500	4.4%	460	3.8%
D产品	680	7.4%	480	4.1%	570	4.7%
合计	9 130	100.0%	11 480	100.0%	12 030	100.0%

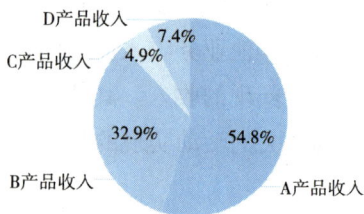

图3-1 2018年甲公司产品收入结构

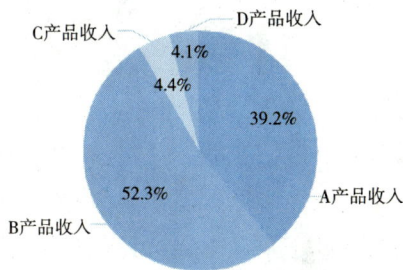

图3-2　2019年甲公司产品收入结构

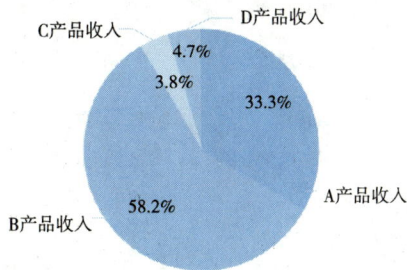

图3-3　2020年甲公司产品收入结构

从图3-1可以看出，2018年A产品收入占甲公司总体收入的54.8%，属于甲公司的主要产品，B产品收入占甲公司总体收入的32.9%，属于甲公司的次主要产品；但是从图3-2和图3-3可以看出，2019年和2020年B产品收入占比大幅上升，占比均超过50%，且逐年上升，说明B产品正处于成长期，未来市场潜力很大，甲公司应该将重点放在B产品的生产和销售上。A产品由原来的主要产品变成次主要产品，且A产品的收入逐年下降，说明A产品市场已饱和，甲公司保持原有的市场份额即可。C产品和D产品在这三年的收入占比都很小，出于战略需要，保持现有规模即可。

（二）收入效益结构分析

收入规模对企业至关重要，但是如果收入不能转化成效益，或者说不能转化成利润，那么收入对于企业的意义就没有了，所以对收入的效益进行分析非常有必要。对收入的效益进行分析，一般分析收入的创利能力，也即毛利率。

案例3-9　乙公司2018—2020年各产品毛利率见表3-21及图3-4，分析乙公司的收入效益。

表 3-21　乙公司 2018—2020 年各产品毛利率

产品	2018 年	2019 年	2020 年
A 产品	22%	20%	18%
B 产品	20%	22%	25%
C 产品	17%	16%	17%

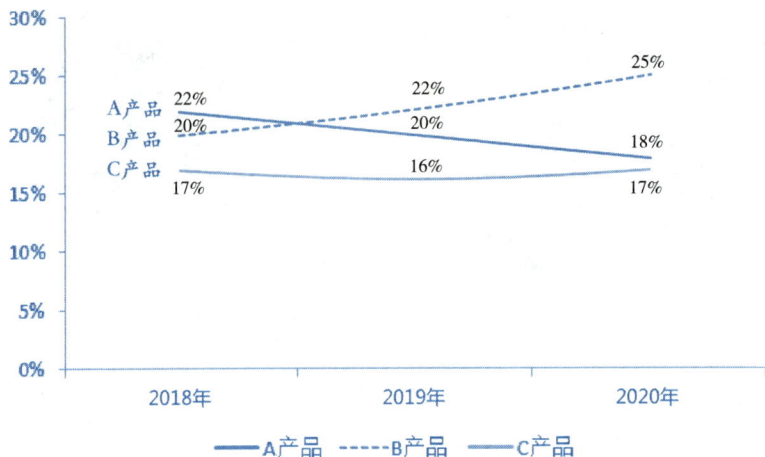

图3-4　乙公司2018—2020年各产品毛利率

从图3-4可以看出，乙公司B产品的毛利率逐年上升，A产品毛利率逐年下降，C产品毛利率基本保持稳定，所以乙公司应当加大B产品的生产和销售，提高公司的整体效益。

（三）收入增长或下降的原因分析

在分析企业收入的时候，若发现企业的收入出现大幅增长或者下降，则需要对收入增长或者下降的原因进行分析。企业的收入增长途径主要有三种：潜在需求增长、市场份额扩大和价格提升。那么哪种收入增长途径的质量是最高的呢？

潜在需求的增长，在行业内不会产生受损者，不会遭遇反击，增长的可靠性最高。

市场份额扩大，是以竞争对手受损为代价的，势必遭受竞争对手的反击，因而需要评估竞争对手的反击力度及反击下增长的可持续性。

价格提升，是以客户付出更多为代价，可能迫使客户减少消费或寻找替代品，需要评估的是消费的替代性强弱。

不难看出，潜在需求的增长是企业收入增长的最佳途径，也是质量最高的途径。

二、企业收入造假识别

一直以来，国内外的财务造假丑闻频频发生，收入造假是财务造假最常见的现象。下文主要讲述企业收入造假的原因、造假的手段以及如何识别收入造假。

（一）企业收入造假的主要原因

1. 申请上市、配股及避免股票被摘牌

根据有关法律法规，企业申请上市及配股都有严格的条件限制及较为严厉的政策约束。一些业绩达不到要求的企业，不得不进行财务造假而获得上市资格及配股要求。更严重的是，上市公司如果连续三年亏损，证监会将会暂停其股票交易并限期消除亏损，如果限期内未能消除，其股票将被摘牌，终止其在交易所的交易。

2. 扩大其融资能力

企业不可避免地需要对外融资，如果企业的收入情况不容乐观，就会影响企业的融资能力，所以有些企业为了筹集到其所需的资金，会进行收入造假。

3. 少缴税

有些企业为了偷税漏税，会采取各种手段隐藏收入。

（二）企业收入造假的主要手段

1. 虚构交易

虚构交易主要表现为伪造收入，在增加销售收入的同时虚增资产。这是性质最为恶劣、欺骗性最大的一种财务造假的手段。如"琼民源"在未取得土地使用权的情况下，通过与关联公司及他人签订的未经国家有关部门批准的合作建房、权益转让等无效合同，编造了5.66亿元的虚假收入。2001年引起股市地震的银广夏，也是通过虚构企业交易虚增利润7.45亿元。

2. 提前确认收入

我国收入确认准则对各种类别交易事项的确认规定了严格的标准，但这些标准基于判断的成分依然很大，因此收入确认的弹性很大，经常被用来作为财务造假的手段。有些企业为了粉饰当期财务报表，通常会提前确认收入，把还没有销售出去的产品也计算到当期的收入中。例如，企业把本来是存货的产品、还在生产线上的产品、根本还没有的产品，提前一次性卖给某一家关联企业，将未来的收入提前实现。

3. 通过个人账户收款隐藏收入

比如，为核实某企业隐匿收入、逃避税收的行为，检查人员通过对企业财务部门和销售部门实施调查，取得了企业现金出入库单、出库材料领料单和货物出库单等单据。检查人员仔细核对企业账册资料和法定代表人银行账户中的相关数据后发现，三年当中，该企业共有近3 000万元的销售收入没有经过企业账户，

而是直接汇入了法定代表人的两个个人银行卡账户中。另外，检查人员多次对该企业下游销售客户和上游供应商逐一实施调查。在对其上游供货企业实施调查的过程中发现，上游供货企业开具给该企业的发票中，有价税合计金额近1 000万元的进项发票没有认证抵扣。同时，下游销售客户在调查中也承认，对于双方约定不开票的购销业务，一般将销售款汇入该企业指定的个人银行卡账户中，如果确需开票的业务，销售款则会汇入对公账户。

（三）企业收入造假的识别方法

1. 分析收入增长率

分析收入的时候，可以计算收入的增长率，并将数据与历史数据进行比较。一家企业的收入增长趋势一般不会发生太大变化，如果当年的收入增长率与以往相比发生较大变化，就需要重点关注，作进一步分析。计算出来的收入增长率还可以与同行业数据进行比较，如果企业的收入增长率与同行业其他企业或者行业平均数相比有较大差异，也需要重点关注。比如，企业的收入增长率是20%，而行业平均数是12%，那么企业就有可能虚构收入；相反，企业的收入增长率是12%，而行业平均数是20%，那么企业就有可能隐藏收入。

当然，以上只是对异常数据可能存在的问题的猜测，并非绝对，需要进一步分析和判断，比如结合企业的发展战略、发展规模以及发展方向等，进行综合分析。

2. 分析应收/预收账款占收入的比例

一般情况下，如果企业的信用政策没有发生重大变化，应收账款占收入的比例会保持稳定。如果应收账款占收入的比例在不断增加，就有可能是企业的收入无法兑换成现金，这可能是为了增加收入而放宽信用政策的结果，更有可能是企业虚构了收入。虚构的收入自然无法收到款项，最终的结果就是应收账款越来越多，坏账越来越多。

一般而言，预收账款占收入的比例也是保持稳定的。如果一家企业的预收账款非正常地增加，这就很有可能是企业隐藏了收入，将已收款项中不想确认为收入的部分，做到了预收账款里。

3. 分析耗费与产出比率

这里说的耗费主要是指原材料、水电费、运输费等的耗费，产出是指收入金额或者产量数据。如果企业消耗的原材料、水电等耗能数据与收入金额远远不匹配，那有可能是隐藏了产出或者虚构了产出。

案例3-10　丙公司2020年生产成本中水电费为100万元，生产1吨产品平均消耗水电费50元，2020年销量为5万吨，分析可能存在的问题。

我们先来计算一下，正常情况下丙公司生产5万吨产品耗用的水电费：

5×50＝250（万元）

而丙公司当年生产成本中实际发生的水电费为100万元，两者相差较大。是生产成本中的水电费记错了呢？还是当年的产量数据不真实，虚构了产量呢？一般来说，虚构产量就是为了支撑虚构的销量。

案例3-11　丁公司投入大豆生产萃取油，2018、2019、2020年投入产出比分别为14.8：1、15：1、3：1，丁公司解释，投入产出比大大提高是因为生产进入成熟期。分析可能存在的问题。

我们先通过表3-22来理解资料中给出的投入产出比的含义。

表3-22　2018—2020年丁公司各投入1 000千克大豆的产出情况（单位：千克）

项目	2018年	2019年	2020年
大豆（投入）	1 000	1 000	1 000
投入产出比	14.8：1	15：1	3：1
油（产出）	67.57	66.67	333.33

从表3-22可以看出，假设2018—2020年每年分别投入1 000千克大豆，按照资料给出的投入产出比，分别能产出的油量为67.57千克、66.67千克和333.33千克。我们可以直观地看出，同样是投入1 000千克大豆，2020年的产量远高于2018年和2019年，约是前两年的5倍。为何丁公司的投入产出比在短时间内突然大幅提升呢？是否真的和丁公司解释的那样，生产进入了成熟期？如果确实如此，那么产量的提升应该是一个循序渐进的过程，而丁公司2020年的产出量是陡然的提升，这就不得不令人怀疑丁公司是否虚构了产出，以支撑虚构的收入了。也就是说，需要进一步分析丁公司是否虚构了收入。

■ 第五节 ■　管理费用分析

管理费用，是指企业行政管理部门为组织和管理生产经营活动而发生的各种费用。具体包括的项目有：企业董事会和行政管理部门在企业经营管理中发生的或者应当由企业统一负担的公司经费、工会经费、待业保险费、劳动保险费、董事会费、聘请中介机构费、咨询费、诉讼费、业务招待费、办公费、差旅费、邮电费、绿化费、管理人员工资及福利费等。管理费用属于期间费用，在发生的当期计入当期的损失或利益。下面简单地对每项费用进行介绍，提到的企业各部门是指企业董事会和行政管理部门。

工资及附加费，是指企业各部门发生的工资及福利费用。

工会经费，是指企业按应付工资2%计提的工会活动经费。

职工教育经费，是指按应付工资的8%计提的用于职工教育方面的费用。开支的范围主要有培训教材费，师资费，委托培训费，培训教师以及外出培训人员的差旅费、交通费等，培训领用的消耗品和零配件等。

五险一金，是指企业为职工交纳的住房公积金、养老保险费用、失业保险费、医疗保险费等五险一金的金额。

折旧费，是指企业非生产、非销售经营用各类固定资产（含房屋、围墙、道路、设备）、办公设施、运输工具计提的折旧费用。

办公费，是指企业行政管理部门因办公需要发生的费用开支及材料消耗，主要指办公用品、办公耗材、标牌、印章、设计用图纸、对内业务宣传等。

差旅费，是指企业行政管理部门发生的出差费用，含车船飞机费、住宿费、过路过桥费、会务费、出差补助等。

交通费，是指企业行政管理部门发生的市内交通费用。

修理费，是指企业部门各类固定资产（含房屋、围墙、道路、设备）、办公设施、运输工具（不含各部门工作用车）等发生备件、工具、辅助材料、外包维修费等各项修理费用支出。

运输费，是指企业行政管理部门发生的运输费用。

水电费，是指企业行政管理部门发生的电费、水费。

车辆使用费，是指企业领导用车和行政管理部门工作用车发生的汽油费、养路费用、车辆维修费以及年检费等。

业务招待费，是指企业用于非销售业务招待方面的费用开支，如茶叶、招待餐费等。

劳动保护费，是指企业行政管理部门发生用于劳动保护方面的费用，如劳保手套、安全帽、防暑降温用品等。

咨询费，是指企业在审计及法律服务等方面发生的费用。

　　租赁费，是指企业经营管理支付的设备、房屋租赁费用（含驻外办事处的房屋租赁费）。

　　会议费，是指企业各部门举办或者参加各类会议的费用支出。

　　业务宣传费，是指企业各部门发生的用于企业形象和产品宣传的不列入营业费用的费用支出。

　　管理费用是不计入产品（经营）成本的，因为它与产品生产没有直接的关联，而且归集的周期是按发生的期间进行，从而根据归集将当期的损益计入。因此可以得出一个结论：企业的产品（经营）成本虽然不受管理费用的影响，但当期利润与其有直接的利害关联。阅读报表时对管理费用进行分析也是不可或缺的，对管理费用进行分析主要有以下几种方法。

一、与预算数据和历史数据进行比较

　　管理费用的有效分析方法之一，就是将管理费用的实际发生数与预算数和历史发生数据进行对比。当年实际发生的管理费用与预算水平及历史实际水平的对比分析是按费用项目进行的，这种分析方法将企业管理费用的预算执行情况及发展变化的趋势轻松地展示出来。分析标准的选择对管理费用分析的影响较大，由于固定费用在管理费用中所占的比例较多，通过费用预算对其进行控制是很有必要的。同时，由于企业管理费用项目较大，在进行管理费用分析时，先按其性质对管理费用进行分类，然后分析出哪些费用的发生对于生产的发展是需要的、是正常的，哪些是不正常的，最后据此找出产生的原因，进行正确的管理和控制。

二、与收入进行比较

　　管理费用与收入的比率，通常叫作管理费用率。管理费用率在一定程度上反映了企业管理的有效性。当然，管理费用率并没有一个合理的期间，可以将计算得出的当期管理费用率与企业的历史水平或者行业的平均数进行比较，以验证企业的管理能力。管理费用率越低，说明企业的管理效率越高；相反，这个比率越高，就说明企业的管理效率需要提高。

三、不同费用对比分析

　　不同费用对比分析，是指将管理费用当中有关联、有相关性的项目放到一起，进行合理性分析。通过不同费用的对比，可以发现费用发生中可能存在的问题。

案例3-12　表3-23是甲公司2019—2020年办公费、业务招待费和会议费三项费用的发生情况，分析可能存在的问题。

表3-23　甲公司2019—2020年三项费用情况（单位：元）

项目	2019年	2020年	增长率
办公费	678 489.09	1 988 207.01	193.0%
业务招待费	1 831 012.87	569 987.24	-68.9%
会议费	243 225.54	175 109.50	-28.0%
三项费用合计	2 752 727.50	2 733 303.75	-0.7%

从表3-23可以看出，甲公司2020年的办公费、业务招待费和会议费三项费用都有异常变动趋势，但三项费用总和变化幅度很小。可从以下三点考虑：

（1）我们会想到的应该是业务招待费涉及纳税调整。业务招待费税前抵扣标准是：企业发生的与生产经营活动有关的业务招待费支出，按照发生额的60%扣除，但最高不得超过当年销售（营业）收入的5‰。甲公司2020年的业务招待费金额下降了68.9%，有可能是为了多进行税前抵扣，将业务招待费的开支挪到了其他费用上面。

（2）甲公司对业务招待费和会议费可能有严格的管控，而且考核目标中有对2020年业务招待费和会议费的管控目标，比如分别下降65%和25%，因此甲公司将下降比例"做"到了考核要求。

（3）需要关注财务报表附注中是否对办公费的异常变动作出合理解释。

以上三项费用之间的调整，可能总数对利润影响不大，但管理层的诚信有问题，通过舞弊应付考核的处理方式值得报表阅读者重视。

案例3-13　表3-24是甲公司2019—2020年房屋修理费、房产税和房产原值三个项目的情况，甲公司房产均自用，无出租，分析可能存在的问题。

表3-24　甲公司2019—2020年三个项目情况（单位：元）

项目	2019年	2020年	增长率
房屋修理费	726 756.45	905 824.45	24.6%
房产税	1 614 080.01	2 080 990.34	28.9%
房产原值	192 152 382.14	192 152 382.14	0%

从表3-24可以看出，甲公司2020年的房屋修理费和房产税都增加了20%以上，增长幅度接近。另外需要注意的是，房产税的金额与房产原值相关：房产税年应纳税额＝房产账面原值×（1-30%）×1.2%。甲公司2020年的房产税增加了28.9%，根据前面的计算方法，房产原值也应该相应增加，但是从表格中我们可以看出，甲公司2020年的房产原值与2019年相比并未发生变化。这时就需要考虑，甲公司当年的房产是否漏记固定资产，以及如果正确记录，对利润和资产产生的影响有多大。

案例3-14 表3-25是甲公司2019—2020年法律服务费和法律诉讼费两项费用的情况，分析可能存在的问题。

表3-25 甲公司2019—2020年两项费用情况（单位：元）

项目	2019年	2020年	增长率
法律服务费	80 000.00	100 000.00	25.0%
法律诉讼费	5 000.00	6 000.00	20.0%

我们先来了解一下法律服务费和法律诉讼费的区别。法律服务费是律师诉讼代理费或者咨询费，而诉讼费是交给法院的办理诉讼案件的费用。如果一家企业的法律诉讼费很高，却没有法律服务费，这就需要关注一下原因，有可能是这家企业的法务能力强，可以自己出庭打官司，也有可能是没有准确核算法律服务费。此外，如果一家企业的法律诉讼费很高，就说明这家企业当年肯定有打官司，需要关注诉讼案件是否充分披露，评估败诉的可能性和是否需要计提预计负债等。

从表3-25可以看出，甲公司2019年和2020年均有法律诉讼费和法律服务费，且增加幅度都比较大，因此需要关注是否有披露相关案件、败诉的可能性及预计的损失，以及是否足额计提预计负债。

案例3-15 表3-26是甲公司2019—2020年房屋租赁费等四项费用的情况，分析可能存在的问题。

表 3-26　甲公司 2019—2020 年四项费用情况（单位：元）

项目	2019 年	2020 年	增长率
房屋租赁费	472 890.66	485 200.00	2.6%
物业管理费	900 792.11	923 497.08	2.5%
水费	26 894.28	27 700.58	3.0%
电费	524 016.72	542 319.08	3.5%

从表 3-26 中可以看出，甲公司的房屋租赁费、物业管理费等四项费用基本保持稳定，增长幅度也接近。分析的时候需要结合公司规模及公司地址，评估房屋租赁费、物业管理费等费用的合理性，比如在一线城市的 CBD 和在三线城市的郊区，同样规模的办公室租金肯定相差很大的。在评估这些费用的时候还要结合当时的租房行情来判断其合理性。比如有一家公司在成都的郊区租了一间 100 平方米的办公室，当年账面租金为 600 万元，即每月 50 万元，相当于 5 000 元/平方米，而周边同地段的办公楼才 300 元/平方米。这是不是很可疑？要评估这项租金的真实性，首先要看业主和这家公司的关系，其次是合同的真实性。如果业主与这家公司的股东或者老板有关联关系，就有可能是公司通过与业主签订高额租金合同转移利润；也有可能是管理层通过签订虚假的房租合同，把资金套出去，贪污或者形成账外小金库。

第六节　非经常性损益分析

非经常性损益，是指与公司正常经营业务无直接关系，以及虽与正常经营业务相关，但由于其性质特殊和偶发性，影响报表使用人对公司经营业绩和盈利能力作出正常判断的各项交易和事项产生的损益。因此，企业需要在财务报告中对非经常性损益进行披露。企业应对照非经常性损益的定义，综合考虑相关损益同公司正常经营业务的关联程度以及可持续性，结合自身实际情况作出合理判断，并作出充分披露；除应披露非经常性损益项目和金额外，还应当对重大非经常性损益项目的内容增加必要的附注说明。

非经常性损益应包括以下项目：

（1）处置长期股权投资、固定资产、在建工程、无形资产、其他长期资产产生的损益。

（2）越权审批或无正式批准文件的税收返还、减免。

（3）各种形式的政府补贴。

（4）计入当期损益的对非金融企业收取的资金占用费。

（5）短期投资损益，但经国家有关部门批准设立的有经营资格的金融机构获得的短期投资损益除外。

（6）委托投资损益。

（7）扣除公司日常根据企业会计制度规定计提的资产减值准备后的其他各项营业外收入、支出。

（8）因不可抗力因素，如遭受自然灾害而计提的各项资产减值准备。

（9）以前年度已经计提各项减值准备的转回。

（10）债务重组损益。

（11）资产置换损益。

（12）交易价格显失公允的交易产生的超过公允价值部分的损益。

（13）比较财务报表中会计政策变更对以前期间净利润的追溯调整数。

（14）中国证监会认定的符合定义规定的其他非经常性损益项目。

注意，各项减值准备的计提是公司在持续经营过程中经常发生的事项，因此公司不应该将计提的各种资产减值准备对损益的影响看作非经常性损益。但是有些企业常常在管理层换届的时候，会将上一届管理层累积下来的流动资产呆坏账或库存作出一次性重大拨备，这种处理会给企业某一期财务数据带来极大的变动，如果不剔除，往往会让报表阅读者对财务报表产生误解。

非经常性损益在利润表中会成为利润的一部分，无论收益过大还是损失过大，都会对企业实际的经营业绩分析产生干扰。因此，我们在分析企业的经营业务时，一般会将非经常性损益带来的利润或亏损剔除后再分析。而且有些企业会使用非经常性损益夸大利润，甚至扭亏为盈，所以在阅读财务报表的时候，还需要特别关注非经常性损益对企业利润的影响。

我们通常采用非经常性损益占利润总额的比例这一指标进行分析，如果该比例过大，会造成企业最终的盈利情况失真。

案例3-16　表3-27是甲公司2018—2020年利润表，分析甲公司非经常性损益对利润的影响。

表3-27　甲公司2018—2020年利润表（单位：元）

项目	2020年	2019年	2018年
一、营业收入	33 438 798.51	30 094 918.66	29 580 680.86
减：营业成本	23 407 158.96	22 571 188.99	20 441 317.46
税金及附加	1 671 939.93	1 402 847.56	1 509 260.17
销售费用	3 009 491.86	2 106 644.30	1 739 486.30
管理费用	1 671 939.93	1 504 745.94	3 837 102.13
财务费用	80 000.00	96 000.00	96 000.00
资产减值损失	0	0	0
加：公允价值变动收益	40 000.00	256 000.00	320 000.00
投资收益	40 000.00	50 000.00	35 000.00
其中：对联营企业和合营企业的投资收益	0	0	0
二、营业利润（亏损以"-"号填列）	3 678 267.83	2 719 491.87	2 312 514.82
加：营业外收入	1 865 703.00	1 065 439.00	863 475.00
减：营业外支出	9 600.00	10 384.00	12 800.00
其中：非流动资产处置损失	0	0	0
三、利润总额（亏损总额以"-"号填列）	5 534 370.83	3 774 546.87	3 163 189.82
减：所得税费用	2 149 166.96	1 931 616.97	1 599 714.70
四、净利润（净亏损以"-"号填列）	3 385 203.87	1 842 929.90	1 563 475.11

　　从表3-27可以计算出，甲公司2020年利润总额比2019年增长46.6%，2018—2020年的非经常性损益（营业外收入减营业外支出）分别为85.07万元、105.51万元、185.61万元，2018—2020年非经常性损益占利润总额的比例分别为26.9%、28%、33.5%，由此可知2020年利润比2019年大幅增长，有很大一部分原因是非经常性损益占比大幅提高。剔除非经常性损益后，2018年的利润总额为367.83万元，2019年的利润总额为271.95万元，2020年的利润增长幅度为35.26%。

案例3-17　乙企业上年利润为7 826万元，本年利润为9 000万元，增长率为15%，政府补助（营业外收入）1 000万元，这项政府补助是不可持续的一次性补贴。如何判断非经常性损益对企业利润的影响，以及企业盈利质量是否高？

从上述资料可以计算出乙企业政府补助收入占利润的比例为11.1%，而且这项政府补助是不可持续的一次性补贴。也就是说，以后年度乙企业无法获得该项补助，所以在分析乙企业利润增长情况的时候，需要剔除这项补助1 000万元对于利润的影响。乙企业扣除非经常性损益的本年利润为8 000（9 000－1 000）万元，相比于上年的7 826万元，增长幅度为2.22%。剔除非经常性损益后，企业的利润增长率很低，说明企业的内生增长率需要增强。

第三章

·会计问·

有财会问题，就来会计问！
600＋答疑老师，3分钟极速解答！

第四章 现金流量表分析

扫一扫 码上有课

▪ 第一节 ▪ 现金流量表概况

现金流量表，反映的是一定会计期间内，企业现金流入和流出情况的报表。现金流量表中的"现金"，与平常意义的现金是不同的。现金流量表中的"现金"包括库存现金、可以随时用于支付的存款及现金等价物。

库存现金和可以随时用于支付的存款，基本等同于资产负债表上"货币资金"项目的内容，即企业现金和银行存款的总和。但银行存款中那些不能随时动用的存款需要剔除，如保证金存款等。

现金等价物，是指符合下述两个条件的流动性很强的短期投资资产：一是很容易就能变现；二是很快就会到期，市价受利率变动影响不大，一般是指三个月内到期的投资。现金等价物相当于资产负债表上"交易性金融资产"项目中的数据。

一、现金流量表的样式

表 4-1 现金流量表样式

现金流量表

编制单位： 年度 单位：（如"人民币元"）

项目	本期数	上期数
一、经营活动产生的现金流量：		
销售商品、提供劳务收到的现金		
收到的税费返还		
收到其他与经营活动有关的现金		
经营活动现金流入小计		
购买商品、接受劳务支付的现金		

（续表）

项目	本期数	上期数
支付给职工以及为职工支付的现金		
支付的各项税费		
支付其他与经营活动有关的现金		
经营活动现金流出小计		
经营活动产生的现金流量净额		
二、投资活动产生的现金流量：		
收回投资收到的现金		
取得投资收益收到的现金		
处置固定资产、无形资产和其他长期资产收回的现金净额		
收到其他与投资活动有关的现金		
投资活动现金流入小计		
购建固定资产、无形资产和其他长期资产支付的现金		
投资支付的现金		
支付其他与投资活动有关的现金		
投资活动现金流出小计		
投资活动产生的现金流量净额		
三、筹资活动产生的现金流量：		
吸收投资收到的现金		
取得借款收到的现金		
收到其他与筹资活动有关的现金		
筹资活动现金流入小计		
偿还债务支付的现金		
分配股利、利润或偿付利息支付的现金		
支付其他与筹资活动有关的现金		
筹资活动现金流出小计		
筹资活动产生的现金流量净额		
四、汇率变动对现金及现金等价物的影响		
五、现金及现金等价物净增加额		
加：期初现金及现金等价物余额		
六、期末现金及现金等价物余额		

说明：本表为现金流量表模板，具体编制过程中，根据需要在词语描述上可能会有所变动，但其内涵不变。

二、现金流量表的主要内容

现金流量表主要包括以下三个部分的内容：

（一）经营活动现金流量

经营活动现金流量，笼统地说是指企业投资活动和筹资活动以外的所有交易和事项产生的现金流量，主要包括销售和购买商品、支付薪酬、支付税金及其他相关支出。

资产负债表中的经营资产包括货币资金、存货、固定资产和无形资产等，而现金流量表中的经营活动现金流量仅包括部分与流动资产和流动负债有关的现金流量，不包括与固定资产和无形资产有关的现金流量，固定资产和无形资产相关的现金流量体现在投资活动现金流中。利润表中的营业利润包括了投资收益，而现金流量表中的投资收益则体现在投资活动现金流当中。利润表中，所得税是在利润总额后面才被减除的，而在现金流量表中，税金体现在经营活动现金流中。所以三大财务报表的口径有很多不一致的地方。

（二）投资活动现金流量

投资活动现金流量，是指企业长期资产（通常指一年以上）的购建及其处置产生的现金流量，包括购建固定资产、长期投资现金流量和处置长期资产现金流量。

投资活动现金流量对企业的意义主要体现在现金流出。投资的目的就是购建长期资产或者对外投资，投资活动现金收入只是对投资的处置，所以分析投资活动现金流量时要重点关注流出量。比如"购建固定资产、无形资产和其他长期资产支付的现金"是对内扩大再生产性质的投资，"投资支付的现金"是对外扩张性投资。

（三）筹资活动现金流量

筹资活动现金流量，是指导致企业资本及债务的规模和构成发生变化的活动所产生的现金流量，包括筹资活动的现金流入和归还筹资活动的现金流出。

与投资活动现金流量的意义不同，筹资活动现金流量对企业的意义主要体现在现金流入。企业筹集资金的目的是增加企业资金规模，筹资活动现金流出主要是归还借款、支付股利等，所以分析筹资活动现金流量时要重点关注流入量。

三、现金流量表的作用

现金流量表是反映企业在一定时期现金流入和现金流出动态状况的报表。现金流量表的编制至关重要。现金流量表的作用主要体现在以下两个方面：

（一）弥补资产负债表和利润表信息量的不足

利润表的利润是根据权责发生制核算出来的。权责发生制遵循配比原则，核算的利润与现金流量是不同步的，因此企业利润表上的利润金额很大，但是银行账户上没有钱的现象时有发生。一个正常经营的企业，在创造利润的同时，还应创造现金。随着报表使用者对现金流量的重视，按权责发生制编制的利润表不能反映现金流量是个很大的缺陷。但是企业也不能因此废弃权责发生制而改用收付实现制，因为收付实现制也有很多不合理的地方，历史证明企业不能只采用收付实现制进行核算。因此，坚持按权责发生制原则进行核算的同时，编制收付实现制的现金流量表是对利润表的一个很好的补充。报表使用者通过对现金流入来源进行分析，就可以对企业创造现金的能力作出评价，并且可以对企业未来获取现金的能力作出预测。

现金流量表所揭示的现金流量信息可以从现金角度对企业的偿债能力和支付能力作出更可靠的评价，也是对通过资产负债表计算出偿债能力指标来评价企业的偿债能力的一个重大的补充。

（二）可以了解企业资金筹集和创造的能力

通过现金流量表可以了解企业在经营过程中对外筹措了多少现金，自己生成了多少现金，筹措的现金是否按计划用于企业扩大生产规模、购置固定资产、补充流动资金。企业筹措现金、生产现金的能力，是企业资金创造和资金使用的重要体现，这也是资产负债表和利润表所不能提供的信息。

■第二节■　经营活动现金流分析

经营活动现金流量是企业持续发展的内在动力，是企业自我创造现金能力的表现，是对公司真实经营状况的客观反映。经营活动现金流分析是现金流量表分析的核心。

知识点一　经营活动现金流主要项目解析

表 4-2　经营活动现金流量表主要项目

项目	本期数	上期数
一、经营活动产生的现金流量：		
销售商品、提供劳务收到的现金		
收到的税费返还		
收到其他与经营活动有关的现金		
经营活动现金流入小计		
购买商品、接受劳务支付的现金		
支付给职工以及为职工支付的现金		
支付的各项税费		
支付的其他与经营活动有关的现金		
经营活动现金流出小计		
经营活动产生的现金流量净额		

一、销售商品、提供劳务收到的现金

"销售商品、提供劳务收到的现金"项目，反映的是企业销售商品、提供劳务实际收到的现金（含销售收入和向购买者收取的增值税税额）。其主要包括本期销售商品和提供劳务收到的现金、前期销售商品和提供劳务本期收到的现金、本期预收的商品款和劳务款等，本期发生销售退回而支付的现金应从销售商品或提供劳务收入款项中扣除。

销售商品、提供劳务收到的现金＝销售商品、提供劳务产生的"收入和增值税销项税额"＋应收账款本期减少额（期初余额－期末余额）＋应收票据本期减少额（期初余额－期末余额）＋预收款项本期增加额（期末余额－期初余额）±特殊调整业务

案例4-1　大风公司本月与"销售商品、提供劳务收到的现金"项目相关的事项如下：收到销售产品款项80 000元，收回应收账款5 000元，预收下个月销售款项20 000元，本期发生销售退回10 000元。计算本月"销售商品、提供劳务收到的现金"项目金额。

销售商品、提供劳务收到的现金＝80 000＋5 000＋20 000－10 000＝95 000（元）

二、收到的税费返还

"收到的税费返还"项目，是政府按照国家有关规定采取先征后返（退）、即征即退等办法向企业返还的税款，属于以税收优惠形式给予的一种政府补助。

收到的税费返还＝收到增值税返还＋收到其他税费返还

案例4-2　小雨公司本期收到出口商品增值税退税10 500元，收到的教育费附加返还款13 000元。计算本期"收到的税费返还"项目金额。

收到的税费返还＝10 500＋13 000＝23 500（元）

三、收到其他与经营活动有关的现金

"收到其他与经营活动有关的现金"项目，是对"销售商品、提供劳务收到的现金"和"收到的税费返还"两个经营活动现金流入项目的补充。"收到其他与经营活动有关的现金"项目主要包括罚款收入、保险赔款收入、备用金还款、往来款项等。"收到其他与经营活动有关的现金"项目，应根据现金科目的借方数额与"营业外收入""其他应收款"等科目的贷方记录分析填列。

案例4-3　雨雪公司本期其他应收款收回10 000元，收到保险赔款50 000元，收到员工损坏公司资产赔款2 000元。计算本期"收到其他与经营活动有关的现金"项目金额。

收到其他与经营活动有关的现金＝10 000＋50 000＋2 000＝62 000（元）

四、购买商品、接受劳务支付的现金

"购买商品、接受劳务支付的现金"项目，应当包括当期购买商品、接受劳务支付的现金，当期支付的前期购买商品、接受劳务的应付款以及为购买商品、接受劳务而预付的现金等。

购买商品、接受劳务支付的现金＝当期购买商品、接受劳务支付的现金＋当期支付前期的应付账款＋当期支付前期的应付票据＋当期预付的账款－当期因购货退回收到的现金

五、支付给职工以及为职工支付的现金

"支付给职工以及为职工支付的现金"项目，反映企业实际支付给职工的现

金以及为职工支付的现金，包括本期实际支付给职工的工资、奖金、各种津贴和补贴等，以及为职工支付的其他费用，不包括支付的离退休人员的各项费用和支付给在建工程人员的工资等。支付的离退休人员的各项费用，包括支付的统筹退休金以及未参加统筹的退休人员的费用，在"支付其他与经营活动有关的现金"项目中反映；支付的在建工程人员的工资，在"购建固定资产、无形资产和其他长期资产支付的现金"项目中反映。

企业为职工支付的养老、失业等社会保险基金、补充养老保险，支付给职工的住房困难补助，企业为职工交纳的商业保险金，企业支付给职工或为职工支付的其他福利费用等，应根据职工的工作性质和服务对象，分别在"购建固定资产、无形资产和其他长期资产支付的现金"和"支付给职工以及为职工支付的现金"项目中反映。

支付给职工以及为职工支付的现金＝生产成本、制造费用、管理费用中已付的职工薪酬＋（应付职工薪酬年初余额－应付职工薪酬期末余额）（不含在建工程人员薪酬）

案例4-4 A企业2020年度有关应付职工薪酬资料见表4-3，本期用银行存款支付离退休人员工资60万元。假设应付职工薪酬本期减少额均以银行存款支付，应付职工薪酬期初和期末均为贷方余额，应付职工薪酬期初余额、本期计提金额、期末余额均不包含离退休人员工资，不考虑其他事项。计算A企业2020年"支付给职工以及为职工支付的现金"项目金额。

表4-3　A企业2020年度应付职工薪酬资料（单位：元）

项目	年初余额	本期计提金额	期末余额
经营成本对应的应付职工薪酬	120 000	1 200 000	100 000
销售费用对应的应付职工薪酬	50 000	600 000	45 000
管理费用对应的应付职工薪酬	70 000	800 000	56 000
在建工程对应的应付职工薪酬	40 000	500 000	32 000

支付给职工以及为职工支付的现金＝（120 000＋50 000＋70 000）＋（1 200 000＋600 000＋800 000）－（100 000＋45 000＋56 000）＝2 639 000（元）

"支付给职工以及为职工支付的现金"项目，不包括支付的离退休人员的各项费用和支付给在建工程人员的工资等。

另外，本期支付其他与经营活动有关的现金为支付给离退休人员的工资60万元。

本期购建固定资产、无形资产和其他长期资产支付的现金＝40 000＋500 000－32 000＝508 000（元）

六、支付的各项税费

"支付的各项税费"项目，反映企业按规定支付的各种税费，包括企业本期发生并支付的税费，以及本期支付以前各期发生的税费和本期预交的税费。这些税费包括所得税、增值税、消费税、印花税、房产税、土地增值税、车船税、教育费附加、矿产资源补偿费等，但不包括计入固定资产价值、实际支付的耕地占用税，也不包括本期退回的增值税、所得税。本期退回的增值税、所得税在"收到的税费返还"项目中反映。

七、支付其他与经营活动有关的现金

"支付其他与经营活动有关的现金"项目，反映除"购买商品、接受劳务支付的现金""支付给职工以及为职工支付的现金"和"支付的各项税费"项目外，企业支付的其他与经营活动有关的现金，如罚款支出、支付的差旅费、业务招待费现金支出、支付的保险费等，其他现金流出如价值较大的，应单列项目反映。本项目可以根据"管理费用""销售费用""制造费用""营业外支出""其他应收款"等科目的记录分析填列。

📟 知识点二　经营活动现金流分析

一、经营活动现金流结构分析

经营活动现金流结构分析包括两个方面：一是经营活动现金流占总现金流的比重；二是经营活动现金流各项目金额占经营活动现金流入、流出的比重。经营活动现金流结构反映了经营活动现金流量的稳定性。

经营活动现金流占总现金流比重大的企业，其经营状况较好，财务风险较低，现金流入结构也比较合理。

经营活动现金流各项目金额占经营活动现金流入、流出的比重，也在很大程度上反映了企业经营活动现金流量的稳定性。比如，"销售商品、提供劳务收到的现金/经营活动产生的现金流入总额"衡量的是主营业务活动现金流入量占比，这个占比越高，说明主营业务活动现金流入量越高，企业经营活动现金流入质量也越好；"购买商品、接受劳务支付的现金/经营活动产生的现金流出总额"衡量的是主营业务活动现金流出量占比，这个占比越高，说明主营业务活动现金流出量越高，企业经营活动现金流出质量也越好；如果"收到其他与经营活动有关的现金/经营活动产生的现金流入总额"和"支付其他与经营活动有关的现金/经营活动产生的现金流出总额"的比值过高，说明企业的经营活动现金流主要来源于非主营业务活动，需要关注是否存在关联方占用企业资金或者占用关联方资金的现象。

案例4-5 B企业的经营活动现金流及占比情况见表4-4，对B企业的经营活动现金流结构进行分析。

表4-4 B企业的经营活动现金流及占比情况

项目	金额（元）	占比
一、经营活动产生的现金流量：		
销售商品、提供劳务收到的现金	4 322 564 972.84	98.21%
收到的税费返还	46 764 141.15	1.06%
收到其他与经营活动有关的现金	32 010 681.56	0.73%
经营活动现金流入小计	**4 401 339 795.55**	**100%**
购买商品、接受劳务支付的现金	2 311 048 436.66	60.33%
支付给职工以及为职工支付的现金	436 263 309.07	11.39%
支付的各项税费	231 018 115.15	6.03%
支付其他与经营活动有关的现金	852 473 658.52	22.25%
经营活动现金流出小计	**3 830 803 519.40**	**100%**
经营活动产生的现金流量净额	**570 536 276.15**	

从表4-4可知，"销售商品、提供劳务收到的现金/经营活动产生的现金流入总额"为98.21%，占比非常高，说明B企业的经营活动现金流入量主要来源于主营业务。"支付其他与经营活动有关的现金/经营活动产生的现金流出总额"为22.25%，占比较高，需关注其他经营活动现金流出的具体内容，关注是否存在关联方占用企业资金的情况。

二、经营活动现金流真实性分析

经营活动现金流真实性分析，主要包括分析经营活动现金流是否有异常变动和对经营活动现金流单个项目进行分析。

案例4-6　C企业2020年部分报表数据见表4-5，"经营活动产生的现金流量"下的其他项目无明显变化，分析C企业经营活动现金流量。

表4-5　C企业2020年部分报表数据（单位：万元）

项目	2020 年	2019 年	变化幅度
销售商品、提供劳务收到的现金	17 248	11 000	56.80%
营业收入	12 220	12 000	1.83%
长期借款	5 500	500	1 000.00%
短期借款	1 600	600	166.67%
取得借款收到的现金	50	248	−79.84%

从表4-5可知，C企业"销售商品、提供劳务收到的现金"项目，2020年比2019年增长了56.80%，绝对数增加了6 248万元，属于大幅度变动，需要引起注意。思考一下，"销售商品、提供劳务收到的现金"项目金额增加是什么引起的？一般而言，现金流量表中"销售商品、提供劳务收到的现金"项目对应的是利润表中的"营业收入"项目，如果"销售商品、提供劳务收到的现金"项目金额大幅增加，对应的必定是营业收入的大幅增加。我们来看一下C企业营业收入的变化情况，2020年比2019年增加220万元，增长幅度是1.83%，这跟"销售商品、提供劳务收到的现金"项目的变化幅度不匹配，所以需进一步分析原因。

从表4-5可以看出，C企业2020年资产负债表中长期借款增加5 000万元，短期借款增加了1 000万元，也就是当年借款总共增加了6 000万元。我们再来看一下现金流量表中的"取得借款收到的现金"项目，该项目的金额是50万元，与资产负债表中借款的数据严重不匹配。

问题出在哪里呢？这时我们可以作如下考虑：有可能是C企业篡改了现金流量的性质，少计筹资活动现金流入，即少计"取得借款收到的现金"项目金额，多计"销售商品、提供劳务收到的现金"项目金额，以此粉饰经营活动现金流入量，掩盖企业收款不利的事实。

案例4-7　D企业2020年部分报表数据见表4-6，对D企业2020年经营活动现金流单个项目进行分析。

表 4-6　D 企业 2020 年部分报表数据（单位：万元）

项目	2020 年	2019 年
销售商品、提供劳务收到的现金	5 298	4 322
收到的税费返还	64	46
收到其他与经营活动有关的现金	2 786	32
购买商品、接受劳务支付的现金	3 269	2 711
支付给职工以及为职工支付的现金	576	436
支付的各项税费	257	231
支付其他与经营活动有关的现金	507	452
营业收入	5 758	4 677
营业成本	1 730	3 265

根据表4-6中数据，可对D企业2020年经营活动现金流单个项目进行以下分析：

（1）分析"销售商品、提供劳务收到的现金"项目与营业收入金额的对比情况，分析是否有虚构收入。

从D企业的报表数据中可以看出，2020年销售商品、提供劳务收到的现金与营业收入之比为0.92，未发现异常。

（2）分析"收到其他与经营活动有关的现金"项目，关注是否有大额临时往来，尤其需关注有没有关联方往来。

2020年D企业"收到其他与经营活动有关的现金"项目金额相比2019年大幅增加，而且金额巨大，达到2 786万元，需要关注是否有大额的临时往来，看是不是企业现金流状况不是很好，年底的时候通过关联企业转钱进来美化报表。

（3）分析"购买商品、接受劳务支付的现金"项目与营业成本的对比情况，分析成本的真实性和完整性。

2019年和2020年的营业成本与"购买商品、接受劳务支付的现金"之比分别是1.2和0.53。2019年该比例大于1是正常的，因为除了购买商品，还有人工、折旧等也会计入营业成本，但是2020年该比例只有0.53就有些奇怪了。购买了那么多商品，都没有销售，而是作为库存，这种情况在企业改变存货策略的情况下可能会发生，但是一般是很少发生重大变化的，所以D企业有可能隐藏了成本。

三、经营活动现金流充足性分析

经营活动现金流量是企业短期内最稳定、最主动、最可以赋予希望维持企业经常性资金流转和扩大再生产的现金流量。经营活动现金流量的充足性，是指企业是否具有足够的经营活动现金净流量，以满足其正常运转和规模扩张的需求。

经营活动产生的现金流量的充足性分析，一般从经营活动现金流是否能满足企业正常运转和是否能支撑企业规模扩张两个方面来进行。

（一）经营活动现金流是否能满足企业正常运转

企业在经营活动现金流充足的情况下，可以依靠其内部积累维持目前的生产经营，其经营活动现金流入量能够抵补以下开支：

（1）企业正常经营开支，也即日常开支。包括购买材料、劳务需支付的现金，企业人工工资，应缴纳的税费等，也即体现在现金流量表中经营活动现金流出项目中。

（2）企业预提性质的费用。比如按年后付租金的情况，当年签订的租赁合同存在跨期的现象，当年不需要支付租金，但是当年应该按照比例确认应当归属于当年的租赁费。又比如，水电费都是下月结算支付，但是年末需要对应归属当年的水电费进行计提。

（3）折旧和摊销。折旧和摊销在当年不需要进行支付，但是在更新固定资产及其他长期资产的时候需要一次性支付，所以需要企业在生产经营过程中进行积累。

案例4-8 E企业2020年购进某项固定资产，原值是500万元，使用年限是5年，预计净残值为0。思考：企业哪一年需要重新购进固定资产？每年至少需要结余多少资金才能按期更新固定资产？

E企业2020年购进固定资产，使用年限是5年，所以E企业2025年需要重新购置这项固定资产。每年至少需要结余100万元资金才能按期更新固定资产。

我们可以看出，100万元刚好是E企业对这项固定资产每年应计提的折旧金额。

判断经营活动现金流是否能满足企业正常运转，还可以将企业经营活动现金净额与0进行比较。比较和判断方法如下：

（1）经营活动现金流量净额小于0的情况。经营活动现金流量净额小于0，说明经营现金流出大于经营现金流入，企业入不敷出，需要筹钱度日。如果企业是处于刚起步阶段，这种情况是比较正常的，但是如果企业进入稳定发展阶段，经营活动现金流量净额还是小于0的话，就需要警惕了。

（2）经营活动现金流量净额等于0的情况。经营活动现金流量净额等于0，说明企业现金流能勉强维持当前规模的经营活动，但没有剩余资金积累购建新的固定资产和无形资产等。伴随着资产设备的老化，企业的生产能力会日渐下降，竞争力不断衰减。购进固定资产等长期资产以后，企业在使用的年度内不需要再支付资金，但是固定资产等长期资产是有使用期限的。比如某固定资产的使用期限是5年，5年后企业需要支付资金重新购买，但是企业本身的经营活动资金流入等于资金流出，并没有剩余，就没办法靠自身的经营活动产生现金来更新设备，因而企业的生产能力就会不断下降。

（3）经营活动现金流量净额大于0的情况。经营活动现金流量净额大于0又分成以下三种情况：

①经营活动现金流量净额小于折旧和摊销。这种情况说明企业现金流可以维持当前规模的经营活动，还能部分补偿折旧和摊销，但企业仍不具备更新升级能力。

②经营活动现金流量净额等于折旧和摊销。这种情况说明企业现金流可以维持现有经营规模，补偿折旧和摊销，但无法为扩大再生产提供现金，企业只能一直维持在当前规模。

③经营活动现金流量净额大于折旧和摊销。这种情况说明企业不仅能正常经营，补充资产的折旧和摊销，还能为企业扩大再生产提供资金，企业具有潜在成长性。

（二）经营活动现金流是否能支撑企业规模扩张

判断经营活动现金流是否能支撑企业规模扩张，主要是通过分析经营活动现金流量对企业投资活动的支持力度来确认的，也即衡量经营活动现金净流量对资本性支出的支撑程度。资本性支出是指企业购进固定资产、无形资产或其他长期资产所发生的现金支出。

经营活动现金净流量大于资本性支出，说明企业内涵式扩大再生产的水平越高，利用自身盈余创造未来现金流量的能力越强，经营活动现金流量的品质也越好。

经营活动现金净流量小于资本性支出，说明企业资本性投资所需的资金无法完全由其经营活动提供，部分或大部分的资金需要靠外部筹资补充，企业的财务风险较大，经营及获利的持续性与稳定性较低，经营活动现金流的质量较差。

四、经营活动现金流质量分析

经营活动现金流质量分析，是指经营现金流量对企业真实经营状况的客观反映程度，以及对企业财务状况与经营成果的改善、对持续经营能力的增强所具有的推动作用。一般用经营活动现金流量净额与净利润进行比较来确认。

经营活动现金流量净额大于等于净利润，说明企业净利润全部或大部分变成实实在在的现金。经营活动现金流净额与净利润的比值大于1，尤其是持续大于1，很可能意味着企业的商品或服务供不应求，买家不断地付来预付款订货。当然，也有些企业的折旧和摊销比较高，但折旧和摊销实际并不支出现金，导致利润小于经营活动现金流量净额，也可能会导致比值持续大于1。

经营活动现金流量净额小于净利润，表明净利润的质量堪忧，甚至可能企业业务做得越大，日子越难过，这种情况通常可能是赊销卖货或者存货大量积压造成的。对于那些利润表账面连续盈利，而经营活动产生的现金流量净额长期处于紧张状态的企业，尤其需要提高警惕，这种情况可能是企业虚假繁荣，并且隐藏着比较大的经营风险。

五、经营活动现金流成长性分析

衡量经营活动现金流成长性的主要指标是经营现金流量成长比率，该指标反映企业经营现金流量的变化趋势和具体的增减变动情况。

经营现金流量成长比率＝本期经营活动现金流量净额÷上期经营活动现金流量净额×100%

一般来说，经营现金流量成长比率越大，表明企业的成长性越好，经营现金流量的质量越高。具体包括以下三种情况：

（1）经营现金流量成长比率等于或接近于1，说明企业内部资金较前期没有明显的增长，经营现金流量的成长能力不强。这时，要通过对相关指标（如销售商品、提供劳务收到的现金与营业收入之比，经营活动现金流量净额与净利润之比）的分析，及时掌握企业经营现金流量营运效率的变动趋势和现时状况，查找经营现金流量未能实现增长的具体原因，从而为今后改善经营现金流量动态管理指明方向。

（2）经营现金流量成长比率大于1，表明企业经营现金流量呈上升趋势，这显然有利于企业的进一步成长和经营规模的进一步扩大，预示企业发展前景良好。

（3）经营现金流量成长比率小于1，说明企业经营现金流量在逐步萎缩。经营活动的现金流入量是企业赖以生存和发展的基础，若经营活动中的现金净流量持续减少，势必导致信用危机和破坏企业的持续经营。因此，这种情况的出现暗示企业的未来发展前景堪忧。

▪第三节▪ 投资活动现金流分析

现金流量表中的"投资活动"范围比我们通常理解的"对外投资"要广。我们通常认为投资就是短期和长期对外投资，而现金流量表的投资活动包括非现金等价物的短期投资、长期投资的购买与处置、固定资产的购置与处置、无形资产的购置与处置、其他长期资产的购置与处置。

投资活动现金流量对企业的意义主要体现在现金流出，在分析投资活动现金流的时候，重点也应在现金流出方面。

知识点一 投资活动现金流主要项目解析

表4-7 投资活动现金流量表主要项目

项目	本期数	上期数
二、投资活动产生的现金流量：		
收回投资收到的现金		
取得投资收益收到的现金		
处置固定资产、无形资产和其他长期资产收回的现金净额		
收到其他与投资活动有关的现金		
投资活动现金流入小计		
购建固定资产、无形资产和其他长期资产支付的现金		
投资支付的现金		
支付其他与投资活动有关的现金		
投资活动现金流出小计		
投资活动产生的现金流量净额		

一、收回投资收到的现金

"收回投资收到的现金"项目，反映企业出售、转让或到期收回除现金等价物以外的短期投资、长期股权投资而收到的现金，以及收回长期债权投资本金而收到的现金。本项目不包括长期债权投资收回的利息，以及收回的非现金资产。长期债权投资收回的利息，在"取得投资收益收到的现金"项目中反映。

第四章

案例4-9　大风公司的某项权益性投资本金为6 000 000元，出售该投资收回的全部投资金额为4 600 000元；某项债权性投资本金为3 600 000元，大风公司出售该投资收回的全部投资金额为4 100 000元，其中，500 000元是债券利息。计算本月"收回投资收到的现金"项目金额。

收回投资收到的现金＝收回权益性投资金额＋收回债权性投资本金＝4 600 000＋3 600 000＝8 200 000（元）

说明：债券利息500 000元应当计入到"取得投资收益收到的现金"项目中。

二、取得投资收益收到的现金

"取得投资收益收到的现金"项目，反映企业因股权性投资而分得的现金股利，从子公司、联营企业或合营企业分得利润而收到的现金，以及因债权性投资而取得的现金利息收入。

案例4-10　小雨公司的长期股权投资余额为20 000 000元。其中，投资于A企业16 000 000元，占比80%；投资于B企业2 000 000元，占比10%；投资于C企业2 000 000元，占比10%。当年A企业盈利20 000 000元，分配现金股利8 000 000元；B企业因亏损没有分配股利；C企业盈利6 000 000元，分配现金股利2 000 000元。小雨公司已如数收到现金股利，计算本期"取得投资收益收到的现金"项目金额。

取得投资收益收到的现金＝取得A企业实际分回的投资收益＋取得B企业实际分回的投资收益＋取得C企业实际分回的投资收益＝8 000 000×80%＋0＋2 000 000×10%＝6 600 000（元）

三、处置固定资产、无形资产和其他长期资产收回的现金净额

"处置固定资产、无形资产和其他长期资产收回的现金净额"项目，反映企业出售固定资产、无形资产和其他长期资产所取得的现金，减去为处置这些资产而支付的有关费用后的净额。处置固定资产、无形资产和其他长期资产所收到的现金，与处置活动支付的现金，两者在时间上比较接近，以净额反映更能反映处置活动对现金流量的影响，且金额不大，适合以净额反映。由于自然灾害等原因所造成的固定资产等长期资产的报废、毁损而收到的保险赔偿收入，也在本项目中反映。

固定资产报废、毁损的变卖收益以及遭受自然灾害而收到的保险赔偿收入等，也在本项目中反映；如果处置固定资产、无形资产和其他长期资产所收回的现金净额为负数，则应作为投资活动产生的现金流量，在"支付其他与投资活动有关的现金"项目中反映。

案例4-11 雨雪公司出售一台不需要使用的设备，收到价款25 000元，该设备原价35 000元，已提折旧15 000元，支付该项设备拆卸费用2 100元，运输费用900元。计算出售该设备产生的"处置固定资产、无形资产和其他长期资产收回的现金净额"项目金额。

处置固定资产、无形资产和其他长期资产收回的现金净额＝本期出售固定资产收到的现金－支付出售固定资产的清理费用＝25 000－（2 100＋900）＝ 22 000（元）

四、收到其他与投资活动有关的现金

"收到其他与投资活动有关的现金"项目，反映企业除上述各项目外，收到的其他与投资活动有关的现金。其他与投资活动有关的现金，如果价值较大的，应单列项目反映。

五、购建固定资产、无形资产和其他长期资产支付的现金

"购建固定资产、无形资产和其他长期资产支付的现金"项目，反映企业购买、建造固定资产，取得无形资产和其他长期资产所支付的现金，包括购买机器设备所支付的现金及增值税款、建造工程支付的现金、支付在建工程人员的工资等现金支出，不包括为购建固定资产而发生的借款利息资本化部分，以及融资租入固定资产所支付的租赁费。为购建固定资产而发生的借款利息资本化部分，以及融资租入固定资产所支付的租赁费，应在筹资活动现金流的"支付其他与筹资活动有关的现金"项目中反映。企业以分期付款方式购建的固定资产，其首次付款支付的现金在本项目中反映，以后各期支付的现金在筹资活动现金流的"支付其他与筹资活动有关的现金"项目中反映。

案例4-12 晴天公司购入办公楼一幢，总价8 500 000元，现金支付8 100 000元，剩余部分用公司产品抵偿；为在建厂房购进建筑材料一批，金额1 500 000

元，已通过银行转账支付。计算"购建固定资产、无形资产和其他长期资产支付的现金"项目金额。

购建固定资产、无形资产和其他长期资产支付的现金＝购买办公楼支付的现金＋为在建工程购买材料支付的现金＝8 100 000＋1 500 000＝9 600 000（元）

六、投资支付的现金

"投资支付的现金"项目，反映企业进行权益性投资和债权性投资所支付的现金，包括企业取得的除现金等价物以外的短期股票投资、短期债券投资、长期股权投资、长期债权投资支付的现金，以及支付的佣金、手续费等附加费用。企业购买债券的价款中含有债券利息的，以及溢价或折价购入的，均按实际支付的金额反映。

企业购买股票和债券时，实际支付的价款中包含的已宣告但尚未领取的现金股利或已到付息期但尚未领取的债券利息，应在"支付其他与投资活动有关的现金"项目中反映；收回购买股票和债券时支付的已宣告但尚未领取的现金股利或已到付息期但尚未领取的债券利息，应在"收到其他与投资活动有关的现金"项目中反映。

案例4-13 小天公司将现金20 000 000元用于投资。其中，投资于A企业15 000 000元，占比80%；投资于B企业2 000 000元，占比15%；投资于C企业3 000 000元，占比10%。购买金融债券，面值总额2 000 000元，票面利率8%，实际支付金额为2 050 000元。计算"投资支付的现金"项目金额。

投资支付的现金＝投资于A企业的现金总额＋投资于B企业的现金总额＋投资于C企业的现金总额＋投资于金融债券的现金总额＝15 000 000＋2 000 000＋3 000 000＋2 050 000元＝22 050 000（元）

七、支付其他与投资活动有关的现金

"支付其他与投资活动有关的现金"项目，反映企业除上述各项目外，支付的其他与投资活动有关的现金。其他与投资活动有关的现金，如果价值较大的，应单列项目反映。

第四章

知识点二　投资活动现金流分析

一、投资活动现金流结构分析

投资活动现金流结构分析包括两个方面：一是投资活动现金流占总现金流的比重；二是投资活动现金流各项目金额占投资活动现金流入和流出的比重。

投资活动现金流绝对数占总现金流的比重大，说明企业处于扩张阶段，分析的时候应充分考虑预算、投资计划，对比资产负债表中的长期资产投资及历年投资收益情况。

投资活动现金流各项目金额占投资活动现金的流入和流出，反映了企业投资活动的去向，分析的时候应结合实际情况判断投资去向的合理性。

案例4-14　甲公司现金流量表中的投资活动现金流情况见表4-8，分析甲公司的投资活动现金流结构。

表4-8　甲公司投资活动现金流（单位：元）

项目	本期数	上期数
二、投资活动产生的现金流量：		
收回投资收到的现金		
取得投资收益收到的现金		
处置固定资产、无形资产和其他长期资产收回的现金净额	507 150.00	263 937.75
收到其他与投资活动有关的现金	23 540 000.00	32 776 993.00
投资活动现金流入小计	**24 047 150.00**	**33 040 930.75**
购建固定资产、无形资产和其他长期资产支付的现金	797 375 913.36	276 391 232.76
投资支付的现金		
支付其他与投资活动有关的现金		
投资活动现金流出小计	**797 375 913.36**	**276 391 232.76**
投资活动产生的现金流量净额	**−773 328 763.36**	**−243 350 302.01**

从表4-8中可以看出，甲公司的投资活动现金流出主要是在"购建固定资产、无形资产和其他长期资产支付的现金"项目，而且本期数较上期增长188%，说明甲公司处于扩张阶段，加大了资产的投资规模，分析的时候可以结合固定资产等资产项目进行综合分析，还需要结合"营业收入"项目来判断这种行为日后能否为企业带来相应的经济效益。如果一家企业一直在进行投入，但是

没有反映到效益上面，就需要警惕投入的真实性了。

从表4-8中可以看出，甲公司的投资活动现金流入主要是在"收到其他与投资活动有关的现金"项目，而且金额远小于投资活动现金流出的金额，分析的时候可关注其具体内容。

案例4-15　乙公司现金流量表中的投资活动现金流情况见表4-9，分析乙公司的投资活动现金流结构。

表4-9　乙公司投资活动现金流（单位：元）

项目	本期数	上期数
二、投资活动产生的现金流量：		
收回投资收到的现金	50 000.00	30 000.00
取得投资收益收到的现金	1 500 000.00	800 000.00
处置固定资产、无形资产和其他长期资产收回的现金净额	78 000.00	92 000.00
收到其他与投资活动有关的现金		
投资活动现金流入小计	**1 628 000.00**	**922 000.00**
购建固定资产、无形资产和其他长期资产支付的现金	296 738.52	476 170.30
投资支付的现金	1 179 629.63	2 034 906.76
支付其他与投资活动有关的现金		
投资活动现金流出小计	**1 476 368.15**	**2 511 077.06**
投资活动产生的现金流量净额	**151 631.85**	**−1 589 077.06**

从表4-9中可以看出，乙公司本期投资活动现金流量净额远远超出上期，且由负数转为正数。投资活动现金流入量大增是一件好事，但是在观察投资活动带来的现金流入净额时，还要与企业的经营活动现金流量进行比较。如果企业的投资活动现金流量净额超过经营活动现金流量净额，我们就需要注意，这意味着企业可能将本应用于主营业务的资金进行了其他投资，如果这种投资受挫，将对企业的正常经营产生重大影响。比如，某企业看到炒房、炒股票赚取的利润多，便将本可以扩大公司生产规模的大量资金用于投资楼市和股市，一旦这些投资受挫，便会严重影响企业的资金链。所以，企业在进行投资的时候，一定要首先保障主营业务开展的资金需求。

从表4-9中可以看出，乙公司的投资活动现金流入主要来源于"取得投资收益收到的现金"项目，说明企业有进行投资，目前的收益比较可观。乙公司的投资活动现金流出主要是"投资支付的现金"，这也印证了前面的判断。从表中我们可以看出，乙公司这两年一直在进行投资，获得了不错的投资收益，但是正如前文所说，这种收益是不稳定、有风险的，所以我们要谨慎评估乙公司的投资活动现金流。

二、投资活动现金流净额分析

投资活动现金流量是指企业长期资产的购建和不包括现金等价物范围在内的投资及其处置活动产生的现金流量。投资活动必须符合企业的发展战略。对投资活动现金流量净额进行分析，我们主要将其与0进行比较。

（1）投资活动现金流量净额小于或等于0。我们不能简单地判断这种情形是好还是坏，应该分析它是否符合企业的发展阶段，是否与企业的发展战略和发展方向相一致，应关注投资活动的现金流出量与企业投资计划的吻合程度。

（2）投资活动现金流量大于0。这种情形可能出于两种原因：一是企业投资回收的资金大于投资的现金流出。这种情况属于对投资的处理，需分析这种处理的合理性和目标性。二是企业迫于资金压力，处理在用的固定资产或者持有的长期投资等。这种情况就需要考虑这种行为将导致的后果，固定资产处置以后，势必会影响企业的产能，也会影响企业创造现金流的能力，造成恶性循环。

▪ 第四节 ▪ 筹资活动现金流分析

企业筹资活动中的现金流量，是指导致企业资本及债务的规模和构成发生变化的活动所产生的现金流量，包括筹资活动的现金流入和归还筹资活动的现金流出。

知识点一 筹资活动现金流主要项目解析

表4-10 筹资活动现金流量表主要项目

项目	本期数	上期数
三、筹资活动产生的现金流量：		
吸收投资收到的现金		
取得借款收到的现金		
收到其他与筹资活动有关的现金		
筹资活动现金流入小计		

（续表）

项目	本期数	上期数
偿还债务支付的现金		
分配股利、利润或偿付利息支付的现金		
支付其他与筹资活动有关的现金		
筹资活动现金流出小计		
筹资活动产生的现金流量净额		

一、吸收投资收到的现金

"吸收投资收到的现金"项目，反映企业收到的投资者投入的现金，包括以发行股票方式筹集的资金实际收到股款净额（发行收入减去支付的佣金等发行费用后的净额）、发行债券实际收到的现金（发行收入减去支付的佣金等发行费用后的净额）等。以发行股票、债券等方式筹集资金而由企业直接支付的审计、咨询等费用在"支付其他与筹资活动有关的现金"项目中反映。

案例4-16　大风公司对外公开募集股份1 000 000股，每股股票票面金额1元，每股股票发行价5元，代理发行的证券公司为其支付的各种费用共计65 000元。大风公司为建设一个新项目，发行300 000元的长期债券，发行手续费为发行总额的2.5%，宣传及印刷费由证券公司代为支付，并从发行总额中扣除。大风公司直接支付咨询费、公证费等8 200元。证券公司代支付宣传及印刷费等各种费用115 100元。证券公司已按协议将筹集的款项支付到大风公司的银行账户。计算"吸收投资收到的现金"项目金额。

吸收投资收到的现金＝发行股票取得的现金＋发行债券取得的现金＝（1 000 000×5－65 000）＋（300 000－300 000×2.5%－115 100）＝5 112 400（元）

说明：大风公司直接支付的咨询费、公证费等8 200元，应在"支付其他与筹资活动有关的现金"项目中反映。

二、取得借款收到的现金

"取得借款收到的现金"项目，反映企业举借各种短期、长期借款而收到的现金。

案例4-17　小雨公司本期向工商银行贷款5 000 000元，期限为3年，年利率为12%，向建设银行贷款6 000 000元，期限为1年，年利率为6.47%，贷款均已发放到小雨公司银行账户。计算本期"取得借款收到的现金"项目金额。

取得借款收到的现金＝取得长期借款收到的现金＋取得短期借款收到的现金＝5 000 000＋6 000 000＝11 000 000（元）

三、收到其他与筹资活动有关的现金

"收到其他与筹资活动有关的现金"项目，反映企业除上述各项目外，收到的其他与筹资活动有关的现金。其他与筹资活动有关的现金，如果价值较大的，应单列项目反映。

四、偿还债务支付的现金

"偿还债务支付的现金"项目，反映企业以现金偿还债务的本金，包括归还金融企业的借款本金、偿付企业到期的债券本金等。企业偿还的借款利息、债券利息，在"分配股利、利润或偿付利息支付的现金"项目中反映。

五、分配股利、利润或偿付利息支付的现金

"分配股利、利润或偿付利息支付的现金"项目，反映企业实际支付的现金股利、支付给其他投资单位的利润或用现金支付的借款利息、债券利息。

六、支付其他与筹资活动有关的现金

"支付其他与筹资活动有关的现金"项目，反映企业除上述各项目外，支付的其他与筹资活动有关的现金，如以发行股票、债券等方式筹集资金而由企业直接支付的审计、咨询等费用，融资租赁各期支付的现金，以分期付款方式购建固定资产、无形资产等各期支付的现金等。其他与筹资活动有关的现金，如果价值较大的，应单列项目反映。

知识点二　筹资活动现金流分析

一、筹资活动现金流结构分析

投资活动现金流结构分析包括两个方面：一是筹资活动现金流占总现金流的比重；二是筹资活动现金流各项目金额占筹资活动现金流入、流出的比重。

分析企业筹资活动现金流入结构的时候，主要看企业筹资活动取得的现金是吸收权益性投资所收到的现金，还是进行债务性借款所收到的现金。吸收权益性投资收到的现金，是企业资金实力增强的最理想途径，也是企业财务状况会获得明显改善的一种情况，因为吸收权益性投资所收到的现金是不需要进行偿还的，可以永久使用。将借款收到的现金与偿还债务所支付的现金进行比较，可以看出企业的当期负债是否增加，财务风险是否加大，也可以看出企业是处于还债期还是借款期。偿还债务支付的现金大于借款所收到的现金，说明企业当期处于还债期。借款收到的现金可以在一段时间内缓解企业资金紧张的状况，借款到期需要偿还，如果企业不能通过自身经营积累足够的现金，会存在一定的财务风险。

分析筹资活动现金流出结构的时候，需要注意：如果企业当期支付股利、分配利润支付了大量现金，一方面说明企业给予投资者以现金回报，企业权益性融资将变得比较容易；另一方面要看这些资金的主要来源。如果当期经营活动出现大量正的现金流，并且利润分配所支付的现金小于经营活动创造的现金净流量，则这种利润分配是合理和正常的。如果经营活动并不产生正的现金净流量，投资收益收取的现金也低于分配利润所支付的现金，则说明利润分配资金依赖其他一次性的现金流入活动，这是一种不正常的现象，需要引起警惕。

案例4-18 甲公司现金流量表中的筹资活动现金流情况见表4-11，分析甲公司的筹资活动现金流结构。

表4-11 甲公司筹资活动现金流（单位：元）

项目	本期数	上期数
三、筹资活动产生的现金流量：		
吸收投资收到的现金		
取得借款收到的现金	362 408 374.61	286 493 730.95
收到其他与筹资活动有关的现金	2 487 804.88	19 449 347.91
筹资活动现金流入小计		
偿还债务支付的现金	340 575 936.28	328 387 814.63
分配股利、利润或偿付利息支付的现金	20 781 789.45	16 206 223.55
支付其他与筹资活动有关的现金		
筹资活动现金流出小计	361 357 725.73	344 594 038.18
筹资活动产生的现金流量净额	3 538 453.76	−38 650 959.32

第四章

139

从表4-11可以看出，甲公司的筹资活动现金流入主要来源于债务性借款所收到的现金，本期借款收到的现金比还款支付的现金多2 183万元，说明甲公司处于借款期。前面提到借款筹资的风险性比权益性筹资更高，所以甲公司应警惕债务风险。

另外，可以结合经营活动现金流和投资活动现金流进行综合分析。

二、筹资活动现金流净额分析

筹资活动现金流量，是指导致企业资本及债务的规模和构成发生变化的活动所产生的现金流量。筹资活动现金流必须符合企业的资金需求。对筹资活动现金流量净额进行分析，我们主要将其与0进行比较。

（1）筹资活动现金流量小于或等于0。这种情况的出现可能是因为企业的筹资达到了一定的目的，可以利用经营活动产生的现金流量和投资活动产生的现金流量在债务到期时进行偿还，也可能是因为企业的投资活动或经营活动出现失误，无法筹集到资金，需要变卖资产偿还债务。

（2）筹资活动现金流量大于0。企业的筹资活动现金流量大于0是否正常，关键看筹集资金的目的。筹资活动现金流量大于0，可能是因为企业扩大规模，需要向外筹集资金，也可能是因为企业投资失误出现亏损或者经营现金流量长期入不敷出，需要对外筹资。

▪第五节▪ 现金流量表整体分析

现金流量表分析，是指对现金流量表上的有关数据进行比较、分析和研究，从而了解企业的财务状况，发现企业在财务方面存在的问题，预测企业未来的财务状况，为报表使用者的决策提供依据。

企业的经营者、投资者、债权人以及其他报表使用者，对现金流量表进行分析都具有十分重要的意义。通过现金流量表分析，可以了解企业本期及以前各期现金的流入、流出及结余情况，从而正确评价企业当前及未来的偿债能力和支付能力，发现企业在财务方面存在的问题，正确评价企业当期及以前各期取得的利润的质量，科学地预测企业未来的财务状况，为其科学决策提供充分的、有效的依据。

现金流量表的分析一般包括现金流量表结构分析、现金流量表趋势分析和现金流量表比率分析。

知识点一 现金流量表结构分析

企业的现金流量由经营活动现金流、投资活动现金流和筹资活动现金流三部分构成。现金流量表结构，是指现金流量表的结构百分比。通过现金流量的结构百分比分析，可以了解企业现金的来龙去脉和现金收支构成，评价企业创造现金的能力、对外筹资能力和资金实力。

一般来说，经营活动现金流占总现金流比重大的企业，经营状况较好、财务风险较低，现金流结构也较为合理。特别当企业的总现金净流量为正数时，判断企业现金流入是否强劲，要注意分析现金净流量是由经营活动产生的还是由筹资活动产生的，从而深入探究经营活动产生的现金流量的源泉是否稳定、可靠。

如何能够快速地了解现金流量表代表的财务状况呢？我们可以通过观察和分析三大模块的现金流量净额快速地进行判断。三大模块的现金流量净额及其包含的财务含义如下（"＋"表示正数，"－"表示负数）：

1. 经营活动产生的现金净流量为"＋"，投资活动产生的现金净流量为"＋"，筹资活动产生的现金净流量为"＋"

经营活动产生的现金净流量为正，说明企业主营业务方面的现金流能够自给自足；投资活动产生的现金净流量为正，说明企业投资方面的收益状况良好。在这种情况下，筹资活动产生的现金净流量为正，说明企业还在进行融资，如果没有新的投资机会，会造成资金闲置和浪费。

2. 经营活动产生的现金净流量为"＋"，投资活动产生的现金净流量为"＋"，筹资活动产生的现金净流量为"－"

经营活动产生的现金净流量和投资活动产生的现金净流量均为正，说明企业经营和投资良性循环。筹资活动产生的现金净流量为负数，是由企业偿还借款引起的。在企业自身能够创造现金流的情况下，用现金偿还借款是明智的选择；企业偿还借款，并不足以威胁企业的财务状况。

3. 经营活动产生的现金净流量为"＋"，投资活动产生的现金净流量为"－"，筹资活动产生的现金净流量为"＋"

经营活动产生的现金净流量为正，说明企业经营状况良好。另外，筹资活动产生的现金净流量为正，投资活动产生的现金净流量为负，说明企业正在通过筹集资金进行投资。出现这种情况的企业往往处于扩张时期，所以企业的行为是合理的。我们应进一步分析投资项目的盈利能力，判断企业投资的正确性。

4. 经营活动产生的现金净流量为"＋"，投资活动产生的现金净流量为

第四章

"一"，筹资活动产生的现金净流量为"一"。

经营活动产生的现金净流量为正，说明企业经营状况良好。但是，投资活动产生的现金净流量和筹资活动产生的现金净流量均为负，说明企业一方面要偿还以前的债务，另一方面还要继续投资。企业应当随时关注经营状况的变化，防止财务状况恶化。

5．经营活动产生的现金净流量为"一"，投资活动产生的现金净流量为"＋"，筹资活动产生的现金净流量为"＋"

经营活动产生的现金净流量为负，筹资活动产生的现金净流量为正，说明企业需要借钱维持正常的生产经营，财务状况可能恶化。投资活动产生的现金净流量为正，应当重点分析投资活动现金净流入是来自投资收益还是收回投资。如果企业投资活动现金净流入主要来源于收回投资，那么企业的形势就非常严峻。

6．经营活动产生的现金净流量为"一"，投资活动产生的现金净流量为"＋"，筹资活动产生的现金净流量为"一"

经营活动产生的现金净流量和筹资活动产生的现金净流量均为负，企业不能通过主营业务创造现金流，也无法筹集到资金，说明企业的经营活动已经出现危险信号。如果投资活动现金流入主要来自收回投资，则说明企业将处于破产的边缘，需要高度警惕。

7．经营活动产生的现金净流量为"一"，投资活动产生的现金净流量为"一"，筹资活动产生的现金净流量为"＋"

经营活动产生的现金净流量和投资活动产生的现金净流量均为负，而筹资活动产生的现金净流量为正，说明企业靠借债维持日常经营和扩大生产规模，财务状况很不稳定。如果是处于投入期的企业，一旦渡过难关，还可能有发展；如果是处于成长期或稳定期的企业，则非常危险。

8．经营活动产生的现金净流量为"一"，投资活动产生的现金净流量为"一"，筹资活动产生的现金净流量为"一"

经营活动产生的现金净流量、投资活动产生的现金净流量和筹资活动产生的现金净流量全部为负数，说明这时企业的财务状况非常危急，必须及时扭转。之所以出现这种情况，往往是因为企业在扩张时投入了大量资金，但市场变化导致企业无法靠自身经营创造现金，最终陷入进退两难的境地。

案例4-19 甲公司2020年现金流量表本期数据见表4-12，分析甲公司的现金流量结构。

表 4-12　甲公司 2020 年现金流量表（单位：元）

项目	本期数
一、经营活动产生的现金流量：	
销售商品、提供劳务收到的现金	26 358 755.43
收到的税费返还	322 360.05
收到其他与经营活动有关的现金	138 626.56
经营活动现金流入小计	**26 819 742.04**
购买商品、接受劳务支付的现金	16 264 570.20
支付给职工以及为职工支付的现金	2 869 858.30
支付的各项税费	1 280 004.25
支付其他与经营活动有关的现金	2 523 295.48
经营活动现金流出小计	**22 937 728.23**
经营活动产生的现金流量净额	**3 882 013.81**
二、投资活动产生的现金流量：	
收回投资收到的现金	
取得投资收益收到的现金	
处置固定资产、无形资产和其他长期资产收回的现金净额	2 523.13
收到其他与投资活动有关的现金	117 114.43
投资活动现金流入小计	**119 637.56**
购建固定资产、无形资产和其他长期资产支付的现金	3 967 044.35
投资支付的现金	
支付其他与投资活动有关的现金	
投资活动现金流出小计	**3 967 044.35**
投资活动产生的现金流量净额	**−3 847 406.79**
三、筹资活动产生的现金流量：	
吸收投资收到的现金	
取得借款收到的现金	19 472 688.78
收到其他与筹资活动有关的现金	253 731.34
筹资活动现金流入小计	**19 726 420.12**
偿还债务支付的现金	18 299 602.55
分配股利、利润或偿付利息支付的现金	1 116 633.46
支付其他与筹资活动有关的现金	
筹资活动现金流出小计	**19 416 236.01**

第四章

（续表）

项目	本期数
筹资活动产生的现金流量净额	310 184.11
四、汇率变动对现金及现金等价物的影响	
五、现金及现金等价物净增加额	344 791.13
加：期初现金及现金等价物余额	1 498 865.45
六、期末现金及现金等价物余额	1 843 656.58

甲公司2020年现金流量结构分析主要分为以下几步：

第一步，总体现金流分析。甲公司2020年总体现金流分布情况见表4-13。

表4-13 甲公司2020年总体现金流分布情况表（单位：元）

项目	本期数	占比
经营活动产生的现金流量净额	3 882 013.81	1 125.90%
投资活动产生的现金流量净额	−3 847 406.79	−1 115.87%
筹资活动产生的现金流量净额	310 184.11	89.96%
合计	344 791.13	100.00%

从表4-13可以看出，甲公司2020年现金流量主要来源于经营活动，经营活动现金流入不仅满足了甲公司日常经营的需要，而且能满足其投资活动的需要，说明甲公司2020年现金流量的质量非常高，企业经营状态良好，现金流结构也很合理。

甲公司的现金流结构为：经营活动产生的现金净流量为"＋"，投资活动产生的现金净流量为"－"，筹资活动产生的现金净流量为"＋"。这说明甲公司的经营状况良好，公司正在通过筹集资金进行投资，目前处于扩张时期。

说明：企业的经营活动现金流净额与投资活动现金流净额的绝对数基本接近，需谨慎考虑通过虚假投资使资金流出、通过虚拟经营产生现金收入的现象。需要结合资产负债表的数据，分析企业投资活动形成的资产情况，同时结合利润表，判断企业的投资活动是否获得相应产出。

第二步，现金流入量分析。甲公司2020年现金流入情况见表4-14。

表4-14 甲公司2020年现金流入情况表（单位：元）

项目	本期数	占比
一、经营活动现金流入小计	26 819 742.04	57.47%
销售商品、提供劳务收到的现金	26 358 755.43	56.48%
收到的税费返还	322 360.05	0.69%

（续表）

项目	本期数	占比
收到其他与经营活动有关的现金	138 626.56	0.30%
二、投资活动现金流入小计	119 637.56	0.26%
收回投资收到的现金		0.00%
取得投资收益收到的现金		0.00%
处置固定资产、无形资产和其他长期资产收回的现金净额	2 523.13	0.01%
收到其他与投资活动有关的现金	117 114.43	0.25%
三、筹资活动现金流入小计	19 726 420.12	42.27%
吸收投资收到的现金		0.00%
取得借款收到的现金	19 472 688.78	41.73%
收到其他与筹资活动有关的现金	253 731.34	0.54%
现金流入小计	46 665 799.72	100.00%

从表4-14可以看出，甲公司2020年经营活动现金流入占总现金流入的57.47%，筹资活动现金流入占总现金流入的42.27%，说明甲公司筹资的规模较大，需重点关注甲公司筹集资金的用途。从甲公司2020年总现金流结构分析可以得出，甲公司投资的规模较大，说明甲公司对外筹集的资金主要用于投资，而非日常经营，所以现金流入的结果相对合理，甲公司的现金流入状况也良好。

第三步，现金流出量分析。甲公司2020年现金流出情况见表4-15。

表4-15　甲公司2020年现金流出情况表（单位：元）

项目	本期数	占比
一、经营活动现金流出小计	22 937 728.23	49.52%
购买商品、接受劳务支付的现金	16 264 570.20	35.11%
支付给职工以及为职工支付的现金	2 869 858.30	6.20%
支付的各项税费	1 280 004.25	2.76%
支付其他与经营活动有关的现金	2 523 295.48	5.45%
二、投资活动现金流出小计	3 967 044.35	8.56%
购建固定资产、无形资产和其他长期资产支付的现金	3 967 044.35	8.56%
投资支付的现金		0.00%
支付其他与投资活动有关的现金		0.00%
三、筹资活动现金流出小计	19 416 236.01	41.92%
偿还债务支付的现金	18 299 602.55	39.51%
分配股利、利润或偿付利息支付的现金	1 116 633.46	2.41%
支付其他与筹资活动有关的现金		0.00%
现金流出小计	46 321 008.59	100.00%

从表4-15可以看出，甲公司2020年经营活动现金流出占总现金流出的49.52%，筹资活动现金流出占总现金流出的41.92%，说明甲公司本期归还了比较大金额的借款。结合筹资活动现金流入，发现本期重新借债规模跟本期归还的金额接近，也就是说，本期借款规模与上期基本保持一致，本期的投资活动现金流出主要来源于甲公司自身创造的现金流。

知识点二　现金流量表趋势分析

现金流量表趋势分析，是指对不同时期的报表数据进行比较分析，通过计算连续多期的各个指标的增减变化情况，分析这些项目变化的原因以及这些变化对企业的影响，应当对重大变化项目进行重点分析。现金流量的趋势分析可以帮助报表使用者了解企业财务状况的变动趋势，了解企业财务状况变动的原因，在此基础上预测企业未来财务状况，从而为决策提供依据。

案例4-20　乙公司2018—2020年现金流量表见表4-16，表4-17是乙公司2018—2020年利润表，对乙公司现金流量进行趋势分析。

表4-16　乙公司2018-2020年现金流量表（单位：元）

项目	2020年	2020年变化	2019年	2019年变化	2018年
一、经营活动产生的现金流量：					
销售商品、提供劳务收到的现金	137 826 026.38	−61%	349 205 830.80	66.49%	209 744 651.66
收到的税费返还					
收到其他与经营活动有关的现金	100 207 818.32	526%	16 015 994.16	−51.54%	33 051 746.37
经营活动现金流入小计	238 033 844.71	−35%	365 221 824.96	50.42%	242 796 398.03
购买商品、接受劳务支付的现金	72 429 445.29	−59%	177 518 115.38	78.30%	99 561 428.91
支付给职工以及为职工支付的现金	51 107 671.10	−4%	53 391 632.16	52.57%	34 995 953.49
支付的各项税费	4 891 623.29	−68%	15 430 691.12	−6.96%	16 585 513.30
支付其他与经营活动有关的现金	196 649 781.68	−28%	271 376 219.80	76.27%	153 957 583.78

（续表）

项目	2020 年	2020 年变化	2019 年	2019 年变化	2018 年
经营活动现金流出小计	325 078 521.35	−37%	517 716 658.46	69.69%	305 100 479.48
经营活动产生的现金流量净额	**−87 044 676.65**	**−43%**	**−152 494 833.50**	**144.76%**	**−62 304 081.45**
二、投资活动产生的现金流量：					
收回投资收到的现金	2 509 923.91			−100.00%	596 047.37
取得投资收益收到的现金	3 301 305.50				
处置固定资产、无形资产和其他长期资产收回的现金净额	58 259.44	3 489%	1 623.09	310.37%	395.52
处置子公司及其他营业单位收到的现金净额					
收到其他与投资活动有关的现金	9 090 909.09				
投资活动现金流入小计	14 960 397.94	921 625%	1 623.09	−99.73%	596 442.89
购建固定资产、无形资产和其他长期资产支付的现金	55 045 126.43	−68%	170 717 492.67	31.46%	129 862 203.15
投资支付的现金	1 818 181.82	−97%	61 324 252.62	89.27%	32 400 479.37
取得子公司及其他营业单位支付的现金净额					
支付其他与投资活动有关的现金	28 674 015.15	−40%	47 535 867.75		
投资活动现金流出小计	85 537 323.40	−69%	279 577 613.04	72.30%	162 262 682.52
投资活动产生的现金流量净额	**−70 576 925.47**	**−75%**	**−279 575 989.95**	**72.93%**	**−161 666 239.63**
三、筹资活动产生的现金流量：					
吸收投资收到的现金	213 491 805.40	−52%	440 347 473.62	16 094.50%	2 719 116.80
取得借款收到的现金	242 825 961.91	−9%	267 737 897.45	−67.44%	822 415 858.28
发行债券收到的现金				−100.00%	172 296 363.64

（续表）

项目	2020 年	2020 年变化	2019 年	2019 年变化	2018 年
收到其他与筹资活动有关的现金	10 565 413.06	−94%	172 416 318.56	1 889.09%	8 668 080.81
筹资活动现金流入小计	466 883 180.38	−47%	880 501 689.63	−12.48%	1 006 099 419.52
偿还债务支付的现金	376 363 470.81	−14%	440 112 149.36	−28.03%	611 538 748.95
分配股利、利润或偿付利息支付的现金	26 895 357.54	3%	26 003 303.14	99.05%	13 063 861.68
支付其他与筹资活动有关的现金	2 301 159.19	−93%	32 686 420.25	−8.61%	35 765 329.73
筹资活动现金流出小计	405 559 987.54	−19%	498 801 872.74	−24.47%	660 367 940.37
筹资活动产生的现金流量净额	**61 323 192.84**	−84%	**381 699 816.89**	10.40%	**345 731 479.15**
四、汇率变动对现金及现金等价物的影响					
五、现金及现金等价物净增加额	**−96 298 409.28**	91%	**−50 371 006.57**	−141.37%	**121 761 158.07**
加：期初现金及现金等价物余额	96 382 808.73	−34%	146 753 815.29	487.19%	24 992 657.22
六、期末现金及现金等价物余额	84 399.45	−100%	96 382 808.73	−34.32%	146 753 815.29

表 4-17　乙公司 2018—2020 年利润表（单位：元）

项目	2020 年	2019 年	2018 年
一、营业收入	144 755 414.51	476 284 655.78	360 532 793.53
减：营业成本	258 236 088.70	234 961 013.45	200 910 009.50
税金及附加	719 301.29	12 194 141.89	8 092 806.79
销售费用	57 641 205.11	45 998 387.06	39 161 169.52
管理费用	26 521 129.41	25 752 014.10	17 569 339.09
财务费用	28 416 810.08	33 892 334.51	22 859 036.27
资产减值损失	767 595 439.27	16 113 826.83	9 118 386.79
加：公允价值变动收益（损失以"−"号填列）			
投资收益（损失以"−"号填列）	201 046 336.69	21 288.55	1 291 903.47
其中：对联营企业和合营企业的投资收益	2 050.12	21 288.55	4 114.00

（续表）

项目	2020 年	2019 年	2018 年
资产处置收益（损失以"-"号填列）	-1 751 398.95		
其他收益	114 495.09		
二、营业利润（亏损以"-"号填列）	-794 965 126.52	107 394 226.48	64 113 949.02
加：营业外收入		483 297.93	1 988 918.18
其中：非流动资产处置利得			
减：营业外支出	3 382 523.28	2 795 545.94	2 911 013.76
其中：非流动资产处置损失		2 795 132.84	
三、利润总额（亏损总额以"-"号填列）	-798 347 649.80	105 081 978.47	63 191 853.45
减：所得税费用	4 845 327.94	7 676 166.26	6 646 390.79
四、净利润（净亏损以"-"号填列）	-803 192 977.74	97 405 812.21	56 545 462.66

乙公司2018—2020年经营活动现金流量净额均为负数，2019年为1.5亿元，2020年有所好转，说明乙公司自身创造现金流的能力非常差，不容乐观。

乙公司2018—2020年投资活动产生的现金流量净额均为负数，2018年为1.6亿元，2019年为2.8亿元，投资活动现金流出主要是购建固定资产、无形资产和其他长期资产支付的现金，说明乙公司在加大投入，扩大规模。但是我们可以看到2020年的营业收入较2019年大幅下降，这就很让人疑惑了。为什么乙公司扩大了规模，却没有体现在收入上，反而收入大幅降低呢？这个时候就需要考虑投入的真实性了。

从乙公司2018—2020年总现金流量净额呈现大幅下降的趋势可以看出，乙公司不管是自身创造现金还是外部筹集资金的能力都在下降。

知识点三　现金流量表比率分析

一、现金流量表偿债能力指标分析

通常我们用流动比率来衡量企业的偿债能力，但是，流动比率是流动资产与流动负债之比，而流动资产体现的是能在一年内变现的资产，包括了许多流动性不强的项目，如呆滞的存货、有可能收不回的应收账款等。因此，仅用流动比率等指标来分析企业的偿债能力，往往有失偏颇。通过运用经营活动产生的现金净流量与资产负债表相关指标进行对比分析，作为流动比率等指标的补充，能更好地分析企业的偿债能力。企业最终用于偿债的最直接的资产就是现金，用现金流量来衡量企业的偿债能力更加直观和保险。现金流量表关于企业偿债能力的分析，主要是用现金与债务进行比较，常用的指标主要有现金流动负债比率、现金比率、现金债务总额比等。

（一）现金流动负债比率

现金流动负债比率，是企业一定时期的经营活动产生的现金净流量与流动负债的比率，它可以从现金流量角度来反映企业当期偿付短期负债的能力。计算公式为：

现金流动负债比率＝经营活动产生的现金净流量÷流动负债总额×100%

一般该指标大于1，表示企业流动负债的偿还有保障。该指标越大，表明企业经营活动产生的现金净流量越多，越能保障企业按期偿还到期债务。但这个指标也并不是越大越好，指标过大则表明企业流动资金利用不充分，会导致资金浪费，企业盈利能力不强。

（二）现金比率

现金比率，是指在企业因大量赊销而形成大量的应收账款时，为衡量企业的偿债能力所运用的指标。计算公式为：

现金比率＝（货币资金＋交易性金融资产）÷流动负债总额×100%

对于债权人来说，现金比率总是越高越好。现金比率越高，说明企业的短期偿债能力越强；现金比率越低，说明企业的短期偿债能力越弱。

对于企业来说，现金比率并不是越高越好，该指标过大则表明企业流动资金利用不充分，盈利能力差。在企业的所有资产中，现金是流动性最好的资产，同时也是盈利能力最低的资产。保持过高的现金比率，就会使资产过多地停留在盈利能力最低的现金上，虽然提高了企业的偿债能力，但降低了企业的获利能力。

（三）现金债务总额比

现金债务总额比，是指企业一定时期的经营活动产生的现金净流量与债务总额的比率，它可以从现金流量角度来反映企业偿付负债的能力。计算公式为：

现金债务总额比＝经营活动产生的现金净流量÷负债总额

现金债务总额比越大，表明企业经营活动产生的现金净流量越多，越能保障企业偿付债务的能力。但是，该指标也不是越大越好，指标过大表明企业流动资金利用不充分，获利能力不强。这一点与现金流动负债比相似。

二、现金流量表盈利能力指标分析

对于一个企业来说，评价其盈利能力最终要落实到现金流入能力的保证上，即通过对现金流量的分析来对企业的盈利能力进行客观分析。利用现金流量表分析企业的盈利能力，就是把经营活动产生的现金净流量与净利润等进行比较，从而揭示企业保持现有经营水平、创造未来利润的能力。与现金流量表项目相关，用于反映企业盈利能力的指标主要有销售现金比率，盈利现金比率，销售商品、提供劳务收到的现金占营业收入比等。

（一）销售现金比率

销售现金比率，是指企业经营活动现金流量净额与企业销售额的比值。该比率反映企业每一元销售收入得到的现金流量净额。计算公式为：

销售现金比率＝经营活动产生的现金净流量÷营业收入×100%

销售现金比率越大越好，越大表明企业的收入质量和资金利用效果越好。

（二）盈利现金比率

盈利现金比率，是指经营活动产生的现金净流量与企业本年净利润的比值。该比率反映企业获得的每一元利润中，有多少是从经营活动中获得的可以随时使用的现金。计算公式为：

盈利现金比率＝经营活动产生的现金净流量÷净利润×100%

一般情况下，盈利现金比率越大，企业盈利质量也就越强。当该比率小于1时，说明企业本期净利润中尚存在没有实现的现金收入，在这种情况下，即使企业盈利，也可能发生现金短缺，严重时会导致破产。还有一种情况就是，企业的当期经营活动产生的现金净流量和企业当期的净利润均为负数，在这种情况下，上述指标评价不再适用。产生这种情况的原因可能是企业有大规模的经营购买支付活动，或者是企业的经营出现问题，又或者是整个行业的问题。

（三）销售商品、提供劳务收到的现金占营业收入比

首先思考一下，是什么原因导致销售商品、提供劳务收到的现金与营业收入的金额有差异？是赊销。如果企业不赊销，也即所有的销售都收现，那么销售商品、提供劳务收到的现金是等于营业收入的金额的。

销售商品、提供劳务收到的现金占营业收入比越高越好，越高表明企业的收现能力越强。

销售商品、提供劳务收到的现金占营业收入比大于1，说明企业绝大部分的

销售款项都已收到，基本可以认为公司经营情况良好。另外，销售商品提供劳务收到的现金包含了增值税，所以这个比值最理想的数据是1.13。当然理想值是多少，取决于企业的增值税率，如果税率是6%，那么理想值就是1.06了。

销售商品、提供劳务收到的现金占营业收入比远远小于1，说明大量款项被作为应收账款欠着，另外也说明企业产品或服务缺乏竞争力。这种情况还需要警惕是否虚增收入，因为虚增的收入肯定是没办法收回现金的。

三、现金流量表发展能力指标分析

现金流量表发展能力分析，主要看投资活动现金流量净额是大于0还是小于0，具体分析如下：

投资活动现金流量净额小于0，表明企业处于花钱扩展的阶段，这个时候需要关注的内容有：其所投项目是否在企业能力范围内；投资回报率是否高于社会平均回报率；投资资金来源于自身现金还是筹资。当然，如果投资项目好，可以用自身资金投资，也可以筹资进行投资。

投资活动现金流量净额大于0，表明企业正在收缩，或者至少是扩张速度放缓了，这时需关注企业的经营活动现金流是否趋于正常、经营活动产生的现金流是否足以支撑企业的运营。

· 会计问 ·

有财会问题，就来会计问！
600＋答疑老师，3分钟极速解答!

第五章 ＼ 财务报表指标分析

扫一扫　码上有课

▪第一节▪　企业盈利能力分析

知识点一　企业盈利能力分析概述

盈利能力，是指企业在一定时期内赚取利润的能力。盈利能力的大小是一个相对的概念，即利润是相对于一定的资源投入、一定的收入而言的。利润率越高，盈利能力越强；利润率越低，盈利能力越差。企业经营业绩的好坏最终可通过企业的盈利能力来反映。无论是企业的经理人员、债权人，还是股东（投资人），都非常关心企业的盈利能力，并重视对利润率及其变动趋势的分析与预测。

从企业的角度来看，企业从事经营活动的直接目的是最大限度地赚取利润并维持企业持续稳定地经营和发展。持续稳定地经营和发展是获取利润的基础，而最大限度地获取利润又是企业持续稳定发展的目标和保证，因此分析企业的盈利能力，对企业来说非常重要。

对于债权人而言，利润是企业偿债的重要来源，盈利能力的强弱直接影响企业的偿债能力，特别是对长期债务的偿付。企业举债时，债权人势必会审查企业的偿债能力，而偿债能力的强弱最终取决于企业的盈利能力，因此，分析企业的盈利能力对债权人来说也是非常重要的。

对于股东（投资人）而言，投资的直接目的就是获得更多的利润，企业盈利能力的强弱更是至关重要的。

企业经营目标就是盈利，其他的过程管理、评估都是为了更好地实现盈利。企业盈利能力的分析，离不开盈利能力指标分析。衡量盈利能力的有关指标如表5-1所示。

表 5-1　企业盈利能力关键指标体系

指标名称	内涵	公式
主营业务利润率	表明企业每单位主营业务收入能带来多少主营业务利润，反映了企业主营业务的获利能力	主营业务利润÷主营业务收入×100%
毛利率	反映企业每一元营业收入中含有多少毛利额，可以判断企业的成本是否控制得当	毛利÷营业收入×100%
营业利润率	表明企业通过生产经营获得利润的能力，体现企业的盈利能力是否具有稳定性和持久性	营业利润÷营业收入×100%
净利率	反映企业每一元营业收入最终能净赚多少利润，体现企业的最终获利能力	净利润÷营业收入×100%
成本费用利润率	反映企业每付出一元成本费用可获得多少利润，体现了经营耗费所带来的经营成果	净利润÷成本费用总额×100%
总资产报酬率	反映企业资产利用效率的高低，衡量总资产盈利能力	（利润总额＋利息支出）÷平均资产总额×100%
净资产收益率	反映股东权益的收益水平，用来衡量企业运用自有资本的效率	净利润÷平均所有者权益×100%
每股收益	反映企业的经营成果，衡量普通股的获利水平及投资风险	（净利润－优先股股利）÷普通股股数
市盈率	反映投资者对上市公司每一元净利润愿意支付的价格，可以用来估计股票的投资报酬和风险	每股市价÷每股收益
市净率	市价与每股净资产的比值，比值越低意味着风险越低	每股市价÷每股净资产

📖 知识点二　企业盈利能力指标分析

一、主营业务利润率

　　主营业务利润率，是指企业一定时期的主营业务利润与主营业务收入净额的比率。它表明企业每单位主营业务收入能带来多少主营业务利润，反映了企业主营业务的获利能力，是评价企业经营效益的主要指标。计算公式为：

　　主营业务利润率＝主营业务利润÷主营业务收入×100%

　　主营业务利润率指标越高，说明企业主营业务的市场竞争力强，发展潜力大，获利水平高。该指标体现了企业经营活动最基本的获利能力。没有足够大的主营业务利润率就无法形成企业的最终利润，只有在主营业务突出的情况，即主营业务利润率较高，企业才能在竞争中占据优势地位。影响主营业务利润率的主要因素模式如下：

（1）企业销售量。企业机器的折旧费、车间管理人员的工资等一般不会发生太大变化，当企业的销售量大幅增加，即产量增加时，分配到每个产品的主营业务成本就会降低，这样企业的主营业务毛利率就会提升。

（2）不同产品的销售结构。总销售收入不变的情况下，利润率不高的产品销售结构发生变化时，主营业务利润率也会发生改变。

（3）销售价格。如果销量不会因为价格升高而改变，提高产品的销售价格就能直接增加销售收入，在成本不变的情况下，主营业务利润率也会相应地提高。

（4）单位成本。如果其他条件不变，企业通过降低原材料成本、提高效率等方式降低了产品的单位成本，也会相应地提高主营业务利润率。

案例5-1　甲公司A产品主营业务利润率为30%，B产品主营业务利润率为40%，甲公司5月和6月的主营业务收入和主营业务成本情况分布如表5-2所示。

表5-2　甲公司5、6月主营业务收入及主营业务成本情况（单位：万元）

项目	6月	5月
主营业务收入（A产品）	100	200
主营业务收入（B产品）	200	100
主营业务收入合计	300	300
主营业务成本（A产品）	70	140
主营业务成本（B产品）	120	60
主营业务成本合计	190	200
主营业务利润率	36.67%	33.33%

从表5-2可以看出，虽然5月和6月的主营业务收入没有发生变化，但是6月销售的B产品比较多，而B产品的主营业务利润率也高，从而使得6月总体的主营业务利润率也比5月高。基于以上分析，我们可以知道，甲公司应尽量销售那些利润率高的产品。

二、毛利率

企业的收入包括主营业务收入、其他业务收入、投资收入和营业外收入等，不同的收入来源不同。主营业务收入和其他业务收入是企业生存和发展的基础，利润率水平直接体现了企业的盈利能力。毛利率是分析企业盈利能力的一个非常重要的指标，它反映企业营业活动流转额的初始获利能力，体现了企业的获利空间和基础。计算公式为：

毛利率＝毛利÷营业收入×100%

毛利＝主营业务利润＋其他业务利润

营业收入＝主营业务收入＋其他业务收入

对于毛利率的分析，主要关注以下几点：

（1）毛利率与主营业务利润率对比。如果一个企业的毛利率高于其主营业务利润率，我们是否就可以认为企业的盈利能力主要来源于其他业务？这是不正常的。企业需要注意，是否主营业务经营出现问题，把主要资源用于其他业务了。

（2）毛利率与同行业其他企业的毛利率对比。不同行业的毛利率差别很大，比如电力等垄断性行业和技术性新兴行业的毛利率普遍较高，而食品、农产品等加工行业，属于劳动密集行业，毛利率则偏低。在分析企业毛利率的时候，需要充分考虑行业特性，将企业的毛利率与同行业的其他企业进行对比，这样可以揭示企业在定价、成本控制等方面存在的问题，还可以分析企业在同行业中的市场竞争力。

（3）毛利率的下降，可能意味着价格竞争正在损害企业，或者是企业成本可能失去控制，又或者是企业的产品组合发生了变化。

案例5-2 乙公司的收入成本数据如表5-3所示，假设乙公司所处行业的平均毛利率是28%，分析乙公司的毛利率。

表5-3　乙公司收入成本数据（单位：万元）

项目	2020 年	2019 年
主营业务收入	200	180
主营业务成本	141	129
其他业务收入	50	46
其他业务成本	36	35
主营业务利润率	29.5%	28.33%
毛利率	29.2%	27.4%

从表5-3中可以看出，乙公司2019年和2020年的毛利率分别为27.4%和29.2%，与行业平均数28%接近；另外，乙公司的主营业务利润率高于毛利率，

且主营业务收入占总收入的比例较高。综上可以认为，乙公司的业务结构发展比较合理，利润水平正常。

案例5-3 老李有一家包子铺，叫"狗不理包子铺"，老李拿到他的CEO王小二给他的业绩报表，看到今年的营业额是100万元，毛利率20%，心里美滋滋的。老李跟他的同行老友老金去喝茶，老金告诉老李，他的"金金包子铺"今年的营业额不太理想，才57万元，毛利率35%。"金金包子铺"在"狗不理包子铺"对面那条街。老李对此感觉不对劲，请分析问题到底出在哪里。

"金金包子铺"在"狗不理包子铺"的对面街道，同行业、同区域的毛利率理应相近，但是"金金包子铺"的毛利率35%远远大于"狗不理包子铺"的毛利率20%，这就十分异常了。

老李经过多天的分析琢磨，发现自家包子铺的面粉成本几乎和肉馅持平了。这是一个明显的异常现象，正常情况下，面粉的成本大概是肉馅成本的一半。

经过调查才发现，"狗不理包子铺"的面粉都是CEO王小二从他二大爷开的米面厂进货，价格比超市还贵。

三、营业利润率

营业利润率，是指企业经营所得的营业利润占营业收入的百分比。这个百分比能综合反映一个企业或一个行业的营业效率，营业利润率在各个行业以及同一行业的各个企业之间差异很大。计算公式为：

营业利润率＝营业利润÷营业收入×100%

营业利润＝营业收入－营业成本－税金及附加－管理费用－销售费用－财务费用－资产减值损失－信用减值损失＋公允价值变动收益（－公允价值变动损失）＋投资收益（－投资损失）＋资产处置收益（－资产处置损失）＋其他收益

营业利润率越高，说明企业销售商品创造的营业利润越多，企业的盈利能力越强；反之，比率越低，说明企业盈利能力越弱。

营业利润率不仅考虑了与企业经营活动相关的直接成本费用，也考虑了与它们间接相关且必须发生的成本费用，这就使得对企业盈利能力的衡量更加全面，而将期间费用纳入扣减项目，更能体现企业盈利能力的稳定性和持久性。因为期间费用是一种变化幅度不大的固定性支出，且期间费用的发生是不可避免的，所以企业的利润只有在扣除这些固定性支出后，才具有稳定性和可靠性。

营业利润是在毛利的基础上扣除了期间费用，如果企业各部门实施有效的开源节流措施，可以减少期间费用的支出、提高企业的营业利润率。如果企业前后几年的毛利率变化不大，而营业利润率却有所提高，就说明企业的期间费用支出得到有效控制，企业的盈利能力提高了。

四、净利率

净利率，是指企业实现净利润与营业收入的对比关系，用以衡量企业在一定时期的营业收入获利的能力。计算公式为：

净利率＝净利润÷营业收入×100%

净利率越高，说明企业的获利能力越强；相反，该指标越低，说明企业的获利能力越差。

在对企业净利率进行分析的时候，需要重点关注以下四个方面的内容：

（1）净利率中包含了波动幅度比较大的项目。净利润中包含了营业外收入、营业外支出和投资收益，而营业外收支和投资收益项目在年度间可能会发生比较大的波动，其变动没有规律，所以在用净利率衡量企业盈利能力的时候，需要考虑不同年度之间净利率受这些非经常性项目的影响程度。

（2）净利润是扣除了所得税费用的。如果不同年度之间企业的所得税税率有明显调整，就需要考虑这方面的因素对利润的影响。

（3）从公式可以看出，企业净利率与净利润成正比关系，与营业收入成反比关系。企业在增加营业收入的同时，必须相应获得更多的净利润，才能使该指标保持不变或有所提高。通过这一指标的分析，可以促使企业在扩大销售的同时注意改进经营管理，提高盈利水平。

（4）对单个企业来说，净利率指标越大越好，但不同行业企业间的净利率大不相同。因此，在使用该指标分析时，要注意与同行业其他企业进行对比分析。

案例5-4 丙公司2020年的利润表如表5-4所示，分析丙公司净利率。

表5-4 丙公司 2020 年利润表（单位：元）

项目	本期数	上年同期数
一、营业收入	36 850 249.10	32 256 617.73
二、营业成本	25 756 980.61	22 134 967.07
销售费用	4 229 482.35	3 555 134.44

（续表）

项目	本期数	上年同期数
管理费用	2 785 484.34	2 455 756.30
财务费用	445 548.58	927 599.70
资产减值损失	147 077.46	139 385.15
加：公允价值变动收益（损失以"–"号填列）	0	549.68
投资收益（损失以"–"号填列）	26 263.27	170 757.99
三、营业利润（亏损以"–"号填列）	3 811 939.04	3 215 082.72
加：营业外收入	900 002.14	145 301.62
减：营业外支出	33 795.24	18 467.46
四、利润总额（亏损总额以"–"号填列）	4 178 145.93	3 541 916.89
减：所得税费用	522 569.66	445 834.79
五、净利润（净亏损以"–"号填列）	3 855 576.27	2 896 082.10

从表5-4可以计算出，丙公司2019年和2020年的净利率分别是8.98%和10.46%。从数据上来看，2020年的净利率比2019年大幅上升，盈利能力得到提升。

但是，仔细看表中数据可以发现，丙公司2020年营业外收入金额90万元，相比2019年大幅上升。如果剔除营业外净收支的影响，丙公司2020年的净利率为8.11%［（3 855 576.27－900 002.14＋33 795.24）÷36 850 249.10×100%］，2019年的净利率为8.59%，这时我们会发现，剔除了营业外收支净额的影响以后，丙公司的盈利能力呈下降趋势。

五、成本费用利润率

成本费用利润率，是指净利润与各项成本费用之和的比率，是衡量企业各项耗费所取得收益的指标。计算公式为：

成本费用利润率＝净利润÷成本费用总额×100%

成本费用总额＝营业成本＋期间费用＋资产减值损失＋营业外支出＋所得税费用

成本费用利润率是反映企业耗费与获得收益之间关系的指标。成本费用利润率越高，则表明企业盈利能力越强，可用于评价企业是否有扩大销售和节约成本开支。

第五章

六、总资产报酬率

总资产报酬率，是指企业一定时期内获得的报酬总额与平均资产总额的比率。它表示企业包括净资产和负债在内的全部资产的总体获利能力，用以评价企业运用全部资产的总体获利能力，是评价企业资产运营效益的重要指标。计算公式为：

总资产报酬率＝（利润总额＋利息支出）÷平均资产总额×100%

利润总额＝净利润＋所得税费用

平均资产总额＝（资产总额年初数＋资产总额年末数）÷2

总资产报酬率的公式中为什么要加上利息支出呢？在分析企业总体资产的盈利能力时，使用总资产报酬率这一指标的基础是认为企业所有资金提供人都是公平的，即不管是债权人还是股东，他们都向企业投入了资金，企业应当对这些资金公平对待。净利润是剔除了利息支出的，也就是已经把分给债权人的收益剔除在外了，这样就不完整了，需要加回来。

另外，所得税费用是政府强制要求企业为社会做的固定比例的贡献，但这一事实不为企业任何人所左右，所以在净利润的基础上，也要反向把所得税费用加回来。

利润总额加利息支出即息税前利润，我们用这一利润来衡量企业总资产的盈利能力。

注意，在实际工作中，由于利息支出的数据无法从报表上获得，因此一般都以财务费用代替。

总资产报酬率越高，表明企业投入产出的水平越高，企业的资产运营越有效。一般情况下，企业可将此指标与市场资本利率进行比较，如果该指标大于市场利率，则表明企业可以充分利用财务杠杆进行负债经营，获取尽可能多的收益。

案例5-5 丙公司2020年的利润表如表5-5所示，2020年平均资产总额为79 076 959.18元，2019年平均资产总额为72 364 688.03元，计算分析丙公司的总资产报酬率。

表5-5 丙公司2020年利润表（单位：元）

项目	本期数	上年同期数
一、营业收入	36 850 249.10	32 256 617.73
二、营业成本	25 756 980.61	22 134 967.07
销售费用	4 229 482.35	3 555 134.44
管理费用	2 785 484.34	2 455 756.30

（续表）

项目	本期数	上年同期数
财务费用	445 548.58	927 599.70
资产减值损失	147 077.46	139 385.15
加：公允价值变动收益（损失以"－"号填列）	0	549.68
投资收益（损失以"－"号填列）	26 263.27	170 757.99
三、营业利润（亏损以"－"号填列）	3 811 939.04	3 215 082.72
加：营业外收入	900 002.14	145 301.62
减：营业外支出	33 795.24	18 467.46
四、利润总额（亏损总额以"－"号填列）	4 178 145.93	3 541 916.89
减：所得税费用	522 569.66	445 834.79
五、净利润（净亏损以"－"号填列）	3 855 576.27	2 896 082.10

从表5-5可以计算出：

2020年总资产报酬率＝（3 855 576.27＋522 569.66＋445 548.58）÷79 076 959.18×100%＝6.1%

2019年总资产报酬率＝（2 896 082.10＋445 834.79＋927 599.70）÷72 364 688.03×100%＝5.9%

从以上计算结果可以看出，丙公司2020年总资产报酬率为6.1%，2019年为5.9%，基本保持稳定。

七、净资产收益率

净资产收益率，是净利润与平均股东权益的百分比。该指标反映股东权益的收益水平，用以衡量企业运用自有资本的效率。计算公式为：

净资产收益率＝净利润÷平均所有者权益×100%

平均所有者权益＝（期初所有者权益总额＋期末所有者权益总额）÷2

净资产收益率越高，说明投资带来的收益越高。一般认为，企业经营活动的最终目的是实现企业股东财富最大化，首先就是最大限度地提高净资产收益率。因此，该指标是企业盈利能力指标的核心，而且是整个财务指标体系的核心。股东（投资者）投资于企业的最终目的是获取利润，资本收益率的高低直接关系到投资者的权益，所以这是投资者最关心的问题。当企业以资本金为基础，吸收一部分负债资金进行生产经营活动时，如果资本收益率高于债务资金成本率，就会获得更高的杠杆收益。当然，资本收益率究竟多少为最优，并没有统一的标准，不同行业的差距很大，分析的时候需要考虑行业特性。

八、每股收益

每股收益，是指普通股股东每持有一股所能享有的企业净利润或需承担的企业净亏损。每股收益通常被用来反映企业的经营成果，衡量普通股的获利水平及投资风险。它是投资者等信息使用者评价企业盈利能力、预测企业成长潜力、进而作出相关经济决策的重要财务指标之一。计算公式为：

每股收益＝（净利润－优先股股利）÷普通股股数

若企业只有普通股，净收益是税后净利，股份数是指流通在外的普通股股数。如果企业还有优先股，应从税后净利中扣除分派给优先股东的利息。

每股收益反映了每股创造的税后利润，每股收益比值越高，表明每股所创造的利润越多。

案例5-6 A公司2020年的净利润为5 000万元，发行在外的普通股股数为6 000万股，2020年支付的优先股股票的股息为2 000万元，计算A公司2020年每股收益。

每股收益＝（5 000－2 000）÷6 000＝0.5（元）

九、市盈率

市盈率，是股票每股市价与每股盈利的比率。市场广泛谈及的市盈率通常指的是静态市盈率，用来作为比较不同价格的股票是否被高估或者低估的指标。计算公式为：

市盈率＝每股市价÷每股收益

一般认为，如果一家公司股票的市盈率过高，那么该股票的价格具有泡沫，价值被高估，风险也比较高。利用市盈率比较不同股票的投资价值时，这些股票必须属于同一个行业，因为此时公司的每股收益比较接近，相互比较才有效。

十、市净率

市净率，是每股股价与每股净资产的比值，比值越低意味着风险越低。计算公式为：

市净率＝每股市价÷每股净资产

市净率可用于股票投资分析。一般来说，市净率较低的股票，投资价值较高，相反，则投资价值较低。但在判断投资价值时还要考虑当时的市场环境以及企业经营情况、盈利能力等因素。

一般认为，市净率小于1，表明企业没有发展前景；相反，市净率大于1，则表明投资者对股票的前景感到乐观。市净率越大，说明投资者普遍看好该企业，认为这个企业有希望，有足够的发展潜力，值得投资，但是其风险也比较高，因为有可能花10元钱买了一股账面价值只有5元的股票。

知识点三　影响企业盈利能力的其他因素

企业的盈利能力分析在企业财务分析中占有重要的地位，通过盈利能力分析，可以把企业错综复杂的数据化为简明的财务信息。分析企业盈利能力时，除了要考虑以上指标外，还需要关注影响企业盈利能力的其他因素。

一、税收优惠政策

税收政策主要包括增值税、消费税、企业所得税、城建税、资源税、印花税等方面的政策。对于那些享受税收优惠政策的企业来说，其盈利能力会因为少缴税而提升。比如高新技术企业的企业所得税率为15%，而不享受税收优惠政策的企业所得税率是25%，仅此一点就相差10个百分点。

因此，在分析企业的盈利能力时，应该充分了解企业已经享受的税收优惠政策、将来可能享受的优惠政策，以及税收优惠政策的变化趋势。必要时需要对企业面临的税收政策环境进行有效的分析和预测。

二、企业的市场潜力

市场份额是企业获利能力的基础，是企业生存的根本保证。如何全方位地增加市场份额是企业获得稳固、长期、较高收益的关键。

评价企业的市场开拓水平，不能只看销售增长的速度，也要考虑销售回款的速度，以及销售带来的利润。同时在市场开拓的过程中，如果仅仅追求短期收入的增加，有时候会伤害企业长期的发展目标。

决定企业市场开拓能力的因素有很多，比如销售人才、产品质量、品牌影响力、分销渠道、激励措施等。市场开拓能力的提高是一个综合因素作用的结果。

三、企业的利润结构

企业的利润是由这几个方面贡献的：主营业务利润、其他业务利润、投资收益、非经常性损益等。对于一家经营正常的企业来讲，在利润构成中，主营业务利润是最主要的利润来源，所占的比重应该是最大的，其他业务利润是营业利润的补充。投资收益对企业总利润的影响也不容忽视，尤其是长期股权投资金额较大的企业更应该注重对其投资回报的分析。

非经常性损益主要包括营业外收支净额、公允价值变动损益等，这些因素通常不应该占更多比重。

在对企业的盈利能力进行分析时，不仅要对企业利润总额进行分析，也需要对企业利润构成进行分析。

四、其他因素

企业的重要资产发生了减值、企业未记录的大额或有负债等情况，都会影响企业的盈利能力。在进行盈利能力分析的时候，需要充分考虑多方因素。

▪第二节▪　企业偿债能力分析

知识点一　企业偿债能力分析概述

偿债能力，是指企业用其资产偿还长期债务与短期债务的能力。所以，企业的偿债能力是企业偿还到期债务的承受能力或保证程度，包括偿还短期债务和长期债务的能力。通常情况下，企业有无支付现金与偿还债务的能力，是企业能否健康生存和发展的关键。因此，企业偿债能力是反映企业财务状况和经营能力的重要标志。从静态上来讲，偿债能力是用企业资产清偿企业债务的能力；从动态上来讲，偿债能力则是用企业资产和经营过程创造的收益偿还债务的能力。

下文主要对企业的短期偿债能力与长期偿债能力进行分析。企业的短期偿债能力，是企业以流动资产对流动负债能够及时足额偿还的保证程度，也就是企业以流动资产偿还流动负债的能力，反映出企业偿付日常到期债务的能力。所以，企业的短期偿债能力是衡量企业当前财务能力，尤其是衡量流动资产变现能力的重要指标。长期偿债能力是指企业偿还长期负债的能力。分析企业的偿债能力离不开指标的分析，涉及的关键指标如表5-6、表5-7所示。

表5-6　企业短期偿债能力关键指标体系

指标名称	内涵	公式
流动比率	衡量企业流动资产在短期债务到期以前，可以变为现金用于偿还负债的能力	流动资产 ÷ 流动负债 ×100%

（续表）

指标名称	内涵	公式
速动比率	衡量企业流动资产中可以立即变现用于偿还流动负债的能力	速动资产 ÷ 流动负债 ×100%
现金比率	反映出企业在不依靠存货销售及应收款的情况下，支付当前债务的能力，反映企业的即时付现能力	（现金＋交易性金融资产）÷流动负债 ×100%

表 5-7　企业长期偿债能力关键指标体系

指标名称	内涵	公式
资产负债率	通过将企业的负债总额与资产总额相比较得出，反映在企业全部资产中属于负债的比率，衡量企业利用债权人提供资金进行经营活动的能力	总负债 ÷ 总资产 ×100%
股东权益比率	反映企业全部资产中有多少是所有者投资所形成的	股东权益总额 ÷ 资产总额 ×100%
权益乘数	反映每一元股东权益拥有多少资产，与股东权益比率互为倒数	资产总额 ÷ 股东权益总额
产权比率	反映债权人投入的资金与股东投入的资金的对比关系，反映股东权益对偿还债务的保障程度	负债总额 ÷ 股东权益总额 ×100%
利息保障倍数	衡量企业支付负债利息能力的指标，也反映企业获利能力对偿还到期债务的保证程度	息税前利润 ÷ 利息费用

知识点二　企业短期偿债能力分析

企业的短期偿债能力主要与三个指标紧密相关，分别是流动比率、速动比率和现金比率。我们接下来对这三个指标逐项进行分析。

一、流动比率

流动比率，是指流动资产与流动负债的比率，用来衡量企业流动资产在短期债务到期以前，可以变为现金用于偿还负债的能力。计算公式为：

流动比率＝流动资产÷流动负债×100%

通常情况下，流动比率越高越好，越高表明流动资产对流动负债的保障能力越强。传统经验认为流动比率为2比较合理。

分析企业流动比率的时候，一般选择以下标准进行评价：

（1）企业所在行业的平均流动比率。因为各行业的流动比率差别很大，只有同行业的平均流动比率相比后才能得出一个正确的结论。

（2）企业自身的历史流动比率数据。与企业自身的历史流动比率数据进行对比，可以知道企业流动比率的变化趋势。

对流动比率数值质量影响比较大的是应收账款和存货。关于存货的影响，下文会详细介绍，这里主要分析应收账款。在理论上，应收账款的变现能力较强，但从目前应收账款的坏账水平来看，很多企业的应收账款的变现能力并不强，甚至可以说很差。具体分析流动比率的时候，需根据其他数据，如应收账款账龄等，综合分析后得出调整结论。如果应收账款的变现能力强，流动比率提升的潜力就会比较大，偿债能力可以适当高估。反之，应收账款的变现能力弱，流动比率下降的可能性就大，就应该下调企业的短期偿债能力。

二、速动比率

速动比率，是指速动资产与流动负债的比率，用来衡量企业流动资产中可以立即变现，并用于偿还流动负债的能力。所谓速动资产，就是流动资产中变现能力比较强的部分资产，包括货币资金、交易性金融资产、应收票据、应收账款、其他应收款等，这些是可以在较短时间内变现的流动资产，但流动资产中的存货、一年内到期的非流动资产等则不应计入速动资产。计算公式为：

速动比率＝速动资产÷流动负债×100%

其中：速动资产＝流动资产－存货

或：速动资产＝流动资产－存货－预付账款－待摊费用

计算速动比率时，在流动资产中剔除存货，是因为存货在流动资产中变现速度较慢，有些存货可能滞销，无法变现，如果将存货用来计算流动比率，很显然会夸大企业流动资产的变现能力。至于预付账款和待摊费用，两者根本不具有变现能力，只是减少企业未来的现金流出量，所以理论上也应加以剔除，但在实务中，由于它们在流动资产中所占的比重较小，计算速动资产时也可以不扣除。

传统经验认为，速动比率维持在1较为合理，表明企业的每一元流动负债就有一元易于变现的流动资产来抵偿，短期偿债能力有可靠的保证。速动比率过低，说明企业的短期偿债风险较大；速动比率过高，说明企业在速动资产上占用资金过多，会增加企业投资的机会成本。但以上评判标准并不是绝对的，实际工作中还应考虑企业的行业性质。例如商品零售行业，由于采用大量现金销售，几乎没有应收账款，速动比率大大低于1，也是合理的。相反，虽然有些企业的速动比率大于1，但速动资产中大部分是应收账款，这并不代表企业的偿债能力强，因为应收账款能否收回具有很大的不确定性。所以，在评价速动比率时，与评价流动比率一样，还应分析应收账款的质量。

三、现金比率

现金比率，是指货币资金及可随时变现的金融资产与流动负债的比率。计算公式为：

现金比率＝（货币资金＋交易性金融资产）÷流动负债×100%

现金比率是速动资产扣除应收账款后的余额与流动负债的比率，反映企业的立即变现能力。该指标越高，表明企业的短期偿债能力越强，但是如果该指标过高，就意味着企业流动资产未能得到合理运用，会导致企业机会成本增加。

案例5-7　A公司是一家消费品生产和销售企业，表5-8是A公司的资产负债表，A公司的短期偿债能力指标如表5-9所示，分析A公司的短期偿债能力。

表5-8　A公司资产负债表（单位：元）

资产	期末数	期初数
流动资产：		
货币资金	332 784 193.05	301 271 954.55
交易性金融资产		71 440.00
应收票据	60 271 233.93	126 115 351.10
应收账款	462 869 074.78	451 852 347.98
预付款项	139 146 907.38	128 788 737.72
其他应收款	28 610 643.47	24 305 681.12
买入返售金融资产		
存货	1 214 077 802.30	984 769 992.82
一年内到期的非流动资产		
其他流动资产	81 888 460.55	71 122 800.21
**　　流动资产合计**	**2 319 648 315.46**	**2 088 298 305.50**
非流动资产：		
长期股权投资	26 460 966.11	23 150 859.76
投资性房地产		
固定资产	3 406 489 031.17	3 608 713 655.00

（续表）

资产	期末数	期初数
在建工程	457 469 443.91	79 872 663.39
工程物资	30 935 464.42	309 235.27
固定资产清理		7 562 720.89
生产性生物资产		
油气资产		
无形资产	303 393 826.46	279 750 651.80
开发支出		
商誉	36 262 380.99	36 262 380.99
长期待摊费用	2 528 351.84	5 723 633.30
递延所得税资产	27 049 832.18	23 859 416.48
其他非流动资产	167 506 768.58	43 261 269.34
非流动资产合计	**4 458 096 065.66**	**4 108 466 486.22**
资产总计	**6 777 744 381.12**	**6 196 764 791.72**

负债及所有者权益（或股东权益）	期末数	期初数
流动负债：		
短期借款	1 389 136 944.77	1 108 346 610.90
应付票据	14 335 661.41	112 118 447.49
应付账款	565 680 215.71	483 936 329.00
预收款项	105 110 958.84	66 113 688.88
应付职工薪酬	139 554 936.21	103 583 955.47
应交税费	45 527 498.71	27 761 287.15
应付利息	9 328 520.52	22 688 261.78
应付股利		
其他应付款	17 004 300.95	20 533 488.80
一年内到期的非流动负债	100 000 000.00	895 000 000.00
其他流动负债	600 000 000.00	
流动负债合计	**2 985 679 037.12**	**2 840 082 069.47**
非流动负债：		
长期借款	150 000 000.00	

（续表）

负债及所有者权益（或股东权益）	期末数	期初数
应付债券		
长期应付款	52 000 000.00	1 200 000.00
长期应付职工薪酬		
专项应付款		4 828 869.66
预计负债		
递延收益	87 056 373.13	78 502 808.36
递延所得税负债	5 230 418.60	4 839 635.58
其他非流动负债		
非流动负债合计	294 286 791.73	89 371 313.60
负债合计	3 279 965 828.85	2 929 453 383.07
所有者权益（或股东权益）：		
股本	824 080 943.00	329 632 377.00
资本公积	651 974 425.96	1 145 298 533.57
减：库存股		
其他综合收益	−295 596 527.18	−72 652 692.95
专项储备		
盈余公积	217 283 032.39	163 325 076.92
一般风险准备		
未分配利润	1 855 627 747.74	1 473 383 441.34
归属于母公司所有者权益合计	3 253 369 621.91	3 038 986 735.88
少数股东权益	244 408 930.36	228 324 672.77
所有者权益（或股东权益）合计	3 497 778 552.27	3 267 311 408.65
负债和所有者权益（或股东权益）总计	6 777 744 381.12	6 196 764 791.72

表 5-9　A 公司短期偿债能力指标

项目	期末数	期初数	行业平均数
流动比率	77.69%	73.53%	1
速动比率	37.03%	38.86%	37%
现金比率	11.15%	10.61%	9%

从表5-9可以看出，A公司流动比率期末数比期初数有所提升，但都低于行业平均数。从流动比率指标来看，A公司的短期偿债能力还有待加强。

A公司速动比率期末数比期初数略有下降，但都高于行业平均数，从速动比率来看，A公司的短期偿债能力尚可。

A公司的现金比率期末数比期初数略有提升，且高于行业平均数，说明A公司的即时偿债能力较强。从现金比率来看，A公司的短期偿债能力高于行业平均值。

总体来看，A公司的短期偿债能力尚可。

知识点三　企业长期偿债能力分析概述

企业的长期偿债能力主要与五个指标紧密相关，分别是资产负债率、股东权益比率、权益乘数、产权比率和利息保障倍数。我们接下来对这五个指标逐项进行分析。

一、资产负债率

资产负债率，通过将企业的负债总额与资产总额相比较得出，反映在企业全部资产中属于负债的比率。它可以用来衡量企业利用债权人提供资金进行经营活动的能力，也是反映债权人发放贷款的安全程度的指标。计算公式为：

资产负债率＝总负债÷总资产×100%

通常，资产负债率是衡量企业债务负担水平及风险程度的重要标志，该指标越高，表明企业的债务负担越重，债务风险越大，长期偿债能力也越弱；该指标越低，表明企业的债务负担越轻，偿债压力越小，长期偿债能力越强。

要判断资产负债率是否合理，首先要看你站在什么样的立场。

从银行等债权人的角度看，他们最关心的是贷给企业的款项的安全程度，也就是能否按期收回本金和利息。如果企业的负债率过高，则企业的风险将主要由债权人承担，因此债权人希望债务比例越低越好，企业的偿债能力有保证。

从股东（投资者）的角度看，由于企业通过举债筹措的资金与股东（投资者）提供的资金在经营中发挥同样的作用，所以股东（投资者）所关心的是全部资本利润率是否超过借入款项的利率。当企业所得的全部资本利润率超过因借款而支付的利率时，股东（投资者）所得到的利润就会加大。因此，股东（投资者）认为全部资本利润率高于借款利率时，资产负债率越高越好。

从债权人的角度看，资产负债率越低越好；对股东（投资者）来说，资产负债率较高可能带来一定的好处，相当于是利用债权人的资金帮自己赚钱。由此可见，在企业管理中，资产负债率的高低也不是一成不变的，要看从什么角度入

第五章

手。资产负债率的高低没有统一的标准，但是对企业来说，一般认为，资产负债率的适宜水平是40%～60%。

另外，不同的行业、同行业中的不同企业、同一企业的不同发展阶段的资产负债率都是有较大差异的。处于高速成长时期的企业，其资产负债率一般会高一些，这样股东（投资者）会得到更多的利润。

二、股东权益比率

股东权益比率，是指股东权益与资产总额的比率。该比率反映企业资产中有多少是所有者投入的。

股东权益比率＝股东权益总额÷资产总额×100%

股东权益比率应当适中，如果权益比率过小，表明企业过度负债，容易削弱企业抵御外部冲击的能力；而权益比率过大，意味着企业没有积极地利用财务杠杆作用来扩大经营规模。

三、权益乘数

权益乘数，是指资产总额是股东权益总额的多少倍。权益乘数是股东权益比率的倒数。计算公式为：

权益乘数＝资产总额÷股东权益总额

权益乘数越大，表明所有者投入企业的资本占全部资产的比重越小，企业负债的程度越高；相反，该指标越小，表明所有者投入企业的资本占全部资产的比重越大，企业的负债程度越低，债权人权益受保护的程度越高。

四、产权比率

产权比率，是指负债总额与股东权益总额的比率。该比率反映债权人与股东提供的资本的相对比例，反映企业的资本结构是否合理、稳定，同时也表明债权人投入资本受股东权益保障的程度。计算公式为：

产权比率＝负债总额÷股东权益总额×100%

产权比率越高，说明企业偿还长期债务的能力越弱；产权比率越低，说明企业偿还长期债务的能力越强。

五、利息保障倍数

利息保障倍数，是指企业生产经营所获得的息税前利润与利息费用的比率

（息税前利润与利息费用之比）。利息保障倍数是衡量企业支付负债利息能力的指标，也反映企业获利能力对偿还到期债务的保证程度。计算公式为：

利息保障倍数＝息税前利润（EBIT）÷利息费用

息税前利润（EBIT）＝利润总额＋财务费用（仅指利息费用部分）

利息费用，不仅包括财务费用中的利息费用，还包括计入固定资产原值的资本化利息。

企业生产经营所获得的息税前利润与利息费用相比，倍数越大，说明企业支付利息费用的能力越强。因此，债权人要分析利息保障倍数指标，以此来衡量债权的安全程度。

但是，在使用利息保障倍数这一指标时，必须注意：因为财务会计采用权责发生制来核算费用，所以本期的利息费用不一定就是本期的实际利息支出，而本期发生的实际利息支出也并非全部是本期的利息费用；另外，本期的息税前利润也并非本期经营活动所获得的现金，而是账面利润。因此，在使用利息保障倍数分析时，需要结合现金流量的数据进行综合分析。

案例5-8　A公司是一家消费品生产和销售企业，表5-10是A公司的资产负债表，A公司的长期偿债能力指标如表5-11所示，分析A公司的长期偿债能力。

表5-10　A公司资产负债表（单位：元）

资产	期末数	期初数
流动资产：		
货币资金	332 784 193.05	301 271 954.55
交易性金融资产		71 440.00
应收票据	60 271 233.93	126 115 351.10
应收账款	462 869 074.78	451 852 347.98
预付款项	139 146 907.38	128 788 737.72
其他应收款	28 610 643.47	24 305 681.12
买入返售金融资产		
存货	1 214 077 802.30	984 769 992.82
一年内到期的非流动资产		
其他流动资产	81 888 460.55	71 122 800.21

（续表）

资产	期末数	期初数
流动资产合计	2 319 648 315.46	2 088 298 305.50
非流动资产：		
长期股权投资	26 460 966.11	23 150 859.76
投资性房地产		
固定资产	3 406 489 031.17	3 608 713 655.00
在建工程	457 469 443.91	79 872 663.39
工程物资	30 935 464.42	309 235.27
固定资产清理		7 562 720.89
生产性生物资产		
油气资产		
无形资产	303 393 826.46	279 750 651.80
开发支出		
商誉	36 262 380.99	36 262 380.99
长期待摊费用	2 528 351.84	5 723 633.30
递延所得税资产	27 049 832.18	23 859 416.48
其他非流动资产	167 506 768.58	43 261 269.34
非流动资产合计	4 458 096 065.66	4 108 466 486.22
资产总计	6 777 744 381.12	6 196 764 791.72

负债及所有者权益（或股东权益）	期末数	期初数
流动负债：		
短期借款	1 389 136 944.77	1 108 346 610.90
应付票据	14 335 661.41	112 118 447.49
应付账款	565 680 215.71	483 936 329.00
预收款项	105 110 958.84	66 113 688.88
应付职工薪酬	139 554 936.21	103 583 955.47
应交税费	45 527 498.71	27 761 287.15
应付利息	9 328 520.52	22 688 261.78
应付股利		
其他应付款	17 004 300.95	20 533 488.80

负债及所有者权益（或股东权益）	期末数	期初数
一年内到期的非流动负债	100 000 000.00	895 000 000.00
其他流动负债	600 000 000.00	
流动负债合计	**2 985 679 037.12**	**2 840 082 069.47**
非流动负债：		
长期借款	150 000 000.00	
应付债券		
长期应付款	52 000 000.00	1 200 000.00
长期应付职工薪酬		
专项应付款		4 828 869.66
预计负债		
递延收益	87 056 373.13	78 502 808.36
递延所得税负债	5 230 418.60	4 839 635.58
其他非流动负债		
非流动负债合计	**294 286 791.73**	**89 371 313.60**
负债合计	**3 279 965 828.85**	**2 929 453 383.07**
所有者权益（或股东权益）：		
股本	824 080 943.00	329 632 377.00
资本公积	651 974 425.96	1 145 298 533.57
减：库存股		
其他综合收益	−295 596 527.18	−72 652 692.95
专项储备		
盈余公积	217 283 032.39	163 325 076.92
一般风险准备		
未分配利润	1 855 627 747.74	1 473 383 441.34
归属于母公司所有者权益合计	3 253 369 621.91	3 038 986 735.88
少数股东权益	244 408 930.36	228 324 672.77
所有者权益（或股东权益）合计	**3 497 778 552.27**	**3 267 311 408.65**
负债和所有者权益（或股东权益）总计	**6 777 744 381.12**	**6 196 764 791.72**

表5-11　A公司长期偿债能力指标

项目	期末数	期初数	行业平均数
资产负债率	48%	47%	58%
股东权益比率	52%	53%	42%
权益乘数	1.94	1.90	2.38
产权比率	94%	90%	38%

从表5-11可以看出，A公司期末资产负债率为48%，期初为47%，低于行业平均值58%。表明该公司的负债率并不高，而且比较稳定，说明企业的债务负担不重，长期偿债压力不大。

A公司期末产权比率为94%，与上年保持稳定，且低于行业平均值，表明A公司股东权益对于负债的保障能力较强。

知识点四　影响偿债能力的其他因素

前文介绍的短期偿债能力指标和长期偿债能力指标，都是从财务报表中取得的数据经过计算得出的，但是仅仅凭借以上数据并不能完全反映企业的财务状况，有很多其他因素也会对企业的偿债能力产生重大影响，需要报表阅读者充分关注。影响企业偿债能力的其他因素主要有下面几种：

一、企业可动用的银行信用额度

可动用的银行信用额度，是指银行已同意、企业未办理贷款手续的银行贷款额度，这个额度是企业需要时可以随时向银行取得的贷款。企业可动用的银行信用额度越大，说明企业能随时取得现金的能力越强，即企业的偿债能力越强。

二、企业长期以来的信用情况

企业长期以来的信用情况在很大程度上会影响企业的偿债能力，在分析企业的偿债能力时，除了分析企业账面的指标数据外，还要考虑到企业是否拥有较强的融资能力和良好的市场信誉。如一家企业一贯信用情况良好，就比较容易获得银行的临时贷款，或者是供应商的付款延期。

三、企业的或有事项

或有事项，是指过去的交易或者事项形成的，其结果须由某些未来事项的发生或不发生才能决定的不确定事项。或有事项的结果是否发生具有不确定性，或者说或有事项的结果预计将会发生但发生的具体时间或金额具有不确定性。或有事项具有很大的不确定性，一旦发生便会影响企业的财务状况。比如，企业有正在发生的诉讼事项，如果败诉就可能需要承担较大的赔偿或者其他责任，这样就会有资金流出，影响企业的偿债能力。又比如，企业有期限较长的产品质量保障，或者已售产品有重大缺陷，都会导致未来需付出大额的资金。因此，评价企业偿债能力的时候，需要考虑这些或有事项的潜在影响。

四、企业对外担保情况

对外担保，是指企业作为担保人，以保函、财产对外抵押、动产对外质押、权利对外质押等方式，向债权人或受益人承诺，当债务人未按照合同约定偿付债务时由担保人履行偿付义务。如果企业有为其他企业的借款等进行担保，一旦被担保人不能如期偿还债务，银行或者其他债权人会要求担保企业偿还借款，这样就会影响企业自身的偿债能力了。所以在评价企业的偿债能力的时候，需要考虑企业对外担保情况的影响程度。

五、企业长期资产的价值

企业的长期资产包括固定资产、无形资产等，这些资产体现在财务报表上的是资产的账面价值，但是长期资产的实际价值或者潜在价值，对企业创造利润或者说是创造资金的能力有很大的影响。比如，作为生产机器的固定资产，是包含了先进的技术的，还是已经过时、坏旧的；又比如，无形资产如专利技术等，是能为企业源源不断地创造价值，还是只能单纯地摊销其原值等。

▪ 第三节 ▪ 企业营运能力分析

知识点一 企业营运能力分析概述

企业营运能力，主要指企业营运资产的效率与效益。企业营运资产的效率主要指资产的周转率或周转速度。企业营运资产的效益通常是指企业的产出量与资产占用量之间的比率。企业营运能力分析就是要通过对反映企业资产营运效率与效益的指标进行计算与分析，评价企业的营运能力，为企业提高经济效益指明方向。具体来看，进行营运能力分析的作用主要有以下几点：

一、优化资产结构，改善财务状况

资产结构即各类资产之间的比例关系。不同资产对企业经营具有不同影响，所以，不同性质、不同经营时期的企业各类资产的组成比例各不相同。通过资产结构分析，可发现与企业经营性质、经营时期不相适应的结构比例，并及时加以调整，形成合理的资产结构。

非流动资产只有伴随着产品的销售才能形成销售收入，在资产总量一定的情况下，非流动资产所占的比重越大，企业所实现的周转价值越小，资金的周转速度也就越低。为此，企业必须通过资产结构分析，合理调整流动资产与其他资产的比例关系。

如果企业的流动资产不足，而固定资产等长期资产占用资金过多时，企业的资产周转速度就会很慢。营运资金不足，会导致企业未来的生产经营出现困难，或者面临资金链风险。因此，企业必须及时了解营运能力的现状，不断改善企业的资金结构，使资产保持足够的流动性。

二、发现企业在资产营运中存在的问题

通过营运能力分析，如果发现企业的应收账款周转率过低，很可能是企业的信用销售政策过于宽松，导致大量应收账款未能及时回收。这种情况还会导致应收账款占用大量的流动资金，甚至会出现销售收入快速增长，而企业却面临无钱可用的尴尬境地。这就要求企业收紧赊销政策，加强销售资金的回笼，从而降低经营风险。

三、有助于投资者进行投资决策

通过企业营运能力分析，可以判断企业营运资产的效率与效益，有助于进行相应的投资决策。一是企业的安全性与其资产结构密切相关，如果企业流动性强的资产所占的比重大，企业资产的变现能力强，企业一般不会遇到现金拮据的压力，企业的财务安全性较高。二是企业的资产结构直接影响着企业的收益。企业存量资产的周转速度越快，实现收益的能力越强；存量资产中商品资产越多，将实现的收益额也越大；商品资产中毛利额高的商品所占比重越高，取得的利润率就越高。良好的资产结构和资产管理效果预示着企业未来收益的能力。

四、有助于债权人进行信贷决策

资产结构和资产管理效果分析有助于判断债权人债权的物资保证程度和安全

性。短期债权人通过了解企业短期资产的数额，可以判断企业短期债权的物资保证程度；长期债权人通过了解企业长期资产，可以判断企业长期债权的物资保证程度。通过资产管理效果分析，可以对债务本息的偿还能力有更好的判断。

五、是盈利能力分析和偿债能力分析的重要补充

在分析企业盈利能力和偿债能力时，如果没有考虑到营运能力，那么分析得出的结论是不完整的，甚至会得出错误的结论。企业资金周转速度的快慢、经营管理能力的好坏，对于企业的盈利能力和偿债能力的影响是很大的。

企业资产周转速度的快慢是反映企业营运能力的重要因素。一个企业的资产周转速度慢，就意味着其资产利用低效甚至无效。如果一家企业过多地投资固定资产，那么企业的维护费用、折旧费用就会比较高。同理，如果企业的资金过多地被存货、应收账款占用，也会导致资金占用成本高，而且要承受着价格下跌和坏账损失的风险。因此，对资产周转速度的分析是营运能力分析非常重要的内容。反映资产周转速度的指标主要有存货周转率、应收账款周转率、流动资产周转率、固定资产周转率、总资产周转率等。营运能力关键指标见表5-12。

表5-12　企业营运能力关键指标体系

指标名称	内涵	公式
存货周转率	反映存货的周转速度，即存货的流动性及存货资金占用量是否合理，是衡量企业销售能力及存货管理水平的综合性指标	营业成本 ÷ 平均存货余额
存货周转天数	反映企业从取得存货开始，至消耗、销售为止所经历的天数	360÷ 存货周转率
应收账款周转率	表明应收账款一年中周转的次数，或者说明一元应收账款投资支持的销售收入	营业收入 ÷ 平均应收账款余额
应收账款周转天数	反映企业从取得应收账款的权利到收回款项、转换为现金所需要的时间	360÷ 应收账款周转率
流动资产周转率	反映企业流动资产的周转速度，从企业全部资产中流动性最强的流动资产角度对企业资产的利用效率进行分析，可以揭示影响企业资产质量的主要因素	营业收入 ÷ 平均流动资产总额
固定资产周转率	反映在一个会计年度内固定资产周转的次数，或表示每一元固定资产支持的营业收入	营业收入 ÷ 平均固定资产净值

（续表）

指标名称	内涵	公式
总资产周转率	体现企业经营期间全部资产从投入到产出的流转速度，反映企业全部资产的管理质量和利用效率	营业收入 ÷ 平均资产总额

知识点二　企业营运能力指标分析

一、存货周转率和存货周转天数

存货周转率，是指企业一定时期营业成本（销货成本）与平均存货余额的比率。该比率用于反映存货的周转速度，是衡量企业销售能力及存货管理水平的综合性指标。计算公式为：

存货周转率＝营业成本÷平均存货余额

平均存货余额＝（期初存货＋期末存货）÷2

存货周转天数＝360÷存货周转率

一般来说，存货周转速度越快（即存货周转率越大、存货周转天数越少），存货占用水平越低，流动性越强，存货转化为现金或应收账款的速度就越快，这样会增强企业的短期偿债能力及获利能力。通过存货周转速度分析，有利于找出存货管理中存在的小问题，尽可能降低资金占用水平。

但是，存货周转率是不是越高越好呢？企业的存货包括原材料、产成品等，如果原材料、产成品等存货太少，可能会导致维持生产所需原材料不足，或者没办法按期交付销售的产品，或者因为库存不足，失去潜在的客户。所以，存货并不是越少越好，所有企业都必须保持一个安全的库存量，以保障正常的生产经营顺利进行。

案例5-9　A公司存货周转相关数据如表5-13所示，分析A公司的存货周转情况。

表5-13　A公司存货周转相关数据

项目	本期数	上年同期数
营业成本（元）	26 850 249.10	22 256 617.73
存货（元）	2 200 840.09	1 853 173.83

第五章

（续表）

项目	本期数	上年同期数
存货周转率（次）	12.2	12.01
存货周转天数（天）	29.5	30.0

说明：为简化起见，本案例的存货直接用期末余额数，而非平均余额。

从表5-13可以看出，A公司的存货周转天数在30天左右。那么A公司的存货周转率是快还是慢呢？单凭这个数据没办法判断，必须将这个数据放到A公司所处的行业去进行分析。假设A公司是一家餐厅，存货一般为食品，保质期较短，周转天数为30天，由此可认为周转天数过长，周转率偏低；假设A公司是生产汽车零件企业，从原材料到产成品再到销售，周转天数为30天，由此可认为周转率很高。

分析存货周转率的时候可以选择行业标准和企业的历史标准进行比较。

案例5-10　B公司存货周转率急速下降，周转天数从40天变成了80天，公司销售收入无明显变化，销售成本也与销售收入配比正常，分析周转率下降的原因。

是存货滞销吗？有可能，但是销售收入无明显变化，企业突然改变存货管理策略的可能性不大。

经过调查分析，实际情况是管理层利用B公司的资金购买原材料，供自己的D公司使用，存货记在B公司账上。

如何揭穿这种舞弊呢？可以对存货进行彻底的盘点，因为D公司很有可能已经将这些存货使用或者销售出去了，不可能存在于B公司的仓库。对存货进行盘点，就很容易发现这样的舞弊。

这里我们可以倒回去思考一下，我们如何得出存货周转率异常的结论呢？我们是通过将B公司的存货周转率与其历史数据进行比较，发现异常波动后再进行进一步的追踪，最终发现舞弊行为的。

二、应收账款周转率和应收账款周转天数

应收账款周转率，是指企业在一定时期内营业收入与平均应收账款余额之比，是衡量企业应收账款周转速度及管理效率的指标。计算公式为：

应收账款周转率＝营业收入÷平均应收账款余额

平均应收账款余额＝（期初应收账款＋期末应收账款）÷2

应收账款周转天数＝360÷应收账款周转率

应收账款周转率就是反映企业应收账款周转速度的比率。它说明一定期间内

企业应收账款转为现金的平均次数。用时间表示的应收账款周转速度为应收账款周转天数，也称平均应收账款回收期或平均收现期。它企业公司从获得应收账款的权利到收回款项、变成现金所需要的时间。

一般来说，应收账款周转率越高越好，越高表明企业收账速度快，平均收账期短，坏账损失少，资产流动快，偿债能力强。与之相对应，应收账款周转天数则是越少越好。如果企业实际收回账款的天数超过了企业规定的应收账款天数，则说明债务人拖欠时间长，资信度低，加大了发生坏账损失的风险；同时也说明企业催收账款不力，使资产变成了呆账甚至坏账，造成了流动资产不流动，这对企业正常的生产经营是很不利的。但从另一方面说，如果企业的应收账款周转天数太少，则表明企业奉行较紧的信用政策，付款条件过于苛刻，这样会限制企业销售量的扩大，特别是当这种限制的代价大于赊销成本时，会影响企业的盈利水平。

应收账款周转率多高才是比较合理的呢？这一点并没有统一的标准，不同的行业、企业之间会有很大差异，分析应收账款周转率的时候应与企业前期指标、与行业平均水平和其他类似企业进行比较，这样才能分析、判断企业应收账款周转率指标水平的合理性。同时应结合企业所销售商品的种类、各地商业往来惯例、企业信用政策以及行业平均水平进行综合考虑，确定合理的评价标准，作出正确的判断。

另外，应收账款周转率并非越高越好。如果应收账款周转次数过高，可能是由企业的信用政策、付款条件过于苛刻所致，这样会限制企业销售量的扩大，从而影响企业的盈利水平。

案例5-11 C公司2020年度营业收入金额3 600万元，2020年年末应收账款为418万元，年初数为210万元。假设C公司所在行业的应收账款周转率为9.6次，分析C公司应收账款周转情况。

2020年C公司应收账款周转率指标计算如下：

应收账款周转率＝3 600÷［（418＋210）÷2］＝11.46（次）

应收账款周转天数＝360÷11.46＝31.4（天）

C公司所处行业的平均应收账款周转率是9.6次，C公司为11.46次，通过对比可以看出C公司的应收账款周转速度还是比较快的。

案例5-12 甲公司2017—2020年的应收账款周转率数据如表5-14所示，分析甲公司应收账款周转率数据是否存在问题。

表5-14　甲公司2017—2020年应收账款周转率数据

项目	2020 年	2019 年	2018 年	2017 年
应收账款周转率（次）	0.121	0.84	1.4	2.51
应收账款周转天数（天）	2 965	427.6	256.8	143.2
行业平均应收账款周转天数（天）	52.3	51.6	49.8	46

从表5-14可以看出，甲公司2017—2020年各年应收账款周转天数都远远大于行业平均数，而且每年都有大幅的上升，到2020年，应收账款周转天数达到了2 965天，可以说是非常不正常的。

经过了解和分析，甲公司的实际情况是：为了做大利润，与关联方及有关系的企业签订赊销合同，同时虚增营业收入和营业利润，每期虚构收入从7 000多万元到近2亿元不等。

虚构收入的企业往往表现为应收账款急剧增加，应收账款周转率急剧下降，利润增高的同时应收账款周转率却降低，企业的经营活动没有相应的现金流入，像这样的现象是不正常的。所以，以应收账款周转率为切入点判断企业是否存在财务造假是非常有效的手段之一。

三、流动资产周转率

流动资产周转率，是指企业一定时期内营业收入与平均流动资产总额的比率。流动资产周转率是评价企业资产利用率的一个重要指标。计算公式为：

流动资产周转率＝营业收入÷平均流动资产总额

平均流动资产总额＝（期初流动资产总额＋期末流动资产总额）÷2

流动资产周转天数＝360÷流动资产周转率

一般情况下，流动资产周转率越高，表明企业流动资产周转速度越快，资产利用越好。在较快的周转速度下，流动资产会相对节约，相当于流动资产投入的增加，在一定程度上增强了企业的盈利能力；而周转速度慢，则需要补充流动资金参加周转，会造成资金浪费，降低企业盈利能力。

案例5-13　C公司2020年度营业收入金额3 600万元，2020年流动资产期末数为715万元，期初数为620万元。假设C公司所在行业的流动资产周转率为7次，分析C公司流动资产周转情况。

2018年C公司流动资产周转率指标计算如下：

流动资产周转率＝3 600÷[（715＋620）÷2]＝5.4（次）

流动资产周转天数＝360÷5.4＝66.7（天）

C公司所在行业的流动资产周转率为7次，C公司资产周转率为5.4次，说明C公司的流动资产周转速度偏慢，资产的流动性较弱，利用效率较低。

四、固定资产周转率

固定资产周转率，是指企业营业收入与平均固定资产净值的比率。固定资产周转率表示在一个会计年度内固定资产周转的次数，或表示每一元固定资产支持的营业收入。计算公式为：

固定资产周转率＝营业收入÷平均固定资产净值

平均固定资产净值＝（期初净值＋期末净值）÷2

固定资产周转率反映了企业资产的利用程度。固定资产周转率越高，说明利用率越高，管理水平越好。如果固定资产周转率与同行业平均水平相比偏低，则说明企业对固定资产的利用率较低，可能会影响企业的获利能力。

案例5-14　C公司2020年固定资产周转相关数据如表5-15所示，分析C公司的固定资产周转情况。

表5-15　C公司固定资产周转相关数据

项目	本期数	上年同期数
营业收入（万元）	3 600	3 012
固定资产净值（次）	1 400	930
固定资产周转率（次）	2.57	3.23

说明：为简化起见，本案例的固定资产净值直接用期末余额数，而非平均余额。

从表5-15可以看出，C公司2020年的固定资产周转率为2.57次，较上年有所下降，这表明该公司的固定资产周转速度有所降低。其主要原因在于固定资产净值的增长幅度大于营业收入的增长幅度，说明企业营运能力有所减弱。这种减弱幅度是否合理，还要视公司目标及同行业水平的比较而定。

五、总资产周转率

总资产周转率，是指企业一定时期的营业收入与平均资产总额之比。它是衡量资产投资规模与销售水平之间配比情况的指标。计算公式为：

总资产周转率＝营业收入÷平均资产总额

平均资产总额＝（资产总额年初数＋资产总额年末数）÷2

第五章

一般情况下，总资产周转率越高，表明企业总资产周转速度越快，销售能力越强，资产利用效率越高。通过该指标的对比分析，可以反映企业本年度以及以前年度总资产的运营效率和变化，发现企业与同类企业在资产利用上的差距，促进企业挖掘潜力，积极创收，提高产品市场占有率和资产利用效率。

案例5-15 C公司2020年总资产周转相关数据如表5-16所示，分析C公司的总资产周转情况。

表 5-16　C 公司总资产周转相关数据

项目	本期数	上年同期数
营业收入（万元）	3 600	3 012
资产总额（万元）	2 200	1 300
总资产周转率（次）	1.64	2.31

说明：为简化起见，本案例的资产总额直接用期末余额数，而非平均余额。

从表5-16可以看出，C公司2020年总资产周转率比上年有所下降，因此C公司应扩大销售额，处理闲置资产，以提高资产使用效率。

▪第四节▪　企业发展能力分析

知识点一　企业发展能力分析概述

企业的发展能力，是指企业的成长性，它是企业通过自身的生产经营活动不断扩大积累而形成的发展潜能。一般情况下，企业能否健康发展，取决于多个因素，包括企业外部经营环境、内在经营质量及资源条件等。可以说，企业的发展能力在很大程度上反映了企业未来的发展前景，并将影响企业的资产规模、盈利能力、市场占有率等。

我们在分析企业的发展能力时，一般有两个思路。一个思路是以价值来衡量。衡量企业发展能力的核心是企业价值的增长率，通常用销售发展状态、资产增加情况、净资产积累水平相关的指标来衡量企业价值的增长。另一个思路是以影响价值变动的因素来衡量。

在实际分析中，与企业发展能力有密切关系的指标有销售增长率、总资产增长率和资本积累率。企业发展能力关键指标体系如表5-17所示。

表5-17　企业发展能力关键指标体系

指标名称	内涵	公式
销售增长率	衡量企业经营状况和市场占有能力、预测企业经营业务拓展趋势的重要指标，是企业扩张增量资本和存量资本的重要前提	（本年销售额－上年销售额）÷上年销售额 ×100%
三年销售平均增长率	表明企业销售收入连续三年的增长情况，体现企业的持续发展态势和市场扩张能力	[（当年销售额÷三年前销售额）^（1/3）－1]×100%
总资产增长率	企业本年总资产增长额同年初资产总额的比率，反映企业本期资产规模的增长情况	（年末资产总额－年初资产总额）÷年初资产总额 ×100%
三年平均总资产增长率	指总资产三年的复合增长率，表明企业资产总额连续三年的增长情况	[（当年总资产÷三年前总资产）^（1/3）－1]×100%
资本积累率	表示企业当年资本的积累能力，是评价企业发展潜力的重要指标	（年末所有者权益－年初所有者权益）÷年初所有者权益 ×100%

知识点二　企业发展能力分析

一、与销售增长情况相关的指标分析

销售产品是企业生存的基本模式，也是企业创造价值的体现。一般来说，企业的竞争能力越强，产品的市场占有率就越高，这也可以说明企业的发展前途越好。

（一）销售增长率

销售增长率，是指企业本年销售收入增长额同上年销售收入总额之比。销售增长率，是分析企业成长状况和发展能力的基本指标，是衡量企业经营状况和市场占有能力、预测企业经营业务拓展趋势的重要指标，也是企业扩张增量资本和存量资本的重要前提。计算公式为：

销售增长率＝（本年销售额－上年销售额）÷上年销售额×100%

销售增长率指标越高，说明企业产品销售增长得越快，销售情况越好，一般来说，企业盈利增长趋势也就越好，企业生存和发展的能力提高也就越快；反之，销售增长率指标越低，则说明企业产品销售增长得越慢，销售情况越差，企业盈利的增长后劲不足，企业的盈利趋势不容乐观。

从个别产品或劳务的销售增长率指标上，还可以观察企业产品或经营结构情况，进而观察企业的成长性。产品生命周期理论认为，任何一种产品的生命周期阶段均可以划分为以下四个阶段：第一阶段为试销期，产品开发成功投入正常生产，该阶段销售规模较小，且增长还不太快；第二阶段为成长期，产品市场空间

第五章

被打开，大规模地放量生产和销售，该阶段产品销售较快扩展和增长；第三阶段为成熟期，销售较为稳定，增长不会太快；第四阶段为衰退期，产品销售开始萎缩。根据这个原理，借助产品销售增长率指标，大致可以看出企业生产经营的产品所处的生命周期阶段，也可以据此判断企业的成长性。

若以△y表示销售量的增长量，以△x表示时间上的增加量，则销售量增长率为 $\eta = \triangle y \div \triangle x$。由于产品所处的生命周期的各个阶段与产品销售量的增长率关系十分密切，通过分析销售量增长率的变化情况，就可以判断出产品处于生命周期的哪个阶段。

划分产品生命周期四个阶段的一般标准是：

（1）若 $\eta < 10\%$，则产品处于试销期；

（2）若 $\eta > 10\%$，则产品处于成长期；

（3）若 $0.1\% < \eta < 10\%$，则产品处于成熟期；

（4）若 $\eta < 0$，即销售量逐年下降，产品处于衰退期。

要全面、正确地分析和判断一个企业销售收入的增长趋势和增长水平，必须将一个企业不同时期的销售增长率加以比较和分析。原因在于，销售增长率仅仅就某个年度的销售情况而言，某个年度的销售增长率可能会受到一些偶然的和非正常的因素影响，而无法反映出企业实际的销售增长能力。

案例5-16 表5-18和图5-1是甲公司2016—2020年的销售收入及增长情况，分析甲公司的发展能力。

表5-18 甲公司2016—2020年的销售收入及增长情况（单位：万元）

项目	2016年	2017年	2018年	2019年	2020年
销售收入	530.00	611.20	705.69	819.37	948.18
增长率		15.32%	15.46%	16.11%	15.72%

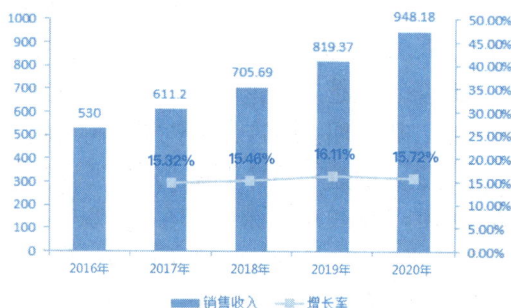

图5-1 甲公司2016—2020年的销售收入及增长情况

从图5-1可以看出，甲公司销售额逐年增长，增长幅度在15%～17%之间，且比较稳定，这说明甲公司的发展势头较好，并且比较稳定，产品处于成长期。另外，可以将甲公司的销售增长率与同行业平均增长率进行比较，从而进一步验证甲公司的发展能力，以及它在行业中所处的位置。

（二）三年销售平均增长率

三年销售平均增长率，即三年的销售收入复合增长率，表明企业销售额连续三年的增长情况，体现企业的持续发展态势和市场扩张能力，尤其能够衡量企业的持续盈利能力。计算公式为：

三年销售平均增长率＝［（当年销售额÷三年前销售额）^（1/3）－1］×100%

三年销售平均增长率指标能够反映企业的销售额增长趋势和稳定程度，体现企业的连续发展状况和发展能力，避免因少数年份业务波动而对企业发展潜力的错误判断。三年销售平均增长率指标越高，表明企业的销售额持续增长势头越好，市场扩张能力越强。

案例5-17　表5-19和图5-2是甲公司2016—2020年的销售收入及三年销售平均增长率情况，分析甲公司的发展能力。

表 5-19　甲公司 2016—2020 年的三年销售平均增长情况（单位：万元）

项目	2016 年	2017 年	2018 年	2019 年	2020 年
销售收入	530.00	611.20	705.69	819.37	948.18
三年销售平均增长率				15.63%	15.76%

图5-2　甲公司2016—2020年的三年销售平均增长情况

从图5-2可以看出，甲公司的三年销售平均增长率保持稳定。同样，也可将其与同行业平均增长率进行比较，从而判断企业的发展能力。

二、与总资产增长情况相关的指标分析

（一）总资产增长率

总资产增长率，是企业本年总资产增长额同年初资产总额的比率，反映企业本期资产规模的增长情况。计算公式为：

总资产增长率＝（年末资产总额－年初资产总额）÷年初资产总额×100%

资产是企业用于取得收入的资源，也是企业偿还债务的保障。资产增长是企业发展的一个重要方面，发展性高的企业一般能保持资产的稳定增长。总资产增长率越高，表明企业一定时期内资产经营规模扩张的速度越快。但在分析时，需要关注资产规模扩张的质和量的关系，以及企业的后续发展能力，避免盲目扩张。

案例5-18 表5-20和图5-3是甲公司2016—2020年的资产总额、总资产增长率及长期负债情况，分析甲公司的发展能力。

表5-20 甲公司2016—2020年资产总额、总资产增长率及长期负债情况（单位：万元）

项目	2016年	2017年	2018年	2019年	2020年
资产总额	4 200.00	4 620.00	4 952.64	4 902.62	4 862.42
总资产增长率		10.00%	7.20%	−1.01%	−0.82%
长期负债	2 600	2 836	3 176	2 657	2 586

图5-3 甲公司2016—2020年总资产增长率及长期负债情况

从图5-3可以看出，甲公司的总资产增长率在2019年和2020年大幅下降，出现负数。从表5-20可以看出，2019年和2020年甲公司长期负债总额下降了，可知甲公司在保持销售收入稳定增长的情况下（见案例5-16），逐步减少了长期负债，说明公司销售回款良好，更多地用自有资金支撑公司的稳定增长，可以减少资金成本。

（二）三年平均总资产增长率

三年平均总资产增长率，即三年的复合增长率，表明企业资产总额连续三年的增长情况。计算公式为：

三年平均总资产增长率＝［（当年总资产÷三年前总资产)^（1/3）－1］×100%

三年平均总资产增长率指标越高，表明企业一定时期内资产经营规模扩张的速度越快。运用三年平均总资产增长率作为企业发展能力评价指标时，需同时结合企业的盈利能力指标，只有三年平均总资产增长率和盈利能力同时提升的企业，才是真正有发展潜力的企业。

三、与净资产增长情况相关的指标分析

资本积累率，是指企业本年所有者权益增长额同年初所有者权益的比率。资本积累率表示企业当年资本的积累能力，是评价企业发展潜力的重要指标。计算公式为：

资本积累率＝（年末所有者权益－年初所有者权益）÷年初所有者权益×100%

资本积累率体现了企业资本的积累情况，是企业发展强盛的标志，也是企业扩大再生产的源泉，展示了企业的发展潜力。资本积累率反映了投资者投入企业资本的保全性和增长性。资本积累率指标越高，表明企业的资本积累越多，企业资本保全性越强，应对风险、持续发展的能力越大。

第五章

· 会计问 ·

有财会问题，就来会计问！
600＋答疑老师，3分钟极速解答！

第六章 财务报表附注分析

扫一扫 码上有课

▪ 第一节 ▪ 财务报表附注的主要内容

财务报表附注的主要目的是帮助财务报表使用者深入了解财务报表的内容，它是财务报表制作者对资产负债表、利润表和现金流量表的有关内容和项目所作的说明和解释。财务报表附注主要内容如下。

一、企业的基本情况

（1）企业注册地、组织形式和总部地址。
（2）企业的业务性质和主要经营活动。
（3）母公司以及集团最终母公司的名称。
（4）财务报告的批准报出者和财务报告批准报出日期。

二、财务报表的编制基础

财务报表的编制基础是指财务报表是以持续经营为基础还是以清算为基础编制的。

案例6-1 以下是乐视网信息技术（北京）股份有限公司2017年财务报表附注中列示的财务报表编制基础。

1. 编制基础

公司以持续经营为基础，根据实际发生的交易和事项，按照财政部颁布的《企业会计准则——基本准则》和各项具体会计准则、企业会计准则应用指南、企业会计准则解释及其他相关规定（以下合称"企业会计准则"），以及中国证券监督管理委员会《公开发行证券的公司信息披露编报规则第15号——财务报告的一般规定》的披露规定编制财务报表。

2. 持续经营

公司2017年发生归属母公司净亏损约138.78亿元，受流动性风波影响，社会舆论持续发酵并不断扩大，对其声誉和信用度造成较大影响，现金流紧张导致其存在偿债压力，持续经营能力存在重大不确定性。管理层采取相关措施，预计公司能够获取足够充分的营运资金以支持本公司可见未来十二个月的经营需要。因此，管理层认为本公司以及本公司之财务报表按持续经营之基准编制是恰当的。

公司拟采取以下措施以改善公司的持续经营能力：

（1）截至2017年12月31日，公司净利润约−181.84亿元，归母净利润约−138.78亿元，其中约108亿元是公司计提的资产减值损失，公司已对资产中存在的潜在风险进行充分的会计估计，预计未来公司不存在大额的资产减值风险。

（2）乐视网信息技术（北京）股份有限公司在2018年3月末发布关于公司重要子公司与腾讯签署《合作协议》的公告，签署《互联网电视合作项目合作协议》，合作双方基于价值创造的共同目标，达成拟在互联网智能电视领域合作共识，为合作终端产品的最终用户提供视频内容服务等。除与腾讯合作外，京东等战略合作伙伴的深度合作也可以大幅增强公司在会员、广告、购物方面的经营。

（3）2018年4月18日，乐视网信息技术（北京）股份有限公司关于公司对控股子公司增资暨关联交易进展的公告，子公司乐融致新将按照90亿估值以现金及债权增资不超过人民币30亿元，并将努力采取其他方式进行融资以缓解目前的现金流压力。

（4）公司设立子公司智融创新，未来将着力于智能家居方面的深度挖掘，包括但不限于地产、酒店等行业的合作，创新性地发掘关于智能家居方面的市场需求，围绕终端、内容等自身优势发掘自身潜力。

三、遵循企业会计准则的声明

遵循企业会计准则的声明内容一般为：公司所编制的财务报表符合企业会计准则的要求，真实、完整地反映了报告期公司的财务状况、经营成果、现金流量等有关信息。

四、重要会计政策和会计估计

会计政策，是指企业在会计确认、计量和报告中所采用的原则、基础和会计处理方法。企业选用会计政策，主要涉及下列具体内容：

（1）综合性会计政策：合并政策（包括企业合并和合并会计报表）、外币

第六章

业务（包括外币业务处理及外币报表的折算）、估价政策、租赁、税收、利息、长期工程合同、结账后事项。

（2）资产项目：应收款项、存货计价、投资、固定资产计价、无形资产计价、递延资产的处理等。

（3）负债项目：应付项目、或有事项和承诺事项、退休金的处理等。

（4）损益项目：收入确认、修理和更新支出、财产处理损益、非经常性损益的处理等。

（5）其他：研究与开发、衍生金融工具、费用分配方法、成本计算的处理等。

会计估计是指对结果不确定的交易或事项以最近可利用的信息为基础所作出的判断。常见的需要进行会计估计的事项主要包括：

（1）坏账是否会发生以及坏账的数额。

（2）存货的毁损和过时损失。

（3）固定资产的使用年限和净残值大小。

（4）无形资产的受益期。

（5）长期待摊费用的摊销期。

（6）或有损失和或有收益的发生以及发生的数额。

案例6-2 以下是乐视网信息技术（北京）股份有限公司2017年财务报表附注中列示的应收款项和存货相关的会计政策和会计估计。

1. 应收款项

（1）单项金额重大并单独计提坏账准备的应收款项

单项金额重大的判断依据或金额标准	公司将某项应收款项金额占全部应收账款金10.00%以上的款项以及期末超过按照合同约定的信用账期且绝对值超过1 000万元的应收账款确认为单项金额重大款项
单项金额重大并单项计提坏账准备的计提方法	根据其未来现金流量现值低于其账面价值的差额，计提坏账准备

（2）按信用风险特征组合计提坏账准备的应收款项

组合名称	坏账准备计提方法
组合一	账龄分析法
组合二	其他方法

组合一：本组合为账龄分析组合，按不同账龄段对应不同的计提比例对本组合的应收款项计提坏账准备。

组合二：应收账款本组合主要核算乐视网合并范围内关联方往来，不计提坏账准备。其他应收款本组合主要核算乐视网合并范围内关联方往来、押金、员工备用金、第三方收款等款项，不计提坏账准备。

组合中，采用账龄分析法计提坏账准备的：

√ 适用 □ 不适用

账龄	应收账款计提比例	其他应收款计提比例
1年以内（含1年）	3.00%	3.00%
1～2年	10.00%	10.00%
2～3年	25.00%	25.00%
3～4年	50.00%	50.00%
4～5年	50.00%	50.00%
5年以上	100.00%	100.00%

组合中，采用余额百分比法计提坏账准备的：

□ 适用 √ 不适用

组合中，采用其他方法计提坏账准备的：

□ 适用 √ 不适用

（3）单项金额不重大但单独计提坏账准备的应收款项

单项计提坏账准备的理由	信用风险特殊，按一般账龄分析法计算不能真实反映其可收回程度
坏账准备的计提方法	根据其未来现金流量现值低于其账面价值的差额，计提坏账准备

2. 存货

公司是否需要遵守特殊行业的披露要求：是

互联网视频业

公司需遵守《深圳证券交易所创业板行业信息披露指引第6号——上市公司从事互联网视频业务》的披露要求：

（1）存货的分类。存货分类为：原材料、委托代销商品、库存商品、低值易耗品等。

（2）发出存货的计价方法。存货在取得时按实际成本计价，领用或发出存货，采用加权平均法确定其实际成本。

（3）不同类别存货可变现净值的确定依据。产成品、库存商品和用于出售的材料等直接用于出售的商品存货，在正常生产经营过程中，以该存货的估计售价减去估计的销售费用和相关税费后的金额，确定其可变现净值；需要经过加工的材料存货，在正常生产经营过程中，以所生产的产成品的估计售价减去至完工时估计将要发生的成本、估计的销售费用和相关税费后的金额，确定其可变现净值；为执行销售合同或者劳务合同而持有的存货，其可变现净值以合同价格为基础计算，若持有存货的数量多于销售合同订购数量的，超出部分的存货的可变现净值以一般销售价格为基础计算。

期末按照单个存货项目计提存货跌价准备；但对于数量繁多、单价较低的存货，按照存货类别计提存货跌价准备；与在同一地区生产和销售的产品系列相关、具有相同或类似最终用途或目的，且难以与其他项目分开计量的存货，则合并计提存货跌价准备。

除有明确证据表明资产负债表日市场价格异常外，存货项目的可变现净值以资产负债表日市场价格为基础确定。本期期末存货项目的可变现净值以资产负债表日市场价格为基础确定。

（4）存货的盘存制度。采用永续盘存制。

（5）低值易耗品和包装物的摊销方法。低值易耗品采用一次转销法。

在阅读企业财务报表附注的时候，需要关注企业是否有披露重要的会计政策和会计估计，是否有披露重要会计政策的确定依据、财务报表项目的计税基础以及会计估计中采用的关键假设和不确定因素。

五、会计政策和会计估计变更以及差错更正的说明

会计政策变更，是指企业对相同的交易或事项由原来采用的会计政策改用另一会计政策的行为。一般情况下，企业应在每期采用相同的会计政策，不应该随意变更会计政策。

会计估计变更，是指企业据以估计的基础发生了变化，可能由于取得新信息、积累更多经验以及后来的发展变化，而对会计估计进行修订。比如，固定资产折旧方法由年限平均法改为年数总和法。

前期差错通常包括计算错误、应用会计政策错误、疏忽或曲解事实及舞弊产生的影响，以及存货、固定资产盘盈等。前期差错更正指对前期差错的调整。

案例6-3 以下是乐视网信息技术（北京）股份有限公司2017年财务报表附注中列示的会计政策和会计估计变更以及差错更正的说明。

董事会关于报告期会计政策、会计估计变更或重大会计差错更正的说明

√ 适用 □ 不适用

1. 会计政策变更

2017年8月28日公司第三届董事会第四十七次会议审议通过了《关于公司会计政策变更的议案》，具体详见公司8月29日于巨潮资讯网披露的《关于公司会计政策变更的议案》（公告编号：2017-113）。公司本次变更会计政策是根据2017年5月10日财政部颁发了财会〔2017〕15号关于印发修订《企业会计准则第16号——政府补助》的通知，自2017年6月12日起施行。由于上述会计准则的颁布或修订，公司需对原会计政策进行相应变更，并按以上文件规定的起始日开始执行上述会计准则。公司执行上述规定的主要影响如下：

会计政策变更的内容	受影响的报表项目名称和金额
利润表中新增"其他收益"单独列报于"营业利润"项目之上。与本公司日常活动相关的政府补助，计入其他收益，不再计入营业外收入	2017年上半年调整其他收益本年金额49 012 894.50元，调减营业外收入金额49 012 894.50元

2. 会计差错更正

2017年8月28日公司第三届董事会第四十七次会议审议通过了《关于会计差错更正的议案》，具体详见公司8月29日于巨潮资讯网披露的《关于会计差错更正的议案》（公告编号：2017-117）。

由于公司2017年第一季度报告中合并范围内业务结算抵销不完整，其中："终端业务收入"与"终端业务成本"未抵销影响3.31亿元，"付费业务收入"与"销售费用——会员分成"未抵销影响4.59亿元，合计未抵销影响7.90亿元。公司需追溯调整2017年第一季度营业收入、营业成本及销售费用，营业收入由49.22亿元调整为41.32亿元，营业成本由35.81亿元调整为32.50亿元，销售费用由8.30亿元调整为3.71亿元。为客观公允地反映公司财务状况，基于谨慎性原则，公司就该事项进行会计差错更正。

在阅读企业财务报表附注的时候，需要重点关注企业会计政策和会计估计变更以及差错更正，关注因为会计政策和会计估计变更以及差错更正对财务报表金额的合理性的影响，评估变更的目的及合理性。

六、报表重要项目的说明

财务报表附注对报表重要项目的说明是指按照资产负债表、利润表、现金流量表、所有者权益变动表及其项目列示的顺序，采用文字和数字描述相结合的方

式进行的批露，报表重要项目的明细金额合计，应当与报表项目金额勾稽一致。

案例6-4 以下是乐视网信息技术（北京）股份有限公司2017年财务报表附注中列示的存货和应付账款的详细说明。

1. 存货

（1）存货分类（单位：元）

项目	期末余额			期初余额		
	账面余额	跌价准备	账面价值	账面余额	跌价准备	账面价值
原材料	31 017 945.32		31 017 945.32	54 071 136.52		54 071 136.52
在产品	18 440 442.08		18 440 442.08	16 200 000.00		16 200 000.00
库存商品	828 240 227.42	224 540 764.25	603 699 463.17	901 143 295.64	29 844 291.01	871 299 004.63
委托代销商品				3 609 255.59		3 609 255.59
合计	877 698 614.82	224 540 764.25	653 157 850.57	975 023 687.75	29 844 291.01	945 179 396.74

（2）存货跌价准备（单位：元）

项目	期初余额	本期增加金额		本期减少金额		期末余额
		计提	其他	转回或转销	其他	
原材料						
在产品						
库存商品	29 844 291.01	224 540 764.25		29 844 291.01		224 540 764.25
合计	29 844 291.01	224 540 764.25		29 844 291.01		224 540 764.25

2. 应付账款

（1）应付账款列示（单位：元）

项目	期末余额	期初余额
应付货款	3 516 665 002.61	4 166 340 733.13
应付版权款	1 985 454 949.50	1 254 906 758.96
应付服务商款	1 012 363 023.22	
合计	6 514 482 975.33	5 421 247 492.09

（2）账龄超过1年的重要应付账款（单位：元）

项目	期末余额	未偿还或结转的原因
Warner Bros.International Television Distribution Inc.	15 013 682.65	尚未结算
常州丽声科技有限公司	28 216 828.83	尚未结算
冠捷科技（青岛）有限公司	18 619 424.32	尚未结算
深圳市金锐显数码科技有限公司东莞分公司	15 099 052.55	尚未结算
西安奥金百影视有限公司	15 050 000.00	尚未结算
西安曲江春天融和影视文化有限责任公司	42 400 000.00	尚未结算
合计	134 398 988.35	—

七、或有事项

或有事项，是指过去的交易或者事项形成的，其结果须由某些未来事项的发生或不发生才能决定的不确定事项。或有事项的结果是否发生具有不确定性，或者或有事项的结果预计将会发生但发生的具体时间或金额具有不确定性。对或有事项，应当在财务报表附中披露下列信息。

（一）预计负债

（1）预计负债的种类、形成原因以及经济利益流出不确定性的说明。

（2）各类预计负债的期初、期末余额和本期变动情况。

（3）与预计负债有关的预期补偿金额和本期已确认的预期补偿金额。

（二）或有负债

或有负债，是指过去的交易或事项形成的潜在义务，其存在须通过未来不确定事项的发生或不发生予以证实；或过去的交易或事项形成的现时义务，履行该义务不是很可能导致经济利益流出企业或该义务的金额不能可靠计量。企业应在附注中披露或有负债（不包括极小可能导致经济利益流出企业的或有负债）的下列信息：

（1）或有负债的种类及其形成原因，包括已贴现商业承兑汇票、未决诉讼、未决仲裁、对外提供担保等形成的或有负债。

（2）经济利益流出不确定性的说明。

（3）或有负债预计产生的财务影响，以及获得补偿的可能性；无法预计的，应当说明原因。

第六章

案例6-5 以下是乐视网信息技术（北京）股份有限公司2017年财务报表附注中列示的或有事项情况。

（1）资产负债表日存在的重要或有事项。

注：与合营企业或联营企业投资相关的或有负债索引至"附注九、在其他主体中的权益"部分相应内容。

（2）公司没有需要披露的重要或有事项，也应予以说明。

公司不存在需要披露的重要或有事项。

八、资产负债表日后事项

资产负债表日后事项，是指资产负债表日至财务会计报告批准报出日之间发生的需要调整或说明的事项。对资产负债表日后事项，企业应当披露的信息如下：

（1）资产负债表日后，企业利润分配方案中拟分配的以及经审议批准宣告发放的股利或利润。

（2）每项重要的资产负债表日后非调整事项的性质、内容及其对财务状况和经营成果的影响。无法作出估计的，应当说明原因。

案例6-6 以下是乐视网信息技术（北京）股份有限公司2017年财务报表附注中列示的资产负债表日后事项情况。

1. 重要的非调整事项（略）

2. 利润分配情况（略）

3. 销售退回（略）

4. 其他资产负债表日后事项说明

2018年1月2日，公司发布了《关于公司对控股子公司增资暨关联交易的公告》（公告编号：2018-007），公告中披露了"经公司与各方投资者初步沟通、商定，新乐视智家确定了本次增资方案，拟按照120亿以上估值融资30亿元：其中拟由新增投资者和原有投资者以现金增资15亿元；拟由新乐视智家现有债权人以所持债权作价投入15亿元。公司正在与各方投资者和债权人积极展开协商，目前已确定乐视网以现有债权作价投入人民币3亿元，其中，人民币781.131 78万元计入注册资本"。天津嘉睿以现金增资人民币3亿元，其中，人民币781.13178万元计入注册资本；深圳市金锐显数码科技有限公司（以下简称"金锐显"）以现有债权作价14 622.860 481万元及现金377.139 519万元投入，合计人民币1.5亿元，其中，人民币390.565 890万元计入注册资本。

2018年3月29日，公司发布了《关于公司对控股子公司增资暨关联交易进展的公告》（公告编号：2018-051），公告中披露了"经公司与各方投资者初步沟通、商定，对于子公司新乐视智家增资方案达成新进展，对新乐视智家估值由120亿调整至90亿，并确认新增交易对方江苏设计谷科技有限公司以现有债权中人民币2.4亿元进行增资，增资后持股比例为2.402 4%，其中，833.207 2万元计入注册资本"。

九、关联方关系及其交易

关联方关系主要包括两类：一是，如果一方有能力直接或间接控制、共同控制另一方或对另一方施加重大影响，则他们之间存在关联方关系；二是，如果两方或多方同受一方控制，则他们之间也存在关联方关系。

企业无论是否与关联方发生交易，都应当在附注中披露的母公司和子公司的信息如下：

（1）母公司和子公司的名称。

（2）母公司和子公司的业务性质、注册地、注册资本及其变化。

（3）母公司对该企业或者该企业对子公司的持股比例和表决权比例。

如果企业与关联方发生关联交易，应当在附注中披露该关联方关系的性质、交易类型及交易要素。

案例6-7 以下是乐视网信息技术（北京）股份有限公司2017年财务报表附注中列示的关联方关系及其交易情况。

1. 本企业的母公司情况

本企业最终控制方是控股股东：贾××。

2. 本企业的子公司情况

本企业子公司的情况详见附注"九、在其他主体中的权益"。

3. 本企业合营和联营企业情况

本企业重要的合营或联营企业详见附注"七、在其他主体中的权益"。

本期与本公司发生关联方交易，或前期与本公司发生关联方交易形成余额的其他合营或联营企业情况如下：

合营或联营企业名称	与本企业关系
北京智驿信息技术有限责任公司	联营企业
TCL 多媒体科技控股有限公司	联营企业

4. 其他关联方情况

其他关联方名称	其他关联方与本企业关系
Le Corporation Limited	受同一控制人控制的公司
Le Technology Incorporated	受同一控制人控制的公司
Le Eco Russia and Eastern Europe（Singapore）Pte.Ltd	受同一控制人控制的公司
Le Ecosystem Technology India Private Limited	受同一控制人控制的公司
……	……
乐赛移动香港有限公司	受同一控制人控制的公司
重庆乐视界置业发展有限公司	受同一控制人控制的公司

5. 关联交易情况

（1）购销商品、提供和接受劳务的关联交易（单位：元）

关联方	关联交易内容	本期发生额	上期发生额
TCL 海外电子（惠州）有限公司	服务费、货物采购	557 073 439.86	1 266 305 496.90
TCL 通力电子（惠州）有限公司	货物采购	10 695 579.38	
北京乐漾影视传媒有限公司	版权采购	1 937 900.00	20 937 548.74
北京网酒网电子商务股份有限公司	广告、货物采购	7 080 772.15	7 720 290.56
霍尔果斯乐视影业有限公司	版权采购	74 800 000.00	212 000 000.00
乐卡汽车智能科技（北京）有限公司	货物采购	202 604.75	15 761 023.06
乐帕营销服务（北京）有限公司	广告	5 926 761.54	34 046 324.00
乐视电子商务（北京）有限公司	服务费、广告、货物采购、资产采购	105 094 477.33	
乐视体育文化产业发展（北京）有限公司	广告、货物采购	2 560 117.64	388 669 274.91
……	……		

（2）关联受托管理/承包及委托管理/出包情况（略）

（3）关联租赁情况（单位：元）

承租方名称	承租资产种类	本期确认的租赁收入	上期确认的租赁收入
乐视体育文化产业发展（北京）有限公司	设备租赁		1 995 109.30

（4）关联担保情况（单位：元）

担保方	担保金额	担保起始日	担保到期日	担保是否已经履行完毕
融创房地产集团有限公司	200 000 000.00	2017-9-25	2018-8-24	否
贾××	149 900 000.00	2017-9-12	2018-3-12	否
贾××、融创房地产集团有限公司	50 000 000.00	2017-10-18	2018-4-9	否
贾××、融创房地产集团有限公司	17 000 000.00	2017-8-9	2018-4-9	否
乐视网（天津）信息技术有限公司、融创房地产集团有限公司	88 975 501.80	2017-8-16	2018-8-15	否
乐视网（天津）信息技术有限公司、融创房地产集团有限公司	81 000 000.00	2017-8-17	2018-8-16	否
乐视控股（北京）有限公司、贾××	500 000 000.00	2016-12-20	2018-12-20	否
乐视控股（北京）有限公司、贾××	500 000 000.00	2016-12-30	2018-12-30	否
乐视控股（北京）有限公司、张××、高××	13 114 908.18	2017-2-20	2018-2-20	否

▪ 第二节 ▪　财务报表附注的特点

一、财务报表附注具有附属性

　　财务报表与附注之间存在主次关系：财务报表是根，附注处于从属地位。没有财务报表的存在，附注就失去了依靠，其功能也就无处发挥；而没有附注恰当的延伸、说明，财务报表的功能就难以有效地实现。两者相辅相成，形成一个完善的有机整体。

二、财务报表附注具有解释性

财务报表项目是被高度浓缩的会计信息，且由于经济业务的复杂性和企业在编制财务报表时可能选择了不同的会计政策，企业需要通过财务报表附注对财务报表的编制基础、编制依据、编制原则和方法及主要事项等进行解释，以此提高会计信息的可理解性，同时使不同企业的会计信息的差异更具可比性，便于进行对比分析。

三、财务报表附注具有补充性

财务报表附注拓展了企业会计信息的内容，打破了三张主要报表内容必须符合会计要素的定义，又必须同时满足相关性和可比性的限制，突破了揭示项目必须用货币加以计量的局限性。通过报表附注的文字说明，辅以某些统计资料或定性信息，可弥补财务信息的不足，从而能全面反映企业面临的机会与风险，将企业价值充分体现出来，保证了信息的完整性，从而有助于信息使用者作出最佳的决策。

四、财务报表附注具有建设性

财务报表附注除了解释和补充说明财务报表内容外，还要对其加以分析、评价，并有针对性地提出一些改进工作的建议、措施。比如，通过市场占有率、投入产出等信息，管理当局可以了解本企业在同行中的地位，发现自己的优势与不足，从而采取措施改进企业经营管理，提高生产效率和产品质量，扩大产品的市场占有率。此外，在附注中通过自愿披露企业在安排就业、员工培训、社区服务、环境治理等方面的信息，有助于树立企业良好形象，促进企业健康发展。

五、财务报表附注具有重要性

财务报表附注的重要性主要体现在以下几个方面：

（1）提高会计信息的相关性和可靠性。会计信息既要相关又要可靠，相关性和可靠性是会计信息的两个基本质量特征。由于财务会计本身的局限，相关性和可靠性的选择犹如鱼与熊掌的选择，很多时候都是不可兼得的。但是，财务报表附注披露可以在不降低会计信息可靠性的前提下提高信息的相关性，如或有事项的处理。或有事项由于发生的不确定性而不能直接在主表中进行确认，但等到完全可靠或基本能够预期的时候，又可能因为及时性的丧失而损害了信息的相关性。因此，可以通过在财务报表附注中进行披露，揭示或有事项的类型和影响，以此来提高信息的相关性。

（2）增强不同行业和行业内部不同企业之间信息的可比性。会计信息是由多种因素综合促成的，经济环境的不确定性、不同行业的不同特点，以及各个企业前后各期情况的变化，都会降低不同企业之间会计信息的可比性以及企业前后各期会计信息的一贯性。财务报表附注可以通过披露企业的会计政策和会计估计的变更等情况，向投资者传递相关信息，使投资者能够"看透"会计方法的实质，而不被会计方法所误导。

（3）与财务报表主表的不可分割性。财务报表主表与财务报表附注的关系可概括为：主表是根，附注是补充。没有主表的存在，附注就失去了依靠；而没有附注恰当的补充，财务报表主表的功能就难以有效地实现。

■ 第三节 ■　财务报表附注分析方法

一、行业分析

企业在财务报表附注中对自身行业的描述和说明，有助于报表使用者对该行业的市场类型、行业的生命周期、行业变动的影响因素有更深的了解，从而能够对企业在整个行业中的位置作出清晰定位和判断。

二、企业分析

财务报表附注中包含的信息，可以帮助报表使用者对企业的经营管理、技术开发、产品市场、发展前景有所了解，以便作出准确的投资决策。

三、财务报表附注中重要项目分析

一般来说，财务报表分析应该全方面进行，但是基于重要性原则，我们通常重点分析财务报表中的重要项目，因为有些项目虽然是报表中必不可少的部分，但是财务准则赋予它的选择性和灵活性很小，不太容易出问题。另一方面，这些项目的数据很直观，可能没有太多复杂的内容构成。所以，通常对财务报表重要项目加以着重分析，比如应收账款、存货、固定资产、应付职工薪酬、营业外收入等。下面举例进行说明。

（一）应收账款分析

分析应收账款附注的时候，应当注意：是否合理计提坏账准备；是否存在虚假销售，结合报表看销售现金比率是否异常；是否利用坏账准备操控利润等。

（二）存货分析

分析存货附注的时候，可以分析存货绝对数的变化和结构、增减变动幅度，观察企业目前的经营状况及战略方向。

（三）应付职工薪酬分析

检查应付职工薪酬总体的合理性；比较工资变动情况，分析是否存在异常；检查应付职工薪酬发生额与费用的勾稽关系。

四、关联方交易分析

关联方交易，是指关联方之间转移资源、劳务或义务的行为。通常包括购买或销售商品、购买或销售商品以外的其他资产、提供或接受劳务、担保、提供资金（贷款或股权投资）、租赁等。

关联方交易及其信息披露引起了越来越多的关注，这是因为存在关联方关系时，关联方之间的交易可能不是建立在公开交易基础上的。关联方之间进行交易时，不存在竞争的、自由市场交易的条件，而且交易双方的关系常常会影响交易，甚至在某些情况下，关联方之间通过虚假交易可以达到粉饰经营业绩的目的。通过内部的串通和操纵完成的关联方交易，可以达到避税、虚增利润等目的。在对外开拓市场不能达到企业管理层所期望的业务、管理层难以向有关方面交代其财务成果的前提下，企业有可能利用关联方交易来虚构较好的业绩，如高价将自己的产品和劳务提供给关联企业，同时又从关联方得到低价的劳务和原材料等生产要素。这样的交易并不是企业正常交易的结果，会扭曲企业正常的经营业绩。因此，为了减少此类关联方交易，需要在财务报表附注中对其进行信息披露，以使财务报表使用者了解关联方交易对企业经营成果的影响。

案例6-8 甲公司将2020年自身发生的宣传费800万元由其母公司乙公司承担，若剔除这一因素，甲公司2020年将亏损300万元。

案例6-9 A、B两家公司隶属同一集团下，A公司属于上市部分，B公司属于非上市部分。A、B公司合作完成某一项业务，总合同金额8 000万元，成本

6 000万元，A公司分得收入6 000万元，成本3 000万元，B公司分得收入2 000万元，成本3 000万元。A公司获利3 000万元，B公司亏损1 000万元。很明显，这是利用了关联方关系，将利润从B公司转移到A公司。

通过对来自关联企业的营业收入和利润总额进行分析，可以判断企业的盈利能力在多大程度上依赖于关联企业，从而判断企业的营业收入和利润来源是否稳定。如果企业的营业收入和利润主要来源于关联企业，就应当特别关注关联交易价格的合理性；如果交易价格的确定与非关联方不一致，企业就有可能是以不等价交换的方式与关联方进行交易，从而对财务报表进行粉饰。

五、会计政策、会计估计变更和前期差错更正分析

会计政策的目的是保证会计信息的可比性，使财务报表使用者在比较不同期间的财务报表时，能正确判断企业的财务状况、经营成果和现金流量。随意变更会计政策会造成会计信息的混乱。无论何种原因导致企业变更了会计政策，都会使企业不同期间的财务报表失去可比性。财务报表使用者在对不同会计年度的财务报表进行分析时，应当对会计政策变更造成的会计信息不可比性予以关注。

会计估计变更是依据企业的主观判断进行的。与会计政策变更一样，会计估计变更在很多情况下是出于某些目的而作出的。会计估计变更是企业进行盈余管理的常用手段之一，因此，财务报表使用者应当对这种可能性保持警觉。同样，会计估计变更也会造成不同期间的会计信息失去可比性，报表使用者在对企业进行财务分析时，应当将会计估计变更造成的影响剔除。

前期差错更正是不可避免的，财务报表使用者应当关注造成差错的原因、差错性质和影响金额，以及更正的处理是否正确。如果企业披露的多个前期差错更正对企业利润的影响呈现方向一致的特征，那么财务报表使用者应当就这种差错产生的真实原因进行分析。

案例6-10　乙公司在2020年的年报中披露了一项会计估计变更：公司办公楼属于临时建筑，公司曾向有关政府部门申请延长建筑的使用期，未获批准，如遇规划实施时，此建筑应无条件立即被拆除。变更前公司对此房产按30年直线法折旧，现变更为在5年内全部折旧完毕。这一会计估计变更增加的折旧金额将减少本年度报表净利润约1 000万元。另外，从乙公司的报表中发现，乙公司三年之内货币资金的金额增长了2倍，货币资金占总资产的比例高达50%，收入却每年只增长约10%。从这个数据来看，乙公司有可能隐藏了收入和利润。结合会

第六章

计估计变更对利润的影响方向，可以进一步确认乙公司很有可能隐藏了收入和利润。

六、资产负债表日后事项分析

对资产负债表日后事项进行分析时，要判断其是调整事项还是非调整事项，还要看事项金额是否重大。如果是调整事项，需要观察企业调整的科目和金额是否正确，以及是否进行了充分披露；如果是非调整事项，观察企业的披露是否恰当。

案例6-11 丙公司2020年应收账款显示有一笔应收A公司货款400万元，该笔货款是A公司2020年向丙公司购买商品未支付的款项。2020年年末，丙公司按照应收账款坏账计提政策，按5%对该笔应收账款计提了坏账准备。2021年2月，丙公司收到通知，A公司破产了，无法偿还所欠货款。

从上述资料可以看出，该事项属于资产负债表日后的调整事项，因为A公司的破产不是一朝一夕就发生的事情，其濒临破产的时间可能已经很久了。实际上在丙公司的资产负债表日，A公司就已经无力偿还所欠货款，其后的破产只是间接证实了丙公司在资产负债表日已经无法收回该笔货款。所以，丙公司应当要将此事项作为调整事项，调整2020年度的财务报表。

案例6-12 2021年3月1日，××市高级人民法院最终裁定：2021年1月，被告丁公司侵权，应赔偿B公司360万元。对B公司来说，该事项属于资产负债表日后事项中的非调整事项，因为侵权事项发生在2021年，属于2021年的事项，所以只需在2020年度的财务报表附注中进行披露，而不需要调整2020年度的报表。报表使用者应当关注披露是否充分、是否合理。

· 会计问 ·

有财会问题，就来会计问！
600＋答疑老师，3分钟极速解答！

上市公司报告分析

■ 第一节 ■　乐视网财务报表分析

一、乐视网基本概况

乐视网信息技术（北京）股份有限公司（以下简称"乐视网"）主要从事基于整个网络视频行业的广告业务（视频平台广告发布业务）、终端业务（即公司销售的智能终端产品的收入）、会员及发行业务（包括付费业务、版权业务及电视剧发行收入）和其他业务（指收入占比相对较小、尚未形成规模的业务，如云视频平台业务、技术开发服务等）。

二、乐视网2014—2017年财务报表

乐视网2014—2017年的资产负债表、利润表及现金流量表三大财务报表数据见表7-1、表7-2及表7-3，本部分的内容主要是对乐视网2014—2017年的财务报表数据进行分析。

表 7-1　乐视网 2014—2017 年资产负债表（单位：元）

项目	2014 年	2015 年	2016 年	2017 年
流动资产：				
货币资金	499 850 156.29	2 729 778 115.14	3 669 146 356.08	853 110 169.68
应收票据	11 337 263.64	909 130 941.24	5 884 729.45	2 000 000.00
应收账款	1 892 606 343.05	3 359 683 070.34	8 685 855 147.64	3 614 408 001.33
预付款项	298 718 272.52	518 179 809.89	619 331 275.54	574 386 058.86
应收利息			18 110 043.99	24 332 680.53
应收股利				
其他应收款	75 839 386.69	165 620 378.93	696 016 127.29	1 220 388 753.56
存货	733 526 978.69	1 138 787 425.07	945 179 396.74	653 157 850.57

（续表）

项目	2014 年	2015 年	2016 年	2017 年
一年内到期的非流动资产				
其他流动资产	73 000 000.00	290 616 467.33	1 229 643 291.40	972 216 181.27
流动资产合计	3 584 878 400.88	9 111 796 207.94	15 869 166 368.13	7 913 999 695.80
非流动资产:				
发放贷款及垫款			714 141 820.24	58 669 581.25
可供出售金融资产	20 000 000.00	159 529 787.23	1 690 529 135.86	797 618 603.45
长期应收款				
长期股权投资		10 045 254.04	2 070 302 115.59	2 089 964 469.58
投资性房地产				
固定资产	343 015 085.10	629 348 189.66	1 140 315 635.02	546 878 880.96
在建工程				
工程物资				
固定资产清理				
生产性生物资产				
油气资产				
无形资产	3 338 541 906.06	4 879 832 445.98	6 882 018 054.48	4 567 035 177.61
开发支出	388 056 048.72	424 155 254.98	696 578 154.59	148 085 237.30
商誉	747 585 265.47	747 585 265.47	747 585 265.47	747 585 265.47
长期待摊费用	1 930 683.00	1 082 073.15	1 546 403.16	806 666.67
递延所得税资产	196 218 582.19	507 251 454.37	763 343 422.11	55 170 945.43
其他非流动资产	230 797 275.71	511 528 626.09	1 658 299 634.42	971 834 613.56
非流动资产合计	5 266 144 846.25	7 870 358 350.97	16 364 659 640.94	9 983 649 441.28
资产总计	8 851 023 247.13	16 982 154 558.91	32 233 826 009.07	17 897 649 137.08
流动负债:				
短期借款	1 388 000 000.00	1 735 000 000.00	2 600 361 000.00	2 754 826 592.01
应付票据	20 000 000.00		226 884 006.72	
应付账款	1 605 289 561.49	3 230 743 322.86	5 421 247 492.09	6 514 482 975.33
预收款项	323 395 607.04	1 733 076 250.81	182 669 921.06	456 754 864.86
卖出回购金融资产款			409 140 706.62	60 000 000.00

（续表）

项目	2014 年	2015 年	2016 年	2017 年
应付职工薪酬	3 009 132.52	5 157 677.11	9 609 937.09	1 228 870.12
应交税费	409 757 631.22	577 549 772.36	774 198 911.49	564 668 668.24
应付利息	15 200 173.46	52 645 206.38	81 875 727.03	111 768 418.02
应付股利	11 118 812.41		25 850 903.00	43 446 153.90
其他应付款	27 349 670.91	19 370 692.86	105 029 678.68	681 851 357.91
一年内到期的非流动负债	401 148 171.00	98 975 701.57	2 646 401 713.50	1 515 222 435.46
其他流动负债	199 606 666.61			1 790 000 000.00
流动负债合计	4 403 875 426.66	7 452 518 623.95	12 483 269 997.28	14 494 250 335.85
非流动负债：				
长期借款		300 000 000.00	3 024 445 808.89	
应付债券		1 900 558 350.60		
其中：优先股				
永续债				
长期应付款	81 873 823.68	34 559 489.87	142 094 227.63	131 586 823.62
长期应付职工薪酬				
专项应付款				
预计负债				340 331 755.54
递延收益	6 231 939.27	557 580.45	483 948 010.67	245 989 784.81
递延所得税负债		6 489 861.73	3 037 852.42	3 037 852.42
其他非流动负债	1 015 568 661.50	3 472 336 372.62	5 615 277 372.62	3 348 941 000.00
非流动负债合计	1 103 674 424.45	5 714 501 655.27	9 268 803 272.23	4 069 887 216.39
负债合计	5 507 549 851.11	13 167 020 279.22	21 752 073 269.51	18 564 137 552.24
所有者权益：				
股本	841 190 063.00	1 856 015 158.00	1 981 680 127.00	3 989 440 192.00
资本公积	1 366 018 527.78	549 148 989.30	6 197 235 638.19	8 643 234 323.02
其他综合收益	–706 643.49	27 837 143.24	54 771 627.69	–27 671 446.75
专项储备				
盈余公积	116 965 360.22	179 165 369.15	286 311 762.59	286 311 762.59
一般风险准备				

（续表）

项目	2014 年	2015 年	2016 年	2017 年
未分配利润	843 360 350.78	1 315 492 772.28	1 705 569 136.37	−12 228 327 856.33
归属于母公司所有者权益合计	3 166 827 658.29	3 927 659 431.97	10 225 568 291.84	662 986 974.53
少数股东权益	176 645 737.73	−112 525 152.28	256 184 447.72	−1 329 475 389.69
所有者权益合计	3 343 473 396.02	3 815 134 279.69	10 481 752 739.56	−666 488 415.16
负债和所有者权益总计	8 851 023 247.13	16 982 154 558.91	32 233 826 009.07	17 897 649 137.08

表 7-2　乐视网 2014—2017 年利润表（单位：元）

项目	2014 年	2015 年	2016 年	2017 年
一、营业总收入	6 818 938 622.38	13 016 725 124.12	21 986 878 491.37	7 096 077 561.00
其中：营业收入	6 818 938 622.38	13 016 725 124.12	21 950 951 410.47	7 025 215 802.22
利息收入			35 927 080.90	70 861 758.78
二、营业总成本	6 771 077 207.46	13 026 051 728.75	22 361 014 855.09	24 624 182 382.13
其中：营业成本	5 828 133 468.42	11 112 009 123.84	18 229 220 564.66	9 706 710 025.61
利息支出			16 283 747.53	26 161 125.19
手续费及佣金支出			783 554.77	
营业税金及附加	56 848 870.42	94 680 829.11	152 575 155.84	19 761 340.58
销售费用	489 035 465.49	1 040 736 778.35	2 365 883 026.28	1 714 570 749.99
管理费用	175 454 652.60	309 492 095.22	596 273 473.81	1 402 733 564.93
财务费用	167 915 495.78	348 979 599.08	648 027 100.05	872 710 484.29
资产减值损失	53 689 254.75	120 153 303.15	351 968 232.15	10 881 535 091.54
加：公允价值变动收益(损失以"−"号填列)				
投资收益(损失以"−"号填列)	5 038.44	78 749 437.60	36 637 102.64	173 646 711.82
其中：对联营企业和合营企业的投资收益	−318 733.87	45 254.04	35 828 908.50	135 941 516.67
其他收益				53 983 575.64
三、营业利润（亏损以"−"号填列）	47 866 453.36	69 422 832.97	−337 499 261.08	−17 408 447 243.49
加：营业外收入	27 556 349.09	44 987 912.96	46 601 816.72	18 062 969.49
其中：非流动资产处置利得				

第七章

（续表）

项目	2014 年	2015 年	2016 年	2017 年
减：营业外支出	2 523 697.61	40 241 523.84	37 811 076.51	71 345 250.06
其中：非流动资产处置损失	474 357.08	37 634 806.94	35 423 474.44	7 972 709.82
四、利润总额（亏损总额以"–"号填列）	72 899 104.84	74 169 222.09	–328 708 520.87	–17 461 729 524.06
减：所得税费用	–55 897 456.04	–142 947 603.47	–106 815 889.16	722 577 953.07
五、净利润（净亏损以"–"号填列）	128 796 560.88	217 116 825.56	–221 892 631.71	–18 184 307 477.13

表 7-3　乐视网 2014—2017 年现金流量表（单位：元）

项目	2014 年	2015 年	2016 年	2017 年
一、经营活动产生的现金流量：				
销售商品、提供劳务收到的现金	5 829 074 513.65	10 044 744 599.42	14 634 188 704.16	5 453 436 883.59
收取利息、手续费及佣金的现金			20 665 727.50	50 046 616.85
拆入资金净增加额				
回购业务资金净增加额			409 140 706.62	
收到的税费返还	186 020.67	1 127 498.50	30 288 787.69	20 404 575.71
收到其他与经营活动有关的现金	139 137 661.24	113 285 059.83	682 734 841.98	1 162 302 902.63
经营活动现金流入小计	5 968 398 195.56	10 159 157 157.75	15 777 018 767.95	6 686 190 978.78
购买商品、接受劳务支付的现金	4 813 753 614.62	7 562 564 647.71	12 721 979 030.65	6 883 536 068.86
客户贷款及垫款净增加额			721 355 373.98	–40 883 970.86
支付利息、手续费及佣金的现金			9 876 249.47	1 343 916.67
支付保单红利的现金				
卖出回购业务款项				63 275 000.00
支付给职工以及为职工支付的现金	354 345 989.41	595 428 336.05	1 098 193 418.77	1 076 404 820.24
支付的各项税费	144 100 574.77	257 620 152.08	404 567 218.99	176 840 386.59

（续表）

项目	2014 年	2015 年	2016 年	2017 年
支付其他与经营活动有关的现金	422 015 282.80	867 842 145.45	1 889 108 245.05	1 166 220 140.52
经营活动现金流出小计	5 734 215 461.60	9 283 455 281.29	16 845 079 536.91	9 326 736 362.02
经营活动产生的现金流量净额	234 182 733.96	875 701 876.46	−1 068 060 768.96	−2 640 545 383.24
二、投资活动产生的现金流量：				
收回投资收到的现金	76 548 880.00	56 556 521.11		27 609 163.00
取得投资收益收到的现金	355 399.71		1 085 270.85	39 334 461.05
处置固定资产、无形资产和其他长期资产收回的现金净额	2 687.17	4 350.68	37 510.84	789 056.01
处置子公司及其他营业单位收到的现金净额				
收到其他与投资活动有关的现金			122 100 000.00	693 875 613.00
投资活动现金流入小计	76 906 966.88	56 560 871.79	123 222 781.69	761 608 293.06
购建固定资产、无形资产和其他长期资产支付的现金	1 273 869 838.35	2 809 349 736.56	5 469 946 151.56	2 611 446 833.04
投资支付的现金	89 506 119.00	142 228 000.00	3 658 780 609.39	
质押贷款净增加额				
取得子公司及其他营业单位支付的现金净额	239 204 736.97			
支付其他与投资活动有关的现金	3 912.09	89 733 291.83	669 875 613.00	100 000 000.00
投资活动现金流出小计	1 602 584 606.41	3 041 311 028.39	9 798 602 373.95	2 711 446 833.04
投资活动产生的现金流量净额	−1 525 677 639.53	−2 984 750 156.60	−9 675 379 592.26	−1 949 838 539.98
三、筹资活动产生的现金流量：				
吸收投资收到的现金	420 397 521.88	47 910 284.84	11 144 513 209.84	3 157 649 859.44
其中：子公司吸收少数股东投资收到的现金				3 111 000 000.00

(续表)

项目	2014年	2015年	2016年	2017年
取得借款收到的现金	2 660 600 000.00	9 046 574 441.04	6 289 562 680.80	3 746 200 489.18
发行债券收到的现金		1 895 260 000.00		
收到其他与筹资活动有关的现金		400 933 888.89	272 457 387.26	2 689 158 216.70
筹资活动现金流入小计	3 080 997 521.88	11 390 678 614.77	17 706 533 277.90	9 593 008 565.32
偿还债务支付的现金	1 738 406 600.96	6 746 926 238.50	4 947 098 220.15	4 435 341 637.01
分配股利、利润或偿付利息支付的现金	161 794 712.42	144 106 767.40	436 124 661.05	681 273 776.38
其中：子公司支付给少数股东的股利、利润				
支付其他与筹资活动有关的现金	27 529 193.63	134 296 501.87	2 845 810 622.70	622 789 903.48
筹资活动现金流出小计	1 927 730 507.01	7 025 329 507.77	8 229 033 503.90	5 739 405 316.87
筹资活动产生的现金流量净额	1 153 267 014.87	4 365 349 107.00	9 477 499 774.00	3 853 603 248.45
四、汇率变动对现金及现金等价物的影响	−141 618.96	11 128 692.65	20 370 447.08	−6 987 364.32
五、现金及现金等价物净增加额	−138 369 509.66	2 267 429 519.51	−1 245 570 140.14	−743 768 039.09
加：期初现金及现金等价物余额	585 718 105.29	447 348 595.63	2 714 778 115.14	1 469 207 975.00
六、期末现金及现金等价物余额	447 348 595.63	2 714 778 115.14	1 469 207 975.00	725 439 935.91

三、乐视网2014—2017年财务报表分析

（一）盈利能力分析

1. 盈利能力指标分析

表7-4　乐视网2014—2015年营业收入和营业成本情况（单位：元）

项目	2014年		2015年	
	收入	成本	收入	成本
主营业务	6 818 938 622.38	5 828 133 468.42	13 016 725 124.12	11 112 009 123.84
其他业务	0	0	0	0
合计	6 818 938 622.38	5 828 133 468.42	13 016 725 124.12	11 112 009 123.84

第七章　上市公司报告分析

213

表 7-5　乐视网 2016—2017 年营业收入和营业成本情况（单位：元）

项目	2016 年		2017 年	
	收入	成本	收入	成本
主营业务	21 831 838 603.07	18 111 457 037.76	7 010 148 823.65	9 665 638 944.79
其他业务	119 112 807.40	117 763 526.90	15 066 978.57	41 071 080.82
合计	21 950 951 410.47	18 229 220 564.66	7 025 215 802.22	9 706 710 025.61

表 7-6　乐视网 2014—2017 年盈利能力指标

指标	2014 年	2015 年	2016 年	2017 年
主营业务利润率	14.53%	14.63%	17.04%	−37.88%
毛利率	14.53%	14.63%	16.95%	−38.17%
营业利润率	0.70%	0.53%	−1.54%	−245.32%
净利率	1.89%	1.67%	−1.01%	−256.26%
成本费用利润率	1.92%	1.67%	−0.99%	−71.06%
总资产报酬率	2.72%	3.28%	1.30%	−66.18%

说明：计算总资产报酬率的时候利息支出使用财务费用数据。

从表7-6可以看出，乐视网从2016年开始出现亏损。2016年毛利率为16.95%，较2015年有所上升。在毛利率提升的情况下，企业却出现亏损，从利润表中可以看出，主要原因是期间费用和资产减值损失占收入比大幅上升。收入大幅提升，本应产生规模效应，使期间费用占比降低，但乐视网期间费用大幅提升，比较异常。从表7-6也可以看出，从2017年开始，各项盈利指标都出现负数，乐视网的盈利能力可谓非常差了。

2．盈利能力其他因素分析

（1）从财务报表附注中可以看出，乐视网享受了所得税税收优惠，具体内容如下：

本公司于2008年通过高新技术企业认证，2017年申报高新技术企业的复审，并于2017年8月10日经北京市科学技术委员会、北京市财政局、北京市国家税务局和北京市地方税务局批准取得编号为GR201711000137的高新技术企业证书，有效期为3年。按照《中华人民共和国企业所得税法》（以下简称《企业所得税法》）等相关法规规定，本公司在有效期内享受国家高新技术企业15%的所得税税率。

西藏乐视网信息技术有限公司根据西藏自治区人民政府文件藏政发〔2014〕51号文《西藏自治区人民政府关于印发〈西藏自治区企业所得税政策实施办法〉的通知》，享受在西藏自治区的企业统一执行西部大开发战略中企业所得税15%

的税率。另自2015年1月1日起至2017年12月31日止，对于企业按照上述政策缴纳的所得税，暂免征收西藏自治区企业应缴纳的企业所得税中属于地方分享40%的部分。

霍尔果斯乐视新生代文化传媒有限公司于2015年9月18日经新疆维吾尔自治区霍尔果斯经济开发区国家税务局备案，属于《新疆困难地区重点鼓励发展产业企业所得税优惠目录》范围内的企业，享受自取得第一笔生产经营收入所属纳税年度起5年内免征企业所得税的优惠政策。

东阳市乐视花儿影视文化有限公司于2016年通过高新技术企业认证，并于2016年11月21日经浙江省科学技术厅、浙江省财政厅、浙江省国家税务局和浙江省地方税务批准取得编号为GR201633001797的高新技术企业证书，有效期为3年。按照《企业所得税法》等相关法规规定，在有效期内享受国家高新技术企业15%的所得税税率。

东阳市乐视花儿影视文化有限公司之子公司霍尔果斯金贝影视文化有限公司于2016年9月8日经新疆维吾尔自治区霍尔果斯经济开发区国家税务局备案，属于《新疆困难地区重点鼓励发展产业企业所得税优惠目录》范围内的企业，享受自取得第一笔生产经营收入所属纳税年度起5年内免征企业所得税的优惠政策。

从上面可以看出，乐视网及其子公司享受了比较大幅度的税收优惠政策，分析的时候需要关注这种税收优惠的可持续性，以及如果不能持续对企业的影响有多大。比如高新技术企业15%的所得税优惠税率一般认证有效期是3年，3年以后是否能重新认证是不确定的。又比如上文提到的，受到扶持的企业5年内免征企业所得税的优惠政策，5年优惠政策届满，企业需要交纳所得税以后，对整体的利润影响有多大。

（2）从2017年财务报表附注中的数据可以看出，乐视网2017年计提的资产减值损失共计108.82亿元，数额巨大，具体数据如表7-7所示。

表 7-7　乐视网 2017 年资产减值损失情况（单位：元）

项目	2017 年	2016 年
一、坏账损失	6 093 782 472.83	316 411 264.64
二、存货跌价损失	194 696 473.24	26 543 413.77
三、长期股权投资减值损失		
四、无形资产减值损失	3 279 940 099.37	
五、贷款损失准备	317 695 794.39	7 513 553.74

（续表）

项目	2017 年	2016 年
六、可供出售金融资产减值准备	850 893 511.63	1 500 000.00
七、固定资产减值准备	144 526 740.08	
合计	10 881 535 091.54	351 968 232.15

从表7-7中可以看出，乐视网2017年发生减值的主要是应收款项和无形资产，应收款项计提的坏账准备高达60.94亿元，无形资产减值高达32.80亿元。企业坏账损失增多，说明企业的收入质量不高，选择的客户信用差，甚至有可能存在虚构收入的现象。而无形资产作为乐视网具有核心价值的资产，发生重大减值，说明乐视网的核心竞争力受到影响，需要引起重视。另外，突然之间计提如此大额的资产减值损失，需要重点关注是否存在调节利润的动机。

（二）偿债能力分析

1. 偿债能力指标分析

乐视网2014—2017年偿债能力指标见表7-8、图7-1和图7-2。乐视网的偿债能力分析先从偿债能力指标展开。

表 7-8　乐视网 2014—2017 年偿债能力指标

指标	2014 年	2015 年	2016 年	2017 年
流动比率	0.81	1.22	1.27	0.55
速动比率	0.65	1.07	1.20	0.50
现金比率	0.11	0.37	0.29	0.06
资产负债率	0.62	0.78	0.67	1.04
利息保障倍数	1.43	1.21	0.49	−19.01

说明：利息保障倍数中的利息费用选取的是财务报表中财务费用的数据。

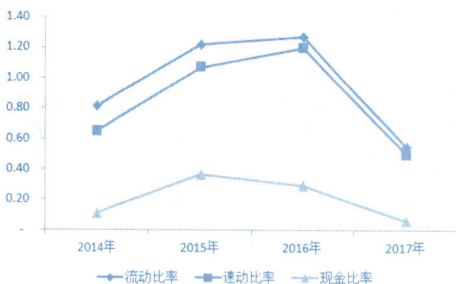

图7-1　乐视网2014—2017年短期偿债能力指标

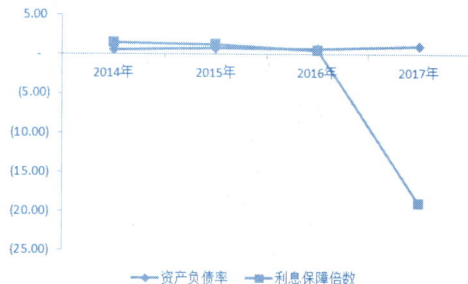

图7-2　乐视网2014—2017年长期偿债能力指标

从图7-1可以看出，乐视网的流动比率、速动比率在2014—2016年呈上升趋势，在2017年的时候大幅下降；现金比率在2015年有所提升，2016年和2017年急速下降。这可以看出乐视网的短期偿债能力呈现严重的下降趋势。

从图7-2可以看出，乐视网的资产负债率在2014—2016年基本保持稳定，2017年大幅上升，超过了1；利息保障倍数在2014—2017年逐年下降，在2017年出现负数。这可以看出乐视网的长期偿债能力不足。

综上，乐视网的偿债能力越来越差，需要引起重视。尤其在2016年和2017年，乐观网出现亏损，如果没有办法扭亏为盈，将严重影响企业的偿债能力。

2. 偿债能力其他因素分析

（1）从财务报表中可以看出，乐视网2017年发生净亏损约181.84亿元，受流动性风波影响，社会舆论持续发酵并不断扩大，会对其声誉和信用度造成较大影响，现金流将会进一步紧张，从而导致其偿债压力进一步扩大。

（2）乐视网2017年财务报表附注中披露，公司被起诉类案件合计涉案金额人民币490 213.67万元（含原告诉求赔偿金额、违约金、律师费等其他费用）、美元5 749.51万元，公司对未决诉讼败诉可能性较大的事项已计提的预计负债为34 033.17万元。诉讼事项存在很大的不确定性，一旦败诉可能需要承担较大的赔偿或者其他责任，这样就会有资金流出，影响企业的偿债能力。

（3）乐视网2017年财务报表附注中披露，公司存在以子公司股权质押并对外担保的风险，具体内容如下：

2017年11月21日，公司发布了《第三届董事会第五十次会议公告》，公司董事会除应回避董事外一致审议通过了《关于乐视网信息技术（北京）股份有限公司拟向天津嘉睿汇鑫企业管理有限公司申请借款12.9亿元的议案》及《关于为公司借款提供反担保暨关联担保的议案》，关联董事回避表决，独立董事发表了事前认可意见及同意的独立意见。

上述借款及提供反担保议案为公司董事会、管理层基于公司目前资金状况已无法支撑日常经营支出的境况下提出的。公司目前存在大量关联方应收账款未能收回、大股东承诺对公司的借款不能到位、体系外业务经营不善、品牌冲击导致公司难以申请新的金融机构贷款和原有贷款展期等问题，以上问题导致公司资金状况已无法支撑日常经营支出，业务经营难以为继。公司期望通过本次借款、反担保议案的达成，延续公司经营。

公司以所持子公司股权对外提供担保或反担保，同时子公司乐视智家以其子公司股权为乐视网提供反担保，如若债务到期无法偿还，公司将面临被担保方因不能足额、按时偿还债务，由公司清偿债务或存在无法清偿导致担保资产被依法处置的风险。

同时，公司也将努力通过处置其他资产筹款偿还、借款展期、债务重组等方式处理相关债务或担保事项，但如果不能通过其他方式筹款或达成还款延期、债务重组等情形，公司将面临子公司实际控制人发生变更的风险。截至目前，公司已将所持新乐视智家股权质押，如若公司因无法按时偿还债务导致质押资产被依法处置，公司将面临可能失去新乐视智家实际控制权的风险。

上述影响因素均会对乐视网的偿债能力产生不利影响，故管理者及投资者应引起重视。

（三）营运能力分析

乐视网2015—2017年营运能力指标见表7-9和图7-3。乐视网的营运能力分析主要从营运能力指标展开。

表 7-9 乐视网 2015—2017 年营运能力指标

指标	2015 年	2016 年	2017 年
存货周转率（次）	11.87	17.49	12.15
存货周转天数（天）	30.33	20.58	29.64
应收账款周转率（次）	4.96	3.65	1.15
应收账款周转天数（天）	72.63	98.61	312.01
流动资产周转率（次）	2.05	1.76	0.60
固定资产周转率（次）	26.77	24.85	8.41
总资产周转率（次）	1.01	0.89	0.28

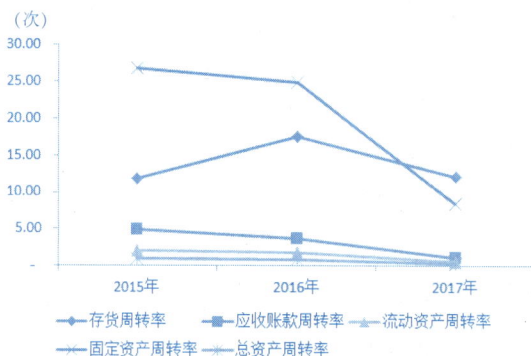

图7-3 乐视网2015—2017年营运能力指标

从图7-3可以看出，乐视网除存货周转率外，其他营运能力指标在2015—2017

年均呈现下降趋势，说明乐视网的整体营运能力都在下降，经营效率低下，乐视网须采取一定的措施，提高企业的营运能力，否则很容易出现比较严重的后果。

（四）发展能力分析

乐视网2015—2017年发展能力指标见表7-10和图7-4。乐视网的发展能力分析主要从发展能力指标展开。

表 7-10　乐视网 2015—2017 年发展能力指标

指标	2015 年	2016 年	2017 年
销售增长率	90.89%	68.91%	−67.73%
总资产增长率	91.87%	89.81%	−44.48%
资本积累率	14.11%	174.74%	−106.36%

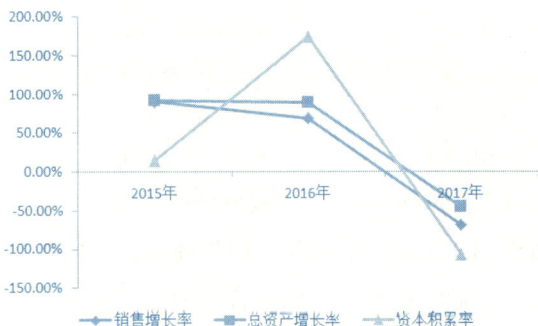

图7-4　乐视网2015—2017年发展能力指标

从图7-4可以看出，乐视网2015—2017年的销售增长率和总资产增长率都呈下降趋势，资本积累率在2016年大幅增长，2017年又大幅下降。2016年资本积累率增长是因为新增发了股票，而2017年大幅下降是因为出现了大额亏损。

总体来看，乐视网的营业收入增长仍存在较大问题，2017年利润下降的局面较2016年有所加重，资产和资本出现负增长。这些都表明了乐视网在发展能力方面存在问题，发展能力的不足将制约它的上升空间。

（五）现金流量分析

1．经营活动现金流结构分析

表7-11是乐视网2017年经营活动现金流量结构情况。经营活动现金流量各项目金额占经营活动现金流入和流出的比重也在很大程度上反映了企业经营活动现金流量的稳定性。

表 7-11　乐视网 2017 年经营活动现金流量结构（单位：元）

项目	2017 年	占比
一、经营活动产生的现金流量：		
销售商品、提供劳务收到的现金	5 453 436 883.59	81.56%
收取利息、手续费及佣金的现金	50 046 616.85	0.75%
收到的税费返还	20 404 575.71	0.31%
收到其他与经营活动有关的现金	1 162 302 902.63	17.38%
经营活动现金流入小计	6 686 190 978.78	100.00%
购买商品、接受劳务支付的现金	6 883 536 068.86	73.80%
客户贷款及垫款净增加额	−40 883 970.86	−0.44%
支付利息、手续费及佣金的现金	1 343 916.67	0.01%
卖出回购业务款项	63 275 000.00	0.68%
支付给职工以及为职工支付的现金	1 076 404 820.24	11.54%
支付的各项税费	176 840 386.59	1.90%
支付其他与经营活动有关的现金	1 166 220 140.52	12.50%
经营活动现金流出小计	9 326 736 362.02	100.00%
经营活动产生的现金流量净额	−2 640 545 383.24	

从表7-11可以看出，乐视网2017年"销售商品、提供劳务收到的现金"项目占经营活动现金流入总额的81.56%，属于合理偏低的水平；"收到其他与经营活动有关的现金"项目占经营活动现金流入总额的17.38%，占比较高，说明企业的经营活动现金流有很大一部分来源于非主营业务活动，需要关注是否存在关联方占用企业资金或者企业占用关联方资金的现象。结合乐视网财务报表附注，2017年"收到其他与经营活动有关的现金"项目金额主要包含的内容见表7-12，从表中可以看出，"收到其他与经营活动有关的现金"项目主要是往来款，需进一步关注是否存在大额关联方往来款。

表 7-12　乐视网 2017 年"收到其他与经营活动有关的现金"项目（单位：元）

项目	2017 年发生额
往来款	942 732 705.54
政府补助	37 349 188.24
利息收入	15 246 305.27
其他	166 974 703.58
合计	1 162 302 902.63

从表7-11可以看出，乐视网2017年"购买商品、接受劳务支付的现金"项目占经营活动现金流出总额的73.80%，说明乐视网的主要现金用于公司的主营业务。"支付其他与经营活动有关的现金"项目占经营活动现金流出总额的12.50%，主要内容见表7-13，其金额和占比都未见异常。

表 7-13　乐视网 2017 年"支付其他与经营活动有关的现金"项目（单位：元）

项目	2017 年发生额
广告推广制作费	151 446 979.51
会员分成费	0.00
物流及售后费用	256 464 100.01
咨询服务费	106 059 336.35
办公及会议费	84 810 269.34
租赁费	52 788 908.50
差旅费	5 700 933.41
交际应酬费	1 930 472.91
交通及车辆费	1 790 146.46
往来款	245 137 009.96
受限资金	127 670 233.77
其他	132 421 750.31
合计	1 166 220 140.52

2. 经营活动现金流量充足性分析

经营活动的现金流量是企业短期内最稳定、最主动、最可以赋予希望维持企业经常性资金流转和扩大再生产的现金流量。从表7-11可以看出，乐视网2017年的经营活动现金流量净额为–26.41亿元，说明经营现金流出大于经营现金流入，企业入不敷出，需要筹钱度日。

3. 经营活动现金流量变化分析

表7-14是乐视网2017年经营活动现金流量变化表，从表中可以看出，"销售商品、提供劳务收到的现金""购买商品、接受劳务支付的现金"等项目都大幅下降，与收入的下降幅度相匹配，但是"收到其他与经营活动有关的现金"项目却大幅上升，上升了70.24%，属异常现象，需重点关注。另外，"支付给职工以及为职工支付的现金"项目只下降了1.98%，幅度远小于收入的下降幅度。人工成本具有一定的刚性，但是在收入大幅下降的情况下，人工成本基本保持不变，也属异常现象。

表 7-14　乐视网 2017 年经营活动现金流量变化情况表（单位：元）

项目	2016 年	2017 年	变化幅度
一、经营活动产生的现金流量：			
销售商品、提供劳务收到的现金	14 634 188 704.16	5 453 436 883.59	−62.73%
收取利息、手续费及佣金的现金	20 665 727.50	50 046 616.85	142.17%
回购业务资金净增加额	409 140 706.62		−100.00%
收到的税费返还	30 288 787.69	20 404 575.71	−32.63%
收到其他与经营活动有关的现金	682 734 841.98	1 162 302 902.63	70.24%
经营活动现金流入小计	15 777 018 767.95	6 686 190 978.78	−57.62%
购买商品、接受劳务支付的现金	12 721 979 030.65	6 883 536 068.86	−45.89%
客户贷款及垫款净增加额	721 355 373.98	−40 883 970.86	−105.67%
支付利息、手续费及佣金的现金	9 876 249.47	1 343 916.67	−86.39%
卖出回购业务款项		63 275 000.00	
支付给职工以及为职工支付的现金	1 098 193 418.77	1 076 404 820.24	−1.98%
支付的各项税费	404 567 218.99	176 840 386.59	−56.29%
支付其他与经营活动有关的现金	1 889 108 245.05	1 166 220 140.52	−38.27%
经营活动现金流出小计	16 845 079 536.91	9 326 736 362.02	−44.63%
经营活动产生的现金流量净额	−1 068 060 768.96	−2 640 545 383.24	147.23%

第二节　合力泰财务报表分析

一、合力泰财务报表分析概述

本节从银行等债权人的角度来分析合力泰科技股份有限公司（以下简称"合力泰"）的财务报表，可以理解成财务报表分析中的专项分析，以帮助读者了解债权人对企业的关注点和债权人视角的分析方法。本节主要从合力泰公司基本情况、公司经营情况分析、公司财务数据分析、公司其他事项分析等几个方面展开。

二、合力泰2015—2017年财务报表

合力泰2015—2017年的资产负债表、利润表及现金流量表三大财务报表数据见表7-15、表7-16及表7-17。本部分的主要内容是对合力泰2015—2017年的财务报表数据进行分析。

表7-15　合力泰2015—2017年资产负债表（单位：元）

项目	2015 年	2016 年	2017 年
流动资产：			
货币资金	864 311 774.11	4 323 942 879.63	3 584 097 127.28
以公允价值计量且其变动计入当期损益的金融资产			
衍生金融资产			
应收票据	382 156 844.46	569 750 544.69	1 448 725 590.37
应收账款	1 610 527 675.07	2 975 082 504.91	4 334 659 205.46
预付款项	182 077 742.66	316 907 150.42	606 139 137.85
应收利息			
应收股利			
其他应收款	322 533 378.39	53 567 499.64	218 049 215.27
存货	1 354 447 728.81	2 784 749 196.24	2 762 861 788.30
划分为持有待售的资产			
一年内到期的非流动资产	22 939 181.10	37 135 383.74	56 753 616.56
其他流动资产	93 840 374.98	400 456 756.52	352 974 162.74
流动资产合计	4 832 834 699.58	11 461 591 915.79	13 364 259 843.83
非流动资产：			
可供出售金融资产	6 674 068.44		19 383 972.54
持有至到期投资			
长期应收款	53 324 631.00	79 652 643.00	139 573 574.00
长期股权投资	7 898 071.22	16 230 824.88	358 665 855.77
投资性房地产	1 746 544.27	1 379 800.50	1 340 428.82
固定资产	1 447 289 286.14	2 146 326 939.93	3 004 516 842.62
在建工程	195 749 140.97	648 413 732.73	1 486 384 065.35
工程物资	1 612 536.85	1 421 621.19	200 925.50
固定资产清理			
生产性生物资产			
油气资产			
无形资产	269 428 815.40	274 113 515.14	285 794 537.85
开发支出			55 687 663.46
商誉	2 212 863 126.37	2 212 863 126.37	2 283 609 386.97
长期待摊费用	93 830 087.32	106 184 144.54	142 074 478.64
递延所得税资产	31 402 456.21	47 997 283.02	102 891 025.66

（续表）

项目	2015 年	2016 年	2017 年
其他非流动资产			
非流动资产合计	4 321 818 764.19	5 534 583 631.30	7 880 122 757.18
资产总计	9 154 653 463.77	16 996 175 547.09	21 244 382 601.01
流动负债:			
短期借款	1 332 792 445.51	1 879 141 264.16	3 569 606 110.41
以公允价值计量且其变动计入当期损益的金融负债			
衍生金融负债			
应付票据	251 779 817.32	941 524 830.58	1 717 326 024.63
应付账款	1 063 780 331.39	2 448 317 081.27	2 737 213 348.42
预收款项	116 431 324.13	125 316 741.98	76 757 324.95
应付职工薪酬	116 036 224.54	196 942 016.25	162 059 901.00
应交税费	62 432 438.43	150 698 002.10	185 769 516.00
应付利息	1 082 975.50	3 544 067.26	8 181 345.87
应付股利			
其他应付款	262 447 496.89	209 330 454.87	112 669 577.71
划分为持有待售的负债			
一年内到期的非流动负债	125 447 939.26	363 798 084.83	595 910 312.54
其他流动负债			
流动负债合计	3 332 230 992.97	6 318 612 543.30	9 165 493 461.53
非流动负债:			
长期借款	27 000 000.00	525 492 000.00	440 192 200.00
应付债券		793 972 222.22	796 038 888.82
其中: 优先股			
永续债			
长期应付款	171 228 431.20	271 915 618.37	480 683 585.32
长期应付职工薪酬			
专项应付款			
预计负债			
递延收益	49 283 343.91	53 444 812.48	273 188 813.42
递延所得税负债	42 001 736.24	37 705 294.56	34 142 137.99
其他非流动负债			
非流动负债合计	289 513 511.35	1 682 529 947.63	2 024 245 625.55

（续表）

项目	2015 年	2016 年	2017 年
负债合计	3 621 744 504.32	8 001 142 490.93	11 189 739 087.08
所有者权益：			
股本	1 422 474 212.00	1 564 155 338.00	3 128 310 676.00
其他权益工具			
其中：优先股			
永续债			
资本公积	3 576 906 934.80	6 043 027 127.57	4 478 871 789.57
减：库存股			
其他综合收益	−118 555.25	1 783 556.02	7 063 825.26
专项储备	208 734.03	590 266.79	630 019.20
盈余公积	71 237 761.88	110 454 331.60	179 962 714.41
一般风险准备			
未分配利润	459 940 516.10	1 271 758 928.81	2 250 344 900.17
归属于母公司所有者权益合计	5 530 649 603.56	8 991 769 548.79	10 045 183 924.61
少数股东权益	2 259 355.89	3 263 507.37	9 459 589.32
所有者权益合计	5 532 908 959.45	8 995 033 056.16	10 054 643 513.93
负债和所有者权益总计	9 154 653 463.77	16 996 175 547.09	21 244 382 601.01

表 7-16　合力泰 2015—2017 年利润表（单位：元）

项目	2015 年	2016 年	2017 年
一、营业总收入	4 953 173 490.75	11 844 847 835.29	15 110 910 566.94
其中：营业收入	4 953 173 490.75	11 844 847 835.29	15 110 910 566.94
二、营业总成本	4 778 874 516.12	10 972 980 217.57	14 063 814 147.61
其中：营业成本	4 066 479 883.15	9 839 170 165.77	12 522 682 256.83
税金及附加	21 194 682.57	53 052 568.40	71 224 814.46
销售费用	63 978 079.67	104 258 663.31	144 861 919.57
管理费用	351 798 555.70	698 889 465.77	951 657 084.42
财务费用	84 487 049.66	182 397 559.25	177 344 267.58
资产减值损失	190 936 265.37	95 211 795.07	196 043 804.75
加：公允价值变动收益（损失以"–"号填列）			
投资收益（损失以"–"号填列）	49 283 956.28	1 246 093.45	2 365 748.03
其中：对联营企业和合营企业的投资收益			

（续表）

项目	2015 年	2016 年	2017 年
资产处置收益（损失以"-"号填列）			1 292 661.80
其他收益			203 961 905.10
三、营业利润（亏损以"-"号填列）	223 582 930.91	873 113 711.17	1 254 716 734.26
加：营业外收入	69 391 764.59	153 070 982.21	106 015 618.42
其中：非流动资产处置利得	4 951 149.56	5 033 857.75	306 788.07
减：营业外支出	4 794 547.31	37 669 138.18	9 576 734.87
其中：非流动资产处置损失	612 470.07	22 909 559.69	3 376 443.43
四、利润总额（亏损总额以"-"号填列）	288 180 148.19	988 515 555.20	1 351 155 617.81
减：所得税费用	70 999 951.58	115 466 833.90	185 300 748.27
五、净利润（净亏损以"-"号填列）	217 180 196.61	873 048 721.30	1 165 854 869.54

表 7-17　合力泰 2015—2017 年现金流量表（单位：元）

项目	2015 年	2016 年	2017 年
一、经营活动产生的现金流量：			
销售商品、提供劳务收到的现金	4 359 536 505.50	8 925 187 920.02	12 869 539 610.80
收到的税费返还	29 703 171.27	138 248 413.30	129 525 491.27
收到其他与经营活动有关的现金	122 287 225.36	203 744 717.28	348 939 452.71
经营活动现金流入小计	4 511 526 902.13	9 267 181 050.60	13 348 004 554.78
购买商品、接受劳务支付的现金	3 322 916 453.49	6 815 934 316.58	9 618 614 305.89
支付给职工以及为职工支付的现金	550 141 761.62	1 210 396 283.30	1 670 228 466.38
支付的各项税费	300 122 312.84	431 332 280.53	624 046 849.06
支付其他与经营活动有关的现金	137 538 967.25	579 629 547.03	926 732 012.40
经营活动现金流出小计	4 310 719 495.20	9 037 292 427.44	12 839 621 633.73
经营活动产生的现金流量净额	200 807 406.93	229 888 623.16	508 382 921.05
二、投资活动产生的现金流量：			
收回投资收到的现金		6 674 068.44	
取得投资收益收到的现金		2 625 931.56	247 075.59
处置固定资产、无形资产和其他长期资产收回的现金净额	16 169 322.77	3 375 779.75	411 832.91
处置子公司及其他营业单位收到的现金净额	28 132 380.55	20 246 692.52	
收到其他与投资活动有关的现金			557 050 000.00
投资活动现金流入小计	44 301 703.32	706 705 266.87	557 708 908.50
购建固定资产、无形资产和其他长期资产支付的现金	179 222 880.48	558 438 373.51	2 225 580 672.78
投资支付的现金	8 750 000.00	9 800 000.00	307 054 464.00

第七章

（续表）

项目	2015 年	2016 年	2017 年
取得子公司及其他营业单位支付的现金净额	823 860 087.54	18 835 200.00	297 998 787.40
支付其他与投资活动有关的现金		479 204 000.00	461 000 000.00
投资活动现金流出小计	1 011 832 968.02	1 066 277 573.51	3 291 633 924.18
投资活动产生的现金流量净额	−967 531 264.70	−359 572 306.64	−2 733 925 015.68
三、筹资活动产生的现金流量：			
吸收投资收到的现金	855 783 325.90	2 611 602 999.90	10 810 700.00
其中: 子公司吸收少数股东投资收到的现金	980 000.00	1 750 000.00	10 810 700.00
取得借款收到的现金	1 699 922 588.30	2 772 177 764.77	3 995 333 885.32
发行债券收到的现金		793 800 000.00	
收到其他与筹资活动有关的现金	465 526 110.00	861 992 697.97	959 274 684.41
筹资活动现金流入小计	3 021 232 024.20	7 039 573 462.64	4 965 419 269.73
偿还债务支付的现金	1 327 159 170.31	2 578 025 225.24	2 745 128 528.35
分配股利、利润或偿付利息支付的现金	123 476 323.67	118 312 367.60	263 232 774.68
其中: 子公司支付给少数股东的股利、利润			
支付其他与筹资活动有关的现金	181 282 624.86	1 009 225 255.25	558 152 090.66
筹资活动现金流出小计	1 631 918 118.84	3 705 562 848.09	3 566 513 393.69
筹资活动产生的现金流量净额	1 389 313 905.36	3 334 010 614.55	1 398 905 876.04
四、汇率变动对现金及现金等价物的影响	240 128.34	7 897 111.32	−30 235 790.71
五、现金及现金等价物净增加额	622 830 175.93	3 212 224 042.39	−856 872 009.30
加: 期初现金及现金等价物余额	132 530 115.12	755 360 614.86	3 967 584 657.25
六、期末现金及现金等价物余额	755 360 291.05	3 967 584 657.25	3 110 712 647.95

三、合力泰基本情况

（一）合力泰经营范围

合力泰目前有两大主业，触屏显示业务和化工业务，其中：触屏显示业务经营范围为新型平板显示器件、触摸屏、摄像头及其周边衍生产品、智能控制系统产品、智能穿戴设备、家电控制设备及配件、指纹识别模组、盖板玻璃、工业自动化设备及配件等产品的设计、生产、销售、研发和以上相关业务的技术开发、技术咨询、技术服务；化工业务经营范围为纯碱、氯化铵、硫化异丁烯、硝酸异辛酯、三聚氰胺、氨水（≤10%）、尿素、复肥、尿素–硝酸铵水溶肥的生产销售；货物及技术进出口业务；农用碳酸氢铵的销售。

（二）合力泰历史沿革及股权结构情况

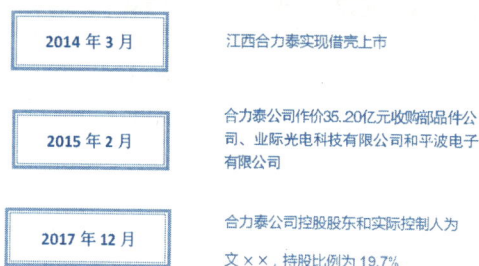

2014 年 3 月	江西合力泰实现借壳上市
2015 年 2 月	合力泰公司作价35.20亿元收购部品件公司、业际光电科技有限公司和平波电子有限公司
2017 年 12 月	合力泰公司控股股东和实际控制人为文××，持股比例为 19.7%

图7-5　合力泰历史沿革

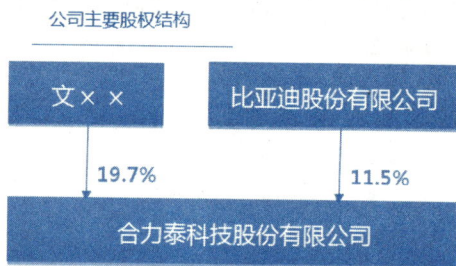

图7-6　合力泰股权结构情况

四、合力泰经营情况分析

（一）合力泰公司战略分析

合力泰公司一直从事智能终端核心部件的研发、生产和销售，致力于成为智能手机、智能穿戴、智能零售行业等智能终端领域的持续领导者。从2016年开始，公司明确提出和坚决执行"1＋N"战略模式，即通过一种产品部件带动其他部件进入客户终端产品的整体打包策略，通过不断收购和合作协议来增加公司产品类型，整合上下游全产业链，提供一站式服务。具体实现路径如下：

2014年4月，公司全资子公司江西合力泰科技有限公司与广州奥翼电子科技有限公司签订合作协议。

2015年1月，公司全资子公司江西合力泰科技有限公司受让深圳市新隆实业有限公司60%股权。

2015年2月，通过定向增发及现金方式收购部品件公司、业际光电科技有限公司和平波电子科技有限公司三家公司。

2016年6月，公司收购珠海晨新有限公司。

2017年3月，公司以1.67亿元收购上海蓝沛科技有限公司59.87%股权。

2017年7月，公司以2.7亿元收购电池厂珠海光宇有限公司23.12%股权。

合力泰公司通过内生增长加外延收购的方式，短短三年实现了营业收入从十亿到百亿的增长。

（二）合力泰公司经营情况分析

截至2016年底，公司合并资产总额169.96亿元，合并负债总额80.01亿元，所有者权益89.95亿元。2016年公司实现营业总收入118.45亿元，净利润（含少数股东损益）8.73亿元；经营活动产生的现金流量净额为2.3亿元，现金及现金等价物净增加额为32.12亿元。

截至2017年底，公司合并资产总额212.44亿元，合并净资产总额100.55亿元。2017年公司实现营业收入60.94亿元，净利润（含少数股东损益）11.66亿元，其中非经常性损益2.6亿元；经营活动产生的现金流量净额为5.08亿元，现金及现金等价物净增加-8.56亿元。

五、合力泰财务数据分析

（一）合力泰资产负债分析

1. 资产负债分析

合力泰公司2015—2017年资产负债总体情况见表7-18。从表中可以看出，合力泰公司2017年资产、负债和所有者权益都较2016年有了较大幅度的增加，主要原因是合并范围发生变化，从2017年年报财务报表附注中可以看出，合力泰公司2017年度纳入合并范围的子公司共35户。2017年度合并范围比上年度增加11户，减少1户。

表7-18　合力泰公司2015—2017年资产负债总体情况（单位：亿元）

项目	2015年	2016年	2017年	较上年变化情况
资产总额	91.55	169.96	212.44	25.0%
所有者权益	55.33	89.95	100.55	11.8%
资产负债率	39.56%	47.08%	52.67%	5.6%
短期债务：	17.1	31.84	58.83	84.8%
短期借款	13.33	18.79	35.7	90.0%
应付票据	2.52	9.41	17.17	82.5%
一年内到期的非流动负债	1.25	3.64	5.96	63.7%
长期债务：	1.98	15.91	17.17	7.9%
长期借款	0.27	5.25	4.4	−16.2%
应付债券		7.94	7.96	0.3%
长期应付款（融资租赁）	1.71	2.72	4.81	76.8%

2. 流动资产分析

图7-7和图7-8分别是合力泰公司2016年和2017年流动资产结构图。从图中可以看出，与2016年相比，2017年合力泰公司流动资产结构中的货币资金占比下降了10.91%，应收票据和应收账款合计占比上升了12.35%。综上，应收款项占比

的增加导致公司货币资金占比减少，需要重点关注公司业务回款情况。

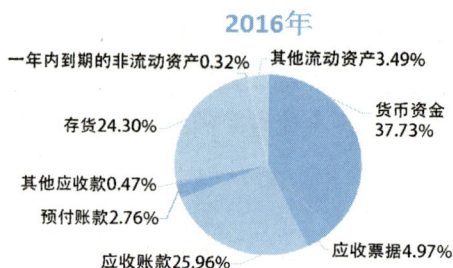

图7-7　2016年流动资产结构

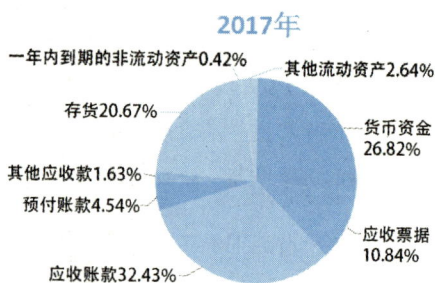

图7-8　2017年流动资产结构

3. 合力泰公司非经营性负债分析

表7-9是合力泰公司2015—2017年非经营性负债情况。从表中可以看出，合力泰公司2015—2017年非经营性负债呈现大幅度的扩展。

非经营性负债中占比最大的属短期借款，2015—2017年分别为69.86%、39.35%和46.97%。根据公司2017年年报披露（见表7-20），公司短期贷款主要由抵押（质押）借款、保证（担保）借款、贸易融资借款和信用借款构成，2016年和2017年信用借款的占比均保持在27%左右。

另外从表7-19中可以看出，合力泰公司在2016年发行了公司债券。从财务报表附注中可以了解到，应付债券为公司2016年发行的"16合力01"公司债券，发行金额8亿元，票面利率4.7%。

表7-19　合力泰公司2015—2017年非经营性负债情况（单位：亿元）

项目	2015年	2016年	2017年
短期债务：	17.1	31.84	58.83
短期借款	13.33	18.79	35.7
应付票据	2.52	9.41	17.17
一年内到期的非流动负债	1.25	3.64	5.96
长期债务：	1.98	15.91	17.17
长期借款	0.27	5.25	4.4
应付债券		7.94	7.96
长期应付款（融资租赁）	1.71	2.72	4.81
非经营性债务（短期债务＋长期债务）	**19.08**	**47.75**	**76.00**

说明：短期债务＝短期借款＋应付票据＋应付短期债券＋一年内到期的非流动负债
　　　长期债务＝长期借款＋应付债券＋长期应付款（融资租赁）
　　　非经营性债务＝短期债务＋长期债务

表7-20　合力泰公司 2017 年财务报表附注中披露的短期借款明细（单位：元）

项　目	2017 年年末余额	2016 年年末余额
抵押（质押）借款	169 955 473.88	90 815 700.00
保证（担保）借款	2 206 752 052.75	1 058 825 615.31
信用借款	989 168 892.99	495 999 948.85
贸易融资借款	203 729 690.79	233 500 000.00
合计	3 569 606 110.41	1 879 141 264.16

（二）合力泰盈利能力分析

表7-21是合力泰公司2015—2017年盈利能力指标。从表中可以看出，合力泰公司三年的收入规模呈现大幅度上涨趋势，主要原因是合力泰公司不断加大对合并报表范围内各公司的整合力度，进一步加强资源的优化配置，公司的营业收入稳定增长，净利润也快速增长，并且募投项目的转固投产，为公司持续增长提供了强劲动力。但是需要关注的是，公司2015年收购的业际光电科技有限公司和部品件公司对公司的利润贡献比例偏高，需要密切关注公司未来的内生增长能力。

表 7-21　合力泰公司 2015—2017 年盈利能力指标（单位：亿元）

项目	2015 年	2016 年	2017 年
营业收入	49.53	118.45	151.11
净利润	2.17	8.73	11.66
毛利率	17.90%	16.93%	17.13%
净利率	4.38%	7.37%	7.72%
现金收入比例	88.02%	75.35%	85.17%
总资产收益率	2.37%	6.68%	6.10%
净资产收益率	5.93%	12.02%	12.24%
营业利润率	4.51%	7.37%	8.30%
费用收入比	10.10%	8.32%	8.43%

（三）合力泰偿债能力分析

表7-22是合力泰公司2015—2017年偿债能力指标，图7-9是合力泰公司2015—2017年短期偿债能力指标。

表 7-22　合力泰公司 2015—2017 年偿债能力指标（单位：亿元）

项目	2015 年	2016 年	2017 年
EBITDA	5.84	13.89	18.97
经营性现金流	2.01	2.3	5.08
现金类资产	12.46	48.94	50.33
非经营性债务（短期债务＋长期债务）：	19.08	47.76	76.00
短期债务	17.1	31.84	58.83
长期债务	1.98	15.91	17.17
计入财务费用的利息支出	0.57	1.1	1.88
短期偿债能力指标：			
流动比率	1.45	1.81	1.46
速动比率	1.04	1.37	1.16
现金短期债务比	0.73	1.54	0.86
经营现金流利息偿还能力	3.53	2.09	2.70
长期偿债能力指标：			
EBITDA 利息倍数	10.25	12.63	17.15
EBITDA 非经营性债务比	0.31	0.29	0.25
资产负债率	39.56%	47.08%	52.66%

说明：现金类资产＝货币资产＋以公允价值计量且其变动计入当期损益的金融资产＋应收票据

流动比率＝流动资产÷流动负债

速动比率＝（流动资产－存货）÷流动负债

现金短期债务比＝现金类资产÷短期债务

经营现金流利息偿还能力＝经营活动产生的现金流量净额÷（资本化利息＋计入财务费用的利息支出）

EBITDA利息倍数＝EBITDA÷（资本化利息＋计入财务费用的利息支出）

EBITDA非经营性债务比＝ EBITDA÷非经营性债务

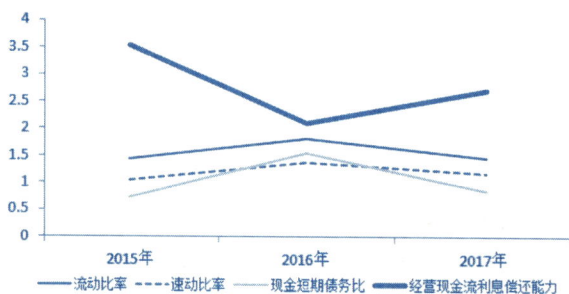

图7-9　合力泰公司2015—2017年短期偿债能力指标

第七章

从图7-9可以看出，合力泰公司的短期偿债能力指标除经营现金流利息偿还能力外，在2016年都有所上升，在2017年却都有所下降。但从总体数据上来看，合力泰公司的短期偿债能力仍处于较强的水平。

从表7-22可以看出，合力泰公司的资产负债率逐年上升，到2017年该指标为52.66%，依然处于比较安全的水平。

（四）其他影响合力泰公司偿债能力的因素

1. 可动用的金融机构授信额度

截至2017年6月底（2017年年报中未提供相关数据，提供6月数据作为参考，旨在提醒读者这个分析要点），尚未使用的授信额度23.23亿元，较上年33.20亿元有所降低。

2. 控股股东及其一致行动人股权质押情况

截至2017年6月底，公司控股股东及其一致行动人持有的处于质押状态的本公司股份752 885 110股，占其持有总股份的72.48%。

整体来看，公司债务总量较大，但比例仍处于可控范围，且公司盈利能力和融资能力较强，整体偿债能力较强。但是需要特别关注的是，公司控股股东及其一致行动人股权质押比例较高，且直接增发融资对股票市场及股价表现的依赖较高，需密切关注。

六、合力泰财务报表分析结论

合力泰近三年来依托上市公司融资平台，不断通过收购完善公司产品线，强化自身整合上下游产业链能力，已经逐渐成长为国内触控显示行业的领军企业之一，在行业地位、企业规模和技术水平方面具有较强优势。但仍需重点关注以下几个方面：

（一）合力泰公司融资能力

（1）行业更新换代速度快且为资金密集型行业，公司未来资产化投资资金需求量较大。

（2）公司作为上市公司，资本运作能力强，融资手段多样，融资渠道通畅，但是直接融资受股票市场整体表现和公司股价表现影响较大。

（3）公司控股股东及一致行动人股权质押比例较高，未来需密切关注公司股价表现和股权质押后续情况。

第七章

（二）合力泰公司偿债能力

（1）公司整体负债率不高，但债务总量较大。

（2）经营活动产生的净现金流总量仍然偏小。

（3）公司目前拥有的现金类资产中较大比例为2016年非公开发行募集资金，需继续投入募投项目中。公司本身"造血"能力仍有待提高，未来需密切关注公司经营活动产生的净现金流情况。

（三）合力泰公司产品竞争能力

（1）和同行业的深天马和欧菲光相比，公司最大的优势是上下游一体化的成本控制能力，可以认为公司在行业中的竞争力比较强。

（2）公司不断通过收购进入新的产品领域，需密切关注新产品如指纹识别模组、摄像头、玻璃盖板和电子纸的市场竞争能力。

（四）合力泰公司管理能力

公司近三年收购动作频频，尽管公司目前整合情况较好，收购公司基本实现了业绩承诺，费用收入比也基本稳定，但仍需密切关注公司后续整合能力和费用控制情况。

· 会计问 ·

有财会问题，就来会计问！
600＋答疑老师，3分钟极速解答！